THE PRINCIPLES OF PRESENTATION

프레젠테이션학 원론

THE PRINCIPLES OF PRESENTATION

프레젠테이션학 원론

| 조맹섭 · 조윤지 지음

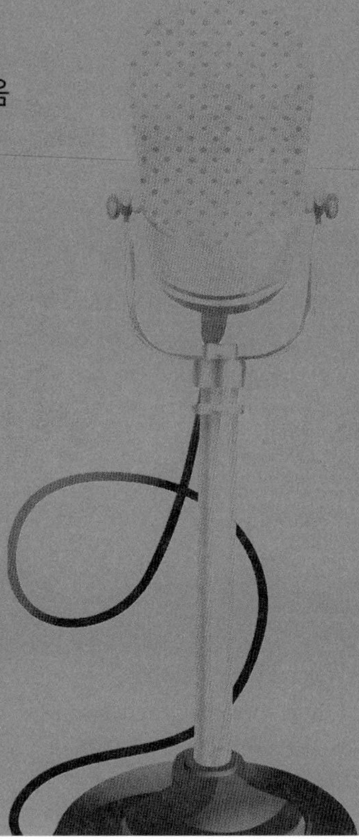

21세기 지식 정보화 시대에
현대인의 성공 필요충분조건인 프레젠테이션!

Σ 시그마프레스

프레젠테이션학 원론

발행일 | 2011년 9월 25일 1쇄 발행
2013년 1월 10일 2쇄 발행

저자 | 조맹섭, 조윤지
발행인 | 강학경
발행처 | (주)시그마프레스
편집 | 홍선희
교정 · 교열 | 김성남

등록번호 | 제10-2642호
주소 | 서울특별시 영등포구 양평로 22길 21 선유도코오롱디지털타워 A401~403호
전자우편 | sigma@spress.co.kr
홈페이지 | http://www.sigmapress.co.kr
전화 | (02)323-4845, (02)2062-5184~8
팩스 | (02)323-4197

ISBN | 978-89-5832-995-4

머리말

여러분은 최근에 개최된 프레젠테이션 직후에 어떠한 느낌을 받았는가?

발표자인 경우와 참석자인 경우로 구별하여 그 느낌을 알아보자.

1. 참석자들이 긍정적인 경우

"야~, 감동적이었어! 정말, 시원시원했어! 설명 내용도 마음에 와 닿고…!"

"야~, 어떻게 하면 저렇게 설명을 잘할 수 있지? 기가 막히는군!"

"난 이때까지 저렇게 확신에 차고, 열정적이고, 진정성이 넘치는 프레젠테이션은 처음이야!"

"야~, 정말 잘했어! 저 정도면 스티브 잡스 못지않겠어!"

2. 참석자들이 부정정적인 경우

"아니, 저런 걸 프레젠테이션이라고 해? 처음부터 한 자도 안 빼고 다 읽었잖아!"

"난 프레젠테이션 시작과 동시에 잤어! 발표자의 목소리가 자장가 같았어!"

"슬라이드는 잘 만들었는데 발표자가 주눅이 들어서 말도 제대로 못했잖아!"

3. 발표자가 긍정적인 경우

"야~, 신나는 프레젠테이션이었어! 청중들의 반응이 너무 좋았어! 내가 생각해도 정말 잘한 것 같아!"

"야~, 성공한 것 같아! 리허설을 많이 해서 그런지 도중에 자신감이 샘솟더라!"

"그래, 바로 이거야! 나도 드디어 해냈어!"

4. 발표자가 부정적인 경우

"정말 혼났어! 진땀을 뺐어! 나는 프레젠테이션 체질이 아닌가 봐!"

"창피해서 죽는 줄 알았어! 이렇게 못했으니 앞으로 어떻게 얼굴을 들고 다니지?"

"너무 슬라이드 만드는 데만 '올인' 한 것 같아! 이럴 줄 알았으면 리허설을 많이 할 걸 그랬어!"

프레젠테이션이 끝나면 희비가 교차되기 마련이다. 여기서 희비의 교차 정도는 프레젠테이션의 중요성에 따라 달라진다. 프레젠테이션이 중요한 것이었든 또는 일상적인 평범한 것이었든 간에 프레젠테이션은 프로가 아닌 이상 누구에게나 부담이 가고 힘든 것이다.

다음의 두 시나리오를 들여다보자.

시나리오 1

거의 한 달 동안 밤낮을 가리지 않고 매달려 슬라이드 작업에 진을 다 빼다시피 하여 발표 하루 전날 밤 늦게야 겨우 슬라이드 작업을 끝낼 수 있었다.

아침 식사도 못하고 집을 나섰다. 제대로 연습할 시간이 없어서 프레젠테이션 발표장에 오는 동안 승용차 속에서 대충 눈으로 훑어보는 정도로 내용을 파악하고 발표장에 도착했다.

발표 내용을 완전히 소화하지 못한 상태여서 불안했다. 긴장과 초조로 발표 순서를 기다리다 순서가 되어 연단에 올라 강연대에 섰다. 청중의 수많은 눈들이 나를 지켜보고 있다. 갑자기 연단공포증이 온몸을 엄습해 오는가 싶더니만 머릿속이 하얗게 된 것 같은 느낌과 함께 입이 마르고 팔다리가 떨리면서 말문마저 막혔다. 하는 수 없어 스크린에 비친 슬라이드의 텍스트를 토씨 한 자 안 빼고 다 읽었다. 악몽의 순간이 계속되었다.

떨리는 목소리에 말까지 더듬어 실수의 연발이었다. 참석자들은 인정머리 없이 까탈스런 질문에 꼬집는 식의 코멘트가 속출했다. 노골적으로 마음에 안 든다는 것이다. 질문이나 코멘트가 있을 때마다 오금이 저리기까지 했다. 선배와 윗분들의 조언대로 몇 주일 동안 슬라이드 작성에 혼신을 다했는데 졸지에 망신을 당하는 처지가 돼 버렸다. 내 일생에 하나의 패배의 순간이었다. 씁쓸한 결과에 한동안 일손이 손에 잡히지 않는다.

시나리오 2

프레젠테이션 일정을 통보받자마자 재빨리 태스크포스 팀이 구성되었다. 약 한 달이 주어졌다. 즉시 기획회의가 열렸다. 제일 먼저 프레젠테이션 준비 일정을 결정했다. 이윽고 목적, 목표, 방향 등이 설정되고 자료수집과 슬라이드 디자인 전략, 리허설 일정, 수정보완 일정들이 수립되었다. 태스크포스 팀원 개개인에게 역할도 주어졌다.

예전과 다른 것은 프레젠테이션의 큰 방향이 설정되고, 청중 분석에 데이터와 자료수집, 분석, 슬라이드 작성에 앞서 내용물의 디자인 전략을 수립하는 등 체계적인 준비를 하고, 동시에 연단공포증에 대한 대비책도 마련하였다. 이윽고 연단에서의 위치 설정법과 마이크의 사용법, 말하기, 자세, 눈맞춤, 얼굴표정, 적재적시의 제스처 구사, 질의응답 전략 수립과 리허설 전략 등을 거의 완벽하게 준비하였다.

이렇게 철저한 준비를 하였더니 이 세상에서 나보다 더 프레젠테이션을 잘할 수 있는 발표자가 없을 것만 같은 자신감이 넘치는 듯했다.

연단에 올라 준비한 멘트로 오프닝을 하고 청중들과의 공감대 형성에 주력하였더니 긍정적인 청중의 반응에 발표장의 분위기가 활기에 넘치는 듯했다.

질의응답도 전략대로 진행하여 다들 흡족해하는 표정들이다. 클로징 멘트에 이어 박수 소리가 우렁차게 들렸다. 오늘의 프레젠테이션은 대성공이었다.

"프레젠테이션은 바로 이렇게 하는 것이구나!"

프레젠테이션에 참석한 사람들과 웃으며 악수를 나누었다. 다들 잘했다는 칭찬이 자자하였다.

[시나리오 1]과 [시나리오 2]는 대조적이다.

[시나리오 1]은 우리 주변에서 흔히 이루어지고 있는 프레젠테이션이다. 체계적인 원칙이나 전략이 없는 상태에서 슬라이드 작성에만 거의 '올인' 하여 간혹 낭패를 보는 사례이다.

반면에 [시나리오 2]는 철저한 기획회의에서 전략을 수립하여 체계적으로 준비하여 프레젠테이션에 임해서 성공을 거두는 사례이다.

두 시나리오를 의도적으로 대조적으로 소개했다. [시나리오 2]에서 소개한 사례는 상당 부분 어렵고 힘든 부분이 없는 것은 아니다. 그러나 이것이 정석이다. 성공으로 가는 정도라는 뜻이다.

최근 미국이나 영국 등에서는 프레젠테이션에 대해서 철두철미하게 원칙을 내세워서 전략적으로 대비하고 있다. 그러나 우리나라에서는 아직도 대부분의 프레젠테이션이 주먹구구식을 벗어나지 못하고 있고, 파워포인트를 이용한 슬라이드 작성에만 너무 치중하는 경향이 있어 하루 빨리 이러한 풍조의 개선이 필요하다.

이에 대덕연구단지의 원로 과학자로서 그냥 수수방관하고 있는 것은 '직무유기'에 해당된다는 '사명감' 하나로 이 책을 집필하기에 이른 것이다.

작년 여름 저자가 저술한 『파워 오럴 프레젠테이션』이 출간된 후, 연구기관과 대학교를 대상으로 "성공하는 프레젠테이션 전략"이라는 제목하에 거의 30여 차례에 걸친 순회강연을 통해서 저자는 'EPM(Energetic Presentation Movement)'을 펼친 바 있다. 우리말로 옮기면 '활력이 넘치는 프레젠테이션 운동'이다.

우리나라에서도 스티브 잡스를 능가하는 프레젠테이션 달인이 양산되는 그날까지 EPM을 계속할 계획이다.

또한 저자는 대덕연구단지에 있는 과학기술연합대학원대학교에서 지난해부터 두 학기에 걸쳐 프레젠테이션 과목을 개설하여 대학원생들을 대상으로 강의하였다. 이 과정에서 많은 것을 느끼고, 발견하여 학문적인 해결점을 모색하고, 이 내용 중 상당 부분을 조사 · 분석하여 이 책에 반영시켰다.

이제 우리나라 대학에서도 프레젠테이션을 정규 과목으로 개설하여 활발한 학문 활동 전개와 후진양성에 역점을 두어야 할 시점이 되었다. 따라서 저자는 이 책이 대학에서 교재로 활용될 수 있도록 심리학적인 연구결과와 인체공학적인 검증결과 및 커뮤니케이션학의 이론을 바탕으로 하여 기획 단계서부터 심혈을 기울였다.

끝으로, 영국의 리즈 대학교(Leeds University)에서 박사학위 과정을 공부하고 있는 저자의 여식 조윤지는 공저자로서, 영국 전역의 대학교 도서관에서 참고문헌의 자료를 수집 · 분석하여 필요한 내용만을 엄선하여 본서에 새로운 피를 공급해 준 데 대해 고마움을 표하고자 한다.

아울러 이 책의 출판을 흔쾌히 승낙해 주신 (주)시그마프레스의 강학경 대표님과 변변치 못한 내용을 짜임새 있게 엮어 생명력을 불어넣어 주신 김경임 편집부장님과 편집부 직원 여러분께 감사드린다.

2011년

저자 조맹섭

차례

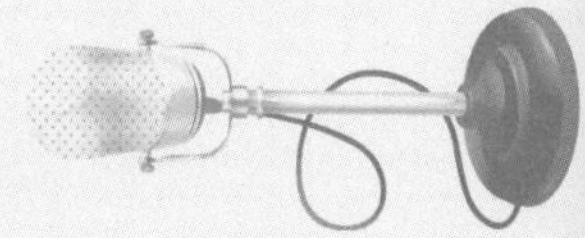

제1부 프레젠테이션의 이해

제1장 프레젠테이션의 정의

제2장 프레젠테이션의 목적

제3장 프레젠테이션의 종류

제4장 프레젠테이션의 중요성과 필요성

제18장 보디랭귀지

제19장 상호작용

제20장 준비 및 리허설

| 제**1**부 |

프레젠테이션의 이해

| 제1장 |

프레젠테이션의 정의

제1부

제1장 프레젠테이션의 정의

프레젠테이션이란 무엇인가?

프레젠테이션의 정의

프레젠테이션은 청중에게 생각이나 주장, 이론 또는 제안, 요청 등을 시청각 자료를 활용하여 제시하고 설명하는 행위를 가리킨다. 간단히 발표라고도 한다.
국립국어원은 2007년 7월 프레젠테이션이라는 용어를 사용하지 말고 시청각설명회(視聽覺說明會)라는 용어를 사용할 것을 권고한 바 있다.

영어권에서는 presentation의 발음을 "프레젠테이션"과 "프리젠테이션" 모두 사용하지만, 대한민국에서는 네이버(Naver), 국어사전과 다음(Daum)의 IT용어사전에서 "프레젠테이션"을 표준 발음으로 삼고 있다.

간혹 프레젠테이션을 간략하게 PT라고 축소하여 사용하기도 하는데 이는 presentation의 pt에서 유래된 것이다.

이왕 거론한 김에 PT, ppt, pptx에 대해서도 알아보자.

PT: presentation의 **pt**에서 유래된 것으로 프레젠테이션을 간략하게 나타낼 때 쓰인다.

ppt: PowerPoint 소프트웨어에서 만들어진 파일(file)의 이름을 표기할 때 ~.ppt 또는 ~.pptx처럼 사용된다. 여기서 ppt 또는 pptx를 확장자라고 한다.

[참고] 확장자

확장자란 파일명 뒤에 붙여 파일의 종류를 표시하는 등, 파일 관리를 쉽게 하기 위한 문자 기호이다. 확장자 .ppt는 PowerPoint 97-2003 버전에서 쓰이는 것이다.

pptx: 바로 위의 .ppt와 같은 확장자인데 PowerPoint 2007 버전에서 쓰이는 것이다.

[참고] 다음(Daum)의 IT용어사전에서의 프레젠테이션의 정의

컴퓨터나 기타 멀티미디어를 이용하여 그 안에 담겨 있는 각종 정보를 사용자 또는 대상자에게 전달하는 행위. 컴퓨터로 작성된 화면을 빔 프로젝터(beam projector)를 이용하여 보여 주는 행위들이 그 예이다.

Presentation을 영어로는 다음과 같이 간단하게 정의하고 있다.

- something, such as a lecture or speech, that is set forth for an audience
- a verbal report presented with illustrative material, such as slides, graphs, etc
- a formal talk in which you describe or explain something to a group of people
- the practice of showing and explaining the content of a topic to an audience or learner. A presentation program, such as \Microsoft PowerPoint, is often used to generate the presentation content.

프레젠테이션은 한 명 이상의 여러 참석자들을 대상으로 직간접적으로 설득이 수반되는 커뮤니케이션이다. 프레젠테이션은 주어진 시간에 청중을 대상으로 설득을 하여 새로운 정보나 지식으로 접수하게 하거나, 어떤 결정이나 행동을 하게 하는 것이므로 발표자의 생각이나 주장, 이론 또는 제안, 요청 등을 일방적으로 전달하는 연설이나 웅변과는 다르다.

또한 발표자는 정해져 있는 시간 내에 미리 준비된 생각이나 주장, 이론 또는 제안, 요청 등의 메시지를 청중에게 전달하여 최대한 설득해야 하므로 발표 내용의 구조는 물론이고 논리적으로도 타당해야 한다. 발표자는 심리학적인 측면과 인체공학적인 측면을 고려하여 복잡하고 난해한 내용을 일목요연하고 간단하게 설명하여 청중의 공감대를 형성해 내는 능력을 갖추어야 한다.

프레젠테이션은 왜 어려운가?

프레젠테이션은 한정된 시간 내에 메시지 전달을 완료해야 하는 시간 제약과, 목적을 가지고 설명해야 하며 목적을 달성해야 한다는 부담감 때문에 더욱 어려운 것으로 인식되고 있다. 여기에 심리적인 부담, 정신적인 부담이 가해져서 프레젠테이션은 한층 더 어려운 존재로 간주되고 있다.

특히 프레젠테이션은 직장인에게 두려움의 대상이다. 상사에게 업무보고, 거래처를 상대로 하는 영업, 프로젝트 수주 등 업무의 성패가 프레젠테이션 결과로써 판가름 난다 해도 과언이 아니니 말이다.

프레젠테이션은 대학교의 학생들에게도 두려움의 대상이다. 최근에는 입사시험에서도 프레젠테이션을 통한 면접을 실시하고 있기 때문이고, 석사학위나 박사학위 논문 심사 때에도 프레젠테이션을 통한 발표에 이은 심사가 이루어지고 있기 때문이다.

그러나 한국 사람들에게 가장 두렵고 어려우며 취약한 부분이 바로 프레젠테이션이 아닌가 싶다. 왜냐하면 대학교에서 정식 과목으로 채택되어 체계적으로 교육받아 본 적도 없을 뿐만 아니라 여러 사람들 앞에 나서서 말하는 것 자체를 권장하지 않은 정서에도 큰 원인이 있을 것이다. 남들 앞에 나서는 자체를 꺼리는 문화에다 한 술 더 떠서 남들 앞에서 우스갯소리를 하는 행위 자체를 '광대짓'으로 천시했던 적이 불과 몇십 년 전의 일이다.

프레젠테이션은 말 잘하는 연설이나 웅변은 더더욱 아니다. 발표자가 목적하는 대로 청중을 유도하기 위해 만들어진 설득의 도구이다. 급변하는 지식정보화 사회에서 프레젠테이션은 한정된 주어진 시간 안에 적절한 메시지를 얼마나 효과적으로 전달하여 청중과 공감대를 형성하여 설득할 수 있는가에 따라 승부가

나는 특이한 형식의 커뮤니케이션이다.

또한 프레젠테이션은 '잘 만들어진 파워포인트'가 아니다. 보조 기구에 불과한 파워포인트의 비주얼에만 신경을 몰입하다 보면 진짜로 중요한 프레젠테이션 자체를 망쳐 버릴 수 있다는 데 문제의 심각성이 있다. 1990년대에서 2000년대 초, 한동안 파워포인트의 비주얼이 프레젠테이션의 전부인 것처럼 중요하게 여겨지던 때가 있었다. 아름다운 그림과 현란한 그래프, 번쩍번쩍 움직이는 애니메이션, 거기에 삽입된 효과 음악은 누구나 감탄을 저절로 연발하게 만들었다. 단조롭고 딱딱했던 플립차트와 OHP 시대의 프레젠테이션 틀에서 벗어나 청중들의 시선을 강력하게 사로잡는 파워포인트는 발표자들에게는 아주 매력적인 도구일 수밖에 없었다.

그러나 파워포인트의 스킬을 익히는 것이 점차 쉬워지고, 비주얼만 강조한 프레젠테이션이 실질적인 효과를 보지 못하면서 심플한 프레젠테이션이 오히려 청중에게 먹혀들어 가는 것으로 트렌드가 바뀌게 된 것이다.

현대사회에서는 일상생활 곳곳에서 프레젠테이션을 할 기회가 주어지고 있다. 굳이 비즈니스 사회로만 한정되지 않고 있다. 급기야 프레젠테이션을 실패하면 그때마다 조금씩 생존경쟁에서 뒤떨어지게 되는 것을 실감한다. 요즘은 초등학교 아동들도 학교에서 하는 발표조차 파워포인트를 만들어 프레젠테이션하기에 이르렀다. 전공분야와 비즈니스 업종을 막론하고 학생이나 말단 사원에서 교수나 최고경영자에 이르기까지, 또 초급 공무원에서 고급 공무원에 이르기까지 프레젠테이션을 잘해야만 살아남는 시대, 프레젠테이션 능력이 각광을 받는 시대, 어느 누구를 가리지 않고 능력 있는 발표자가 되도록 강요받는 시대가 된 것이다.

| 제**2**장 |

프레젠테이션의 목적

제2장 프레젠테이션의 목적

우리는 무엇 때문에 프레젠테이션을 하는가?

이 장에서는 도대체 프레젠테이션을 하는 목적이 무엇인지를 알아보자.

프레젠테이션의 목적

프레젠테이션의 목적을 한 마디로 말하자면,
청중의 마음을 움직이게 하는 것이다.
발표자가 전하는 메시지를 청중이 이해하도록 하는 것이다.
발표자가 전하는 정보를 청중이 수용하도록 하는 것이다.
발표자가 제안하는 내용을 청중이 수락하도록 하는 것이다.
발표자가 요청하는 내용을 청중이 수행하도록 하는 것이다.

여기서 청중이란 학생, 연구원, 소비자, 계약상대자, 직장 상사 등이 될 것이다.

프레젠테이션의 목적은 크게 정보제공, 설명, 설득 등으로 나뉜다.

프레젠테이션의 목적이 정보제공인 경우, 발표자가 가지고 있는 정보를 청중과 나누어 갖기 위한 것이다.

프레젠테이션의 목적이 설명인 경우, 새로운 규정이나 절차 또는 시스템 등을 청중에게 간략하게 설명하기 위한 것이다.

프레젠테이션의 목적이 설득인 경우, 정보제공과 설명 등의 수단을 통하여 청중이 발표자의 뜻하는 바와 같이 설득하기 위한 것이다.

정리하자면 프레젠테이션의 목적은 전하고자 하는 내용들을 텍스트, 그래프, 다이어그램, 사진, 동영상 등의 콘텐츠 재료들을 사용하여 정리하는 것이 목적이 아니라, 청중과의 교감과 공감대를 형성하여 이해시킨 후 설득을 목적으로 하는 것이다.

여기서 중요하게 인식되어야 할 점은 프레젠테이션의 목적이 파워포인트의 슬라이드를 만드는 것이 아니고 청중으로 하여금 위와 같이 하도록 하는 것이다. 그러나 지금까지 약 90퍼센트 이상의 대부분의 프레젠테이션 준비는 기획단계에서부터 발표 · 설명 자료를 멋들어지게 잘 만드는 일에만 거의 몰두 · '올인'한 것이었다. 그 결과 프레젠테이션에 대한 인식은 '슬라이드 잘 만드는 것', '딱딱한 것', '지루한 것', '마지못해 참석하는 집회' 등으로 간주하는 일종의 '고정관념'이 돼 버렸다.

프레젠테이션의 가장 큰 단점은 준비하는 과정에서 파워포인트를 활용하여 슬라이드 자료를 만드는 데 약 90퍼센트 이상의 시간을 소진한다는 점이다. 그보다는 어떻게 하면 참석자들에게 확실한 영향을 끼칠 수 있을 것인지를 생각하여 준비하는 데 중점을 두고 많은 시간을 할애해야 하는데 말이다.

이제는 패러다임의 변화를 가져와야 한다. 그건 다름 아닌, 지금까지의 몰두 · '올인'의 대상을 거꾸로 바꾸는 것이다. 발표 · 설명 자료의 작성이 아닌 발표 · 설명에 몰두 · '올인'하는 것이다.

결국 목적이 아닌 수단에 사로잡혀서 헛된 노력과 시간을 낭비하고 있는 것이다. 프레젠테이션을 통해 청중과 공감대를 형성하여 소기의 목적을 달성하는 데 초점을 맞추기보다는 프레젠테이션 자체를 위한 파워포인트 작업에 진을 빼는 안타까움이 큰 것이다.

뻔한 질문이겠지만, 청중이 발표회장에 모이는 이유는 무엇이라고 생각하는가? 청중 개개인은 발표자에게 발표 자료에 담겨 있는 내용 그 이상의 알파를 원하기 때문에 발표회장에 모이는 것이 아니겠는가?

단순히 새로운 정보를 나눌 요량이라면 굳이 소중한 시간을 할애하기보다는 간편하게 이메일 등을 활용하는 편이 훨씬 지혜로운 일이 아니겠는가?

그러나 청중은 발표자의 프레젠테이션을 직접 들음으로써 자기 업무, 자기 생활에서 뭔가 더 보탬이 되기를 원하는 마음에서 참석하는 것이다. 따라서 발표자는 청중이 원하는 바를 속 시원하고 명확하게 채워 주어야 프레젠테이션의 목적을 달성할 수 있는 것이다.

| 제3장 |

프레젠테이션의 종류

제3장
프레젠테이션의 종류

프레젠테이션의 목적에 따른 분류

1. 설득을 위한 프레젠테이션

대부분의 비즈니스 프레젠테이션에 해당되며, 발표자가 개인적인 목적이나 회사, 기관 또는 단체의 목적을 위하여 청중을 설득하여 결정하도록 하거나 어떤 행동을 하도록 하는 것이다.

이러한 부류의 프레젠테이션은 기획 단계에서부터 메시지를 준비할 때 청중이 왜, 무엇을, 어떻게 하기를 원하는지에 초점을 맞춰야 한다.

2. 마음을 움직이기 위한 프레젠테이션

대부분의 교육이나 강습 프레젠테이션에 해당되며, 발표자가 청중의 감정적인 면을 자극하여 감동을 느끼게 함으로써 소기의 목적을 달성하는 것이다. 경우에 따라서는 청중의 심금을 울려 눈물샘을 자극하거나 발표자의 감정과 동화되도록 하기 위해 기획 단계에서부터 청중의 마음을 점증적으로 움직일 수 있도록 프레젠테이션의 내용을 준비해야 한다. 경우에 따라서 어떤 문제를 비판할 때에는 반드시 이에 대한 구체적인 해결책을 제시할 수 있어야 하며, 상황을 개선할 수 있는 아이디어를 제공하는 것도 중요하다.

3. 정보 제공을 위한 프레젠테이션

청중에게 유익한 정보나 가치 있는 지식을 전달하기 위한 것으로 흔히 이루어지는 프레젠테이션이다. 이 경우의 프레젠테이션은 개인 또는 회사, 기관 또는 단체가 보유하고 있는 정보를 청중에게 제공할 목적으로 이루어진다.

이러한 프레젠테이션은 청중과 상호작용을 하면서 진행되는 것이 아니고 거의 일방적으로 메시지가 전달되는 특징이 있다.

4. 홍보를 위한 프레젠테이션

주로 비즈니스 프레젠테이션에 해당되며, 회사, 기관 또는 단체를 대외적으로 알리기 위한 목적을 위하여 청중을 대상으로 이루어지는 프레젠테이션이다.

이러한 프레젠테이션은 기획 단계에서 사진이나 동영상, 사운드 등을 목적에 따라 기획하여 가시적인 슬라이드를 만드는 데 주력해야 한다.

5. 유흥을 위한 프레젠테이션

즐거운 날 또는 축복받는 날에 여러 가지 행사에 앞서 하나의 이벤트로서 개최되는 프레젠테이션이다. 행사의 즐거운 분위기를 조성하고 행사 참석자들을 유쾌하게 해 주기 위하여 행해지는 유흥 프레젠테이션이다.

예를 들면 결혼식 후 피로연, 회갑연이나 칠순 잔치, 기타 즐거운 기념이 되는 날에 이루어지는 프레젠테이션이다.

주로 행사의 주인공이나 관계자들의 사진이나 동영상을 주 콘텐츠로 구성하여 흥미 유발을 목적으로 이루어지는 프레젠테이션이다.

유형별 분류

1. 정보 전달형

분야와 업종을 막론하고 이루어지는 대부분의 프레젠테이션이 여기에 해당한다. 이러한 유형의 프레젠테이션 결과는 이익이 수반되는 것이 특징이다.

목적과 전달하려는 메시지에 대한 자료가 정확하게 전달되도록 기획 단계부터 신경을 써서 준비해야 한다. 또한 정보에 대해 객관적이고 구체적인 설득력을 갖도록 전달한다. 청중의 입장에서 고려해 볼 때, 중요하다고 판단되는 아이템부터 알기 쉽게 설명한다.

2. 문제 해결형

주로 기업 또는 기관이나 조직 또는 단체 내에서 이루어지는 프레젠테이션이 대부분이다. 트러블 슈팅(trouble shooting) 차원에서 해결을 목적으로 이루어지는 프레젠테이션이므로 문제가 발생한 원인을 사실 중심으로 데이터를 바탕으로 하여 분석한다. 분석된 원인을 6하(5W 1H)원칙에 입각하여 정리하고 근본적인 해결방안을 제시한다. 여기서 해결방안은 복수로 제시하는 것이 바람직한 경우가 많다.

3. 의견 수렴형

대부분 기업 또는 기관이나 조직 또는 단체 내의 체계나 규정의 개선을 목적으로 이루어진다. 관련 분야의 식견이나 경륜이 있는 구성원들이 참여하여 의견을 제시할 수 있도록 열린 분위기로 유도한다.

발표자의 프레젠테이션 내용을 바탕으로 하여 더욱 건전하고 발전적인 내용들이 수렴될 수 있는 방향으로 프레젠테이션을 전개한다. 유념할 사항은 발표자의 일방적이고 치우친 의견을 고집하지 않는 것이다.

| 제4장 |

프레젠테이션의 중요성과 필요성

제4장
프레젠테이션의 중요성과 필요성

대학생들의 실습 차원의 조사발표나 직장인들의 업무추진이나 업무보고에서부터, 나아가서는 회사나 연구소의 프로젝트 수주나 국정의 중대한 결단을 요하는 계획에 이르기까지, 다양한 종류와 다양한 규모, 다양한 형식의 프레젠테이션이 이루어지고 있다.

어떠한 프레젠테이션이든 간에 프레젠테이션의 궁극적인 목적은 성공이다. 이를 위해서 발표자는 확신과 열정으로 청중 중심의 프레젠테이션을 수행해야 한다.

결국 프레젠테이션은 개개인의 능력을 평가하는 결정적이고 중요한 잣대로 자리매김이 된 것이다. 따라서 프레젠테이션은 현대를 살아가고 있는 우리들의 필수적인 존재인 것이다.

프레젠테이션의 중요성

1. 생존경쟁의 중요한 스펙

이제 프레젠테이션은 일상생활 곳곳에서 이루어지고 있다.

프레젠테이션 결과가 만족스러울 때에는 그 성취감은 희열로 다가와 발표자는 순간 천국에라도 온 기쁨에 들뜨게 된다. 그러나 프레젠테이션 결과가 만족스럽지 않을 때에는 순간 좌절에 빠져 지옥에라도 떨어져 버린 듯한 슬픔에 젖게 된다. 이럴 때마다 조금씩 생존경쟁에서 밀려나는 패배감을 맛보게 된다.

분야와 업종을 떠나 말단에서 정상급 자리에 이르기까지 이제 프레젠테이션은 하찮은 스킬이 아닌 생존경쟁의 중요한 스펙이 되어 버렸다. 결국 프레젠테이션을 잘해야 낙오되지 않는 시대, 프레젠테이션 능력이 빛을 발하는 시대가 돼버린 것이다. 지위고하를 막론하고 능수능란한 프레젠테이션 발표자가 되도록 강요받는 시대에 우리는 살고 있는 것이다.

직장에서는 개인의 프레젠테이션 능력이 업무수행 능력과 더불어 각종 크고 작은 대내 · 외적인 회의에서의 역량발휘 등으로 평가되면서부터 프레젠테이션의 중요도가 급상승하고 있다. 이 어찌 중요하다 아니하겠는가?

2. 프레젠테이션은 기업의 성장동력

기업의 모든 업무는 자잘한 일부터 큰일에 이르기까지 그 시작은 프레젠테이션이며 이들 업무의 결과도 프레젠테이션의 결과에 좌우됨에 따라 기업의 업무 성패가 프레젠테이션에 달려 있다고 해도 과언이 아니다.

경우에 따라 프레젠테이션은 동료 및 상하 조직 간의 커뮤니케이션을 효과적으로 유도할 수 있게 됨에 따라 시간과 인력의 낭비를 줄일 수 있을 뿐만 아니라, 구성원들을 결속시켜 영업의 활성화 또는 대외적인 프로젝트 수주 등에 창조적인 동기부여를 함으로써 기업의 성장에 확실한 동력으로 자리를 잡았다.

또한, 산업 현장에서는 프레젠테이션의 성공이 곧 비즈니스의 성공으로 직결된다고 인식될 정도로 프레젠테이션의 중요성은 날로 커지고 있다.

결국 구성원들의 프레젠테이션 능력의 획기적인 발전 없이는 기업의 성장도 보장될 수 없다는 말인 셈이다.

3. 프레젠테이션 능력 향상의 중요성 및 가능성

직장사회에서 프레젠테이션은 일상에서 간과할 수 없는 요소가 돼 버렸다. 산 · 학 · 연 · 관, 즉 기업, 대학, 연구소, 정부부처 어디를 막론하고 실무담당자에서 중견 간부를 거쳐 최고경영자에 이르기까지 이제는 어느 누구도 프레젠테이션에서 자유로울 수는 없게 되었다. 지위에 따라서는 프레젠테이션을 하는 발표자가 될 수도 있고 경우에 따라서는 프레젠테이션을 받는 위치에 있기도 하다. 이는 순환현상을 보이고 있어, 언제 누가 프레젠테이션의 발표자가 될지는 모를 일이 돼 버렸다.

제 아무리 훌륭한 콘텐츠로 파워포인트 슬라이드를 작성하였다 하더라도 프레젠테이션 참가자들에게 확실하게 메시지를 전달하지 못하여 프레젠테이션이 실패로 끝나 버리면, 그 발표 자료는 한순간에 휴지조각으로 전락하고 마는 것이다. 아울러 이 순간 발표자는 실패에 따른 책임이 능력 부족으로 평가될 수 있는 것이 현실이다.

이러한 이유로 직장에서는 중요한 프레젠테이션은 프레젠테이션 경험이 많은 직원이 전담하는 것이다.

그렇다고 해서 프레젠테이션 경험이 일천하고, 프레젠테이션 능력이 미약한 직장인은 계속 프레젠테이션의 아웃사이더로 굳어져서야 되겠는가?

지금은 비록 프레젠테이션을 잘하는 사람도 처음에는 부족한 점이 한둘이 아니었을 것이다. 다만 프레젠테이션에 적극적으로 임하고 경험을 쌓으면서 능력을 향상시키면 훌륭한 발표자가 될 수 있는 것이다. 다행인 것은 프레젠테이션은 말 잘하는 능력을 요구하는 것이 아니고 프레젠테이션 스킬을 꾸준히 갈고 닦으면 능력 있는 발표자가 될 수 있는 것이다.

4. 면접 프레젠테이션 능력의 중요성

최근 국내 주요 기업들은 물론 대덕연구단지의 정부 출연 연구기관에서도 신입 직원 채용 면접에서 프레젠테이션 능력을 중요시하고 있는 추세이다. 프레젠테이션 능력을 합격 당락의 일 순위 기준으로 삼고 있다는 사실은 그만큼 프레젠테이션의 중요성을 강조하는 말일 것이다.

그래서 취업전선에 발을 내딛기 전에 프레젠테이션 능력을 향상시키는 데 심혈을 기울이는 것으로 알려졌다. 이는 프레젠테이션의 능력이 있는 직원을 조속히 양성하여 전방위적으로 대비하자는 데 근본적인 취지가 있을 것이다.

미국의 제너럴일렉트릭사(GE)의 최연소 최고경영자가 되어 GE를 세계최고 기업으로 성장시킨 바 있는 잭 웰치(Jack Welch) 회장이 후계자를 결정할 때 가장 중요하게 고려한 사항이 프레젠테이션 능력이었다는 얘기도 있다. 주주들을 설득하고 직원들을 독려하여 사기를 높이고 업무의 효율을 증진시켜 비즈니스를 성공적으로 이끄는 데는 프레젠테이션 과정에서 설득력이 중요하게 작용되기 때문이라는 것이다.

5. 프레젠테이션이 중요한 경우

다음의 행사나 각종 기획 이벤트에서는 프레젠테이션이 중요한 역할을 한다.

대학입학설명회

입사면접

프로젝트 수주 심의회

업무현황보고

경영전략발표회

사업계획발표회

신제품 발표회

투자설명회

제안발표회

홍보

교육 및 강의

영업사원의 고객 상담

국내외 학술대회

각종 워크숍

각종 세미나

각종 심포지엄

국내외 컨퍼런스

정치인의 연설

국제행사유치(올림픽, EXPO, 월드컵 등)

물론 이 외에도 많은 행사나 각종 기획 이벤트가 있을 것이다.

현장 이야기

최근 남아프리카공화국 더반(Durban)에서 아주 반가운 결과가 있어서 프레젠테이션의 중요성에 좋은 사례로 소개하고자 한다.

2011년 7월 6일 남아프리카공화국의 더반에서 IOC가 개최한 2018년 동계올림픽개최지 선정 행사에서 대한민국 유치단이 승리하였다는 보도가 있었다.

이 행사에서 대한민국은 이명박 대통령, 조양호 평창올림픽유치위원장, 박용성 대한체육회장, 김연아 선수, 나승연 대변인을 비롯한 8명의 발표자들이 프레젠테이션을 한 것이다. 이들의 프레젠테이션이 IOC위원들을 감동시켜 대한민국의 평창이 독일의 뮌헨과 프랑스의 안시를 압도적인 표차로 물리치고 2018년 동계올림픽개최지로 선정되었다는 낭보였다.

나승연 대변인이 인터뷰를 통해서 밝힌 바에 의하면, 우리나라 프레젠테이션 발표자들은 100여 차례에 걸친 리허설을 통해서 자신감과 발표력을 키워서 소기의 목적을 달성했다는 것이다. 정말 끈기 있는 노력으로 대한민국 국민 모두에게 꿈과 희망을 안겨 준 쾌거가 아닐 수 없다.

언론 보도에 의하면, 평창 동계올림픽 유치에 따른 생산유발효과는 20조 원이 넘을 것으로 분석되고 있고, 경제적 파급 효과를 모두 합치면 65조 원이 될 것이란 전망도 나오고 있다. 이를 계기로 대한민국이 다시 한 번 도약할 것이라는 전망이다. 여기에 프레젠테이션이 커다란 몫을 차지했으니 국가와 국민의 입장에서도 프레젠테이션이 중요한 존재라는 사실이 입증된 셈이다.

프레젠테이션의 필요성

1. 운영 방식을 바꾼 프레젠테이션

10여 년 전만 해도 프레젠테이션은 직급이나 서열이 낮은 사람들이나 해야 되는 것으로 인식되었다.

반면에 직급이 높거나 서열이 높은 사람들은 그저 듣기만 하면서 간혹 고개를 끄덕이거나, 아니면 전혀 예상치 않은 내용이나 형식을 가지고 '생트집'이나 잡는 것이 다반사였다. 또 그게 당연한 것처럼 여겨졌다.

그러나 미국에서는 회사의 CEO가 직접 프레젠테이션을 하는 것을 당연한 것으로 간주하였다. 애플사의 전(前) CEO 스티브 잡스나 마이크로소프트사의 빌 게이츠가 대표적인 예이다.

이제 시대가 바뀌어 직급이 올라갈수록 프레젠테이션의 능력이 필수적으로 요구되기에 이르렀다. '종들'에게나 맡겨 둘 만큼 더 이상 방치의 대상이 아니라고 판단한 것이다.

그리고 각종 회의에서도 단순하고 형식적이면서 비합리적인 발표 · 설명을 위한 발표 · 설명보다는 데이터와 정보를 바탕으로 한 토론식 프레젠테이션이 효과적이고 생산적이라는 인식과 함께 필수적인 요소로 자리를 잡기에 이른 것이다.

결국 파워포인트를 활용한 프레젠테이션이 도입되면서 전근대적 유물인 상명하복식의 경직된 수직적 운영 방식이 쌍방향의 수평적 운영 방식으로 변환되기에 이른 것이다.

2. 누구에게나 필수인 프레젠테이션

비주얼 콘텐츠가 주종을 이루는 프레젠테이션 발표 자료를 활용한 프레젠테이션 시대에 도태되지 않으려면, 개인은 물론 기업 또는 기관이나 조직 또는 단체는 프레젠테이션을 제대로 수용해야 한다. 왜냐하면 프로젝트를 수주하거나 업무제휴를 하거나 세일즈를 위해 청중 앞에서 혹은 고객사의 임원진 앞에서 또는 심사위원들 앞에서 자신의 성과 혹은 기업 또는 기관이나 조직 또는 단체의 성과를 발표 · 설명하는 등의 경영 활동이 거의 프레젠테이션에 의해서 이루어지기 때문이다.

글을 쓰고 읽는 것은 정규 학교교육 과정에서 잘 배웠기 때문에 구성원들 사이에는 그 차이가 크게 두드러지지는 않는 편이다.

그러나 파워포인트를 활용한 프레젠테이션은 그 역사가 일천할 뿐만 아니라, 프레젠테이션 스킬은 학교 정규 과정에서 다루지도 않고, 학문적인 접근조차도 달갑지 않게 간주되어 왔다. 이러한 이유로 특별히 관심을 갖고 별도의 노력을 기울여 능력이 갖춰진 사람들과 그렇지 않은 사람들과의 차이는 당연한 것이다.

이제 프레젠테이션은 더 이상 방치하고 방관하고만 있을 존재가 아니고 바로 우리 개개인이 갈고 닦아서 능력을 향상시켜야 될 시점이 된 것이 분명하다.

3. 프레젠테이션은 유창한 말로 하는 것이 아니다

학생이든 직장인이든, 또는 하위직 직장인이든 고위직 직장인이든 간에 우리는 본인의 의지와 무관하게 프레젠테이션을 하게 된다. 이렇듯 현대인의 필수 요소인 프레젠테이션에서 발표자가 전하고자 하는 메시지를 확실하게 전하지 않으면 기획 과정에서 설정한 목표를 달성하기 어렵다.

이제는 어떻게 하면 프레젠테이션을 통하여 청중에게 메시지를 효과적으로 전할 것인지에 대한 방법을 심각하게 모색하는 사람들이 점차 늘어나는 추세이다.

평소에는 일상의 대화에서 어느 누구와도 곧잘 이야기하다가도 여러 사람들 앞에만 서서 프레젠테이션을 시작하면 갑자기 말을 더듬는 등 주눅이 들어 제대로 의사표현을 못하는 사람들이 있다.

이러한 현상은 심리적 부담에서 비롯되는 것으로 지속되면 무대 울렁증으로 발전될 수 있는 것이다.

프레젠테이션에서 이러한 심리적인 부담을 떨쳐 버릴 수 있는 길은 말을 너무 유창하게 잘하려고 노력하지 않는 것이다. 프레젠테이션은 말만 잘하는 연설이나 웅변이 아니다.

프레젠테이션은 유창한 말이 아닌 진실된 마음으로 온몸을 동원하여 확신과 열정을 가지고 청중을 설득하는 것이라는 사실을 명심하자.

4. 파워포인트보다 확신과 열정의 프레젠테이션이 필요하다

한때 파워포인트를 이용하여 작성한 비주얼 콘텐츠가 프레젠테이션의 전부인 것처럼 중요하게 생각되었다. 예술작품을 무색케 할 정도로 훌륭한 그래픽과 사진, 휘황찬란한 애니메이션이 바로 그것이다. 이렇듯 파워포인트 슬라이드를 잘 다루는 사람들은 어느 직장에서나 최상의 인기를 독차지하곤 했다.

파워포인트의 사용이 보편화됨에 따라, 파워포인트 스킬을 익히는 것이 쉬워지고 시각적인 콘텐츠가 주종을 이루는 프레젠테이션이 실질적인 효과를 얻지 못하는 경우가 잦아지면서 개념에 변화가 온 것이다. 심플한 프레젠테이션에 온몸을 동원하여 확신과 열정으로 청중을 감동시키는 프레젠테이션이 강조되기에 이른 것이다.

급기야 '프레젠테이션은 잘 만들어진 파워포인트가 아니다.'라는 분위기가 확산되기에 이른 것이다. 확신과 열정의 프레젠테이션이 필요하다는 말이다.

5. 회피할 수 없는 프레젠테이션

비즈니스는 프레젠테이션으로 시작하여 프레젠테이션으로 끝난다고 할 정도로 프레젠테이션이 차지하는 비중은 커졌다. 급기야 슬라이드를 이용한 프레젠테이션은 일상생활의 중요한 부분을 차지하게 된 것이다.

직장에서 인정받는 우수한 직장인이 되기 위해서 가장 먼저 손꼽는 항목은 당연히 프레젠테이션 능력이다. 우수한 프레젠테이션 능력은 필수가 된 것이다.

| 제5장 |

프레젠테이션의 역사

제5장 프레젠테이션의 역사

프레젠테이션의 역사는 장비, 시스템 등의 매체, 즉 프레젠테이션에 활용되는 장비나 시스템의 변화에 따라 프레젠테이션이 어떻게 변천해 왔는지에 대해서 기술하고자 한다.

프레젠테이션에 활용되는 장비나 시스템은 다음과 같이 변화해 왔다.

① 브리핑 차트를 활용한 프레젠테이션

② 필름 슬라이드와 환등기를 활용한 프레젠테이션

③ OHP를 활용한 프레젠테이션

④ 파워포인트(혹은 키노트)를 활용한 프레젠테이션

이들 각각에 대해서 좀 더 자세히 알아보자.

1. 브리핑 차트를 활용한 프레젠테이션

[그림 5.1]에서 보는 바와 같이, 삼각대 위에 널빤지를 붙여 고정시켜 만든 다음, 한 묶음의 전지(全紙)를 널빤지 상단에 고정시킨 세트를 기본으로 활용하는 프레젠테이션이다. 여기서 브리핑 차트(briefing chart)란 널빤지의 상단에 고정시킨 한 묶음의 전지에 마커 펜(marker pen)을 이용하여 손으로 직접 글씨를 쓰거나 차트나 그래프를 그린 것을 말한다.

브리핑 차트를 다른 말로는 플립 차트(flip chart)라고도 한다.

브리핑 차트의 우리말은 괘도(掛圖)이다. 여기서 괘도는 엄밀하게 말하자면 벽에 걸린 차트를 말하기도 하고, 괘도 걸이에 매달린 차트를 말하기도 한다.

브리핑 차트를 활용한 프레젠테이션은 컴퓨터가 등장하기 이전에 전 세계의 거의 모든 분야에서 커뮤니케이션의 중요한 역할을 담당했다.

이러한 프레젠테이션은 우리나라에서는 초창기에 군에서 빈번하게 널리 사용한 것으로 알려져 있다. 군에서 작전회의 등의 긴급을 요하는 회의에 여러 사

그림 5.1 브리핑 차트

람들이 함께 브리핑 차트를 보면서 의견을 수렴하거나 지시를 하는 데 긴요하게 적용한 프레젠테이션 방법이다.

브리핑 차트를 활용한 프레젠테이션은 정부의 각 부처뿐만 아니라 각종 정부 산하기관이나 단체 등에서도 활발하게 사용되었다. 예를 들면, 업무현황보고, 사업계획발표회 등에 광범하게 적용되었다.

또한 브리핑 차트를 활용한 프레젠테이션은 기업에서도 활발하게 사용되었다. 예를 들면, 업무현황보고, 경영전략발표회, 사업계획발표회, 신제품발표회, 투자설명회 등에 광범하게 적용되었다.

특히 각종 긴급 상황실이나 대규모의 건설 공사 현장에서는 아주 효과적으로 널리 사용되었다.

그리고 중 · 고등학교 물리, 화학, 생물 등의 과학시간에도 많이 적용되었다. 그 이유는 각종 과학 관련 그림이나 과학현상 등을 말이나 텍스트만 가지고 설명하는 데 어려움이 있었을 뿐만 아니라 학생들의 신속한 이해를 돕기 위한 목적으로 브리핑 차트를 활용한 프레젠테이션이 선생님들에 의해서 이루어졌던 것이다.

여기서 브리핑 차트를 활용한 프레젠테이션 진행 시 차트의 특정 부분을 가리킬 때는 지시봉을 이용하였다. 여기서 지시봉이란 가늘고 기다란 막대기를 말한다.

브리핑 차트는 아무나 작성하는 것이 아니고, 차트사라고 하는 전문 기술자들에 의해서 이루어졌다. 여기서 차트사는 마커 펜으로 큰 글씨를 잘 쓰는 사람이었다.

이러한 이유로 브리핑 차트를 활용한 프레젠테이션은 일반인들에게는 다소 생소한 것이었다.

2. 필름 슬라이드와 환등기를 활용한 프레젠테이션

[그림 5.2]는 필름 슬라이드이고, [그림 5.3]은 환등기이다. 여기서 환등기는 필름 슬라이드 프로젝터를 말한다. 촬영된 영상의 필름 슬라이드를 환등기에 넣어서 스크린에 비추면 영상이 보이게 되는 것이다.

필름 슬라이드는 일반 필름과 달리 네거티브 영상이 아니고 포지티브(positive) 영상이라는 점이다. 여기서 네거티브 영상이란 피사체와 배경 색과 밝기가 반대이다. 색이 반대라는 뜻은 어떤 색이 보색으로 바뀌는 것을 말한다. 예를 들면 빨간색은 보색인 녹색으로 바뀐다.

그래서 환등기를 이용하여 스크린에 투영하는 포지티브 필름은 네거티브 상태의 필름에 양화라는 편집 작업을 더해서 만들어진다. 슬라이드 필름은 필름 값이 비싸고 현상비도 비싸다.

필름 슬라이드는 제작 자체가 용이하지 않고 불편하다. 일단 한 번 촬영하여 제작하면, 수정도 불가능하다. 이러한 문제점들로 인하여 대중적이지 못했다.

따라서 필름 슬라이드와 환등기를 활용한 프레젠테이션은 일반화되지 않았

그림 5.2 필름 슬라이드

그림 5.3 환등기

던 것이다. 그래서 이러한 프레젠테이션은 주로 의학계의 학술발표 등 특수 분야에서만 한정적으로 이루어진 것이다.

이러한 프레젠테이션이 이루어지면서 동시에 브리핑 차트를 활용한 프레젠테이션도 계속되었다. 그러다가 브리핑 차트를 활용한 프레젠테이션은 OHP가 등장한 뒤 서서히 사라지게 된 것이다.

3. OHP를 활용한 프레젠테이션

OHP는 OverHead Presentation을 간단하게 표기한 것이다.

OHP는 [그림 5.4]에서 보는 바와 같이 아주 밝은 램프와 여기서 발생되는 열을 식히는 팬(fan)이 들어 있는 상당히 큰 상자로 되어 있다. 이 상자 위에는 광선을 평행하게 해 주는 넓적한 프레넬 렌즈가 장착되어 있다. 이 렌즈 위에 텍스트, 차트, 그래프 등이 그려진 투명 필름(transparency)을 놓고 작동하면 텍스트, 차트, 그래프 등의 영상이 스크린에 투영되는 것이다.

이 장비의 특징은 스크린에 비친 영상이 강해서 밝은 장소에서도 잘 보이기

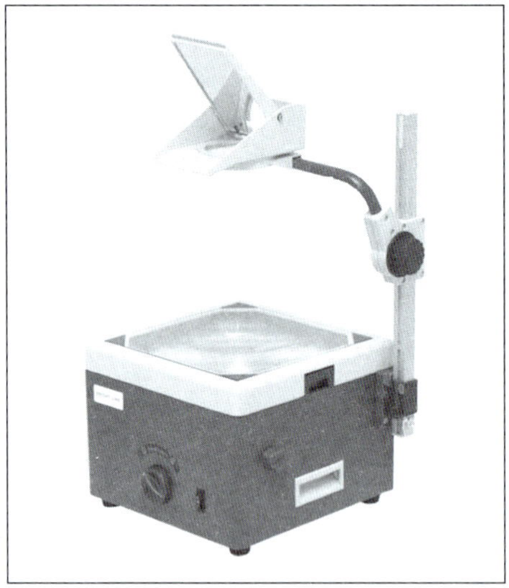

그림 5.4 OHP

때문에 각종 프레젠테이션에 사용될 수 있다.

이 장비의 맨 처음 사용은 경찰에서 얼굴 검색에 활용되었고, 미군은 일찍이 1945년에 사용했다는 기록이 있다. 그 이후 1990년까지 학계와 업계에서 널리 사용했다.

OHP를 활용한 프레젠테이션은 PC에서 작동되는 파워포인트의 등장으로 사라졌다.

4. 파워포인트나 키노트를 활용한 프레젠테이션

1987년 미국 산호세의 실리콘밸리에 있는 Forethought사의 토마스 럿킨(Thomas Rudkin)과 데니스 오스틴(Dennis Austin)이 매킨토시 컴퓨터에서 쉽게 프레젠테이션을 하기 위해 'Presenter'라는 제품명의 소프트웨어를 처음 만들어 발표했다.

같은 해 마이크로소프트사가 이 소프트웨어를 사들여 2년 후인 1989년에 PC 버전의 파워포인트를 출시하였다. 그 후 버전 업데이트를 계속하여 오늘날의 파워포인트가 된 것이다. 파워포인트의 정식 명칭은 'Microsoft PowerPoint'이다.

오늘날 대부분의 사람들이 "프레젠테이션=파워포인트", 즉 "프레젠테이션" 하면 으레 "파워포인트"로만 인식하게 된 동기는 다음에서 찾을 수 있을 것 같다.

1989년 마이크로소프사가 처음에 PowerPoint 소프트웨어를 소개할 때 "PowerPoint presentation"이라는 말을 지어낸 것이다. 이는 상업적으로 의도된 것이 아니었을까? 어쩌면 프레젠테이션을 준비하는 사람들이 파워포인트를 이용한 슬라이드 작성 작업에만 '올인'하는 이유 중에는 이것이 큰 영향을 끼친 것은 아닐까?

애플사의 PC에서는 'Keynote' 소프트웨어를 이용하여 프레젠테이션을 한다.

파워포인트는 원래 엔지니어들이 마케팅 부서와의 의사소통을 목적으로 만든 소프트웨어라고 알려져 있다. 파워포인트의 장점은 구두로 일관되는 커뮤니케이션을 축소시키는 기능에 있다는 것이다. 결국 업무의 추진 속도가 급속도로 빨라짐에 따라 구성원들 사이에 효과적이고 능률적인 새로운 패러다임의 커뮤니케이션 방식이 필요하게 된 것이다. 여기에 파워포인트가 적시에 군림하게 된 것이다.

PC가 널리 보급되고 보편적으로 사용됨에 따라 초등학생들도 파워포인트를 활용한 프레젠테이션을 하기에 이르게 되었다.

여기서 한 가지 불치병인 만성병에 해당하는 사항의 원인에 잠깐 눈을 돌려 보자.

파워포인트가 없던 시절, 대부분의 프레젠테이션에서는 사전에 유인물을 나눠 줄 수밖에 없었다. 그래서 청중은 그 유인물을 읽는 데에만 신경을 쏟다 보니 발표자의 프레젠테이션에는 당연히 소홀할 수밖에 없었던 것이다. 이는 파워포인트가 없던 시절에 자리 잡았던 잘못된 정서와 방식이 아직도 불치의 잔재로 남아 있다는 증거가 될 것이다.

| 제6장 |

성공하는 프레젠테이션

제1부

제6장
성공하는 프레젠테이션

프레젠테이션을 어떻게 하면 성공할 것인가?

이는 한마디로 간단히 대답하기 어려운 질문이다. 먼저 그 이유들을 찾아보자.

첫 번째 이유는 평상시엔 프레젠테이션을 마치 "강 건너 불 보듯" 또는 "소 닭 보듯" 하다가 발등에 불이 떨어지면, 그때서야 "똑 부러진" 대책도 없이 긴장하며 허둥댄다는 점이다.

두 번째는 프레젠테이션을 해야 일이 생기면, 누구나 할 것 없이 파워포인트 작업으로 시작하여 파워포인트 작업으로 끝을 맺고, 급기야 떨리는 마음으로 발표장에 도착한다는 점이다.

세 번째 이유는 원칙은 고사하고 합리적인 방법도 없이 그저 어깨너머로 익힌 초라한 방법을 당연시하며, 신통찮은 프레젠테이션을 하고서도 부끄럽거나 창피하게 생각지도 않고, 반성이나 다짐도 없는 파렴치(?)의 연속이 지속된다는 점이다.

마지막으로 꼽을 수 있는 이유는 교육 문제일 것이다. 초등학교에서 대학교에 이르기까지 우리나라에는 프레젠테이션이 정규 교육 과정에서 거의 찾아볼 수 없다. 교육 당국의 어느 누구도 프레젠테이션의 교육적 가치 또는 중요성, 필요성 등에 대해서 심각하게 생각하거나 검토해 보지 않은 것도 한 이유일 것이다.

이 외에도 여러 가지 이유가 있을 수 있을 것이나 여기서 약하고자 한다.

제대로 된 시작으로 대비하자

1. 당장 프레젠테이션을 해야 하는 경우

한 달 후 또는 일주일 후에 프레젠테이션을 해야 할 경우에 대해서 알아보자.

가. 초보인 경우

프레젠테이션이 중요하든 그렇지 않든 간에 초보자라면 긴장되고 가슴이 철렁 내려앉는 기분은 누구를 막론하고 똑같을 것이다.

프로젝트 수주나 투자유치 등의 중요한 프레젠테이션일 경우, 무엇부터 어떻게 손을 대야 할지 막막하기 마련이다. 직장 내에서 동료들에게 아니면 학교에서 급우들에게 하는 일상적인 프레젠테이션일 경우도 마찬가지일 것이다.

이런 경우 제일 먼저 해야 할 일은 기획을 하는 것이다. 개인이든 집단이든 정도(正道), 즉 바른 길을 밟아 합리적이고 체계적인 방법으로 프레젠테이션을 준비해야 성공할 수 있다.

초조하고 긴장한 나머지 체계적인 기획 없이 대충 적당한 방법으로 시작하면 시간만 낭비하다가 실패할 수 있다는 사실을 명심해야 한다.

미봉책은 안 된다. "급하니까!"라고 둘러대도 소용없다. 아무리 급하다고 실을 바늘허리에 묶어 바느질할 수는 없는 이치와 같다. 이럴 경우 긴장과 초조 속에서 잘못하면 이것저것 손만 대다가 허송세월만 하게 된다. 결국은 발표 전 날 밤늦게까지 파워포인트 작업하느라 잠도 제대로 못 자고, 다음 날 아침 늦게 일어나 피곤한 몸으로 발표장에 가기 마련이다.

이런 경우 결과는 불을 보듯 뻔하다. 스크린에 비춰진 발표 내용을 토씨 한 자도 빠뜨리지 않고 줄줄줄 읽어 나가다가 어려운 질문이라도 나오면 당황하여 말을 더듬는 등 제대로 말도 못하는 지경에 이르기 마련이다.

무엇을 어떻게 할 것인지 기획부터 시작하도록 하자.

나. 겨우 초보를 면한 경우

위의 경우와 마찬가지로, 한 달 후 또는 일주일 후에 프레젠테이션을 해야 할 경우이다. 프레젠테이션이 중요하든 그렇지 않든 간에 겨우 초보를 면한 경우이든 아니면 몇 차례에 걸친 프레젠테이션 경험이 있어서 어느 정도의 자신감이 있는 사람이라도 긴장되고 가슴이 철렁 내려앉는 기분은 누구를 막론하고 똑같을 것이다. 이 점에 관한 한 초보자와 크게 다를 것이 없다.

이런 경우도 제일 먼저 해야 할 일은 기획을 필두로 추진일정을 잡고 체계적으로 시작하는 것이다.

그러나 프레젠테이션 경험이 좀 있다고 정도(正道), 즉 바른 길을 밟지 않고 합리적이고 체계적인 방법을 과감하게(?) 무시하고, PC에 저장된 예전에 발표했던 파워포인트 파일(file)을 검색하거나, 만일 저장된 파일이 없을 경우에는 다른 동료 직원이나 친구에게 부탁하여 파워포인트 파일을 확보한다.

설사 지난번의 프레젠테이션이 우연히도 커다란 실수나 문제점 없이 끝났다고 해서 대수롭지 않게 생각하지 말고 정직하게 새로운 마음가짐으로 시작하는 것이 좋을 것이다. 프레젠테이션에 관한 한 자신을 속이지 말고 정석대로 임하는 것이 좋을 것이다.

그렇다. 이제부터 바뀌어야 성공할 수 있다. 기획, 일정 수립, 목표 설정, 청중 분석, 장소 분석, 자료 조사 및 분석, 유인물 디자인, 슬라이드 디자인 등의 일련의 기획과 전략을 수립한다. 이어서 파워포인트를 이용한 슬라이드 작업을 수행하고 마지막에는 리허설을 해야 한다.

2. 시간을 갖고 대비하는 경우

당장 프레젠테이션의 일정이 잡히지 않은 경우에 대해서 알아보자. 무엇을 어떻게 대비하는 것이 옳은지에 대해서 알아보자.

가. 초보인 경우

직장인의 경우는 업무, 학생의 경우는 전공 분야가 프레젠테이션과 전혀 관계없는 경우를 제외하고 언제인지는 모르되 불시에 프레젠테이션을 해야 하는 경우 시간을 갖고 대비해야 한다. 현대인이라면 당연한 사항이다.

프레젠테이션은 하루 이틀 준비로 성공을 보장할 수 없는 것이다. 당신이 만약 프레젠테이션의 초보라면, 아무런 대책 없이 "소 닭 보듯" 손 놓고 있어서는 현대를 살아가는 세대가 아니다.

프레젠테이션에서 중요시되는 사항들은 대부분 상식선에서 이해되는 수준의 지식이나 지침에 해당된다. 그래서 "이 정도쯤이야!" 하고 안일하게 생각하기 쉽다. 그러나 여러 사람들 앞에서 여러 사람들의 시선을 한몸에 받으며 공감대를 형성하고 그들을 설득하는 과정은 그리 호락호락 쉬운 것이 아니다. 상당 부분이 심리학적인 이론을 바탕으로 하고 있고 인체공학적인 측면까지도 고려해야 하기 때문이다.

태어나기를 말을 잘할 수 있는 기질을 타고났다고 해도 막상 여러 사람들 앞에 서면 머릿속이 순식간에 하얗게 변해 버리고 입에 침이 마르고 다리가 떨릴 수가 있는 것이다.

오히려 프레젠테이션의 초보이니까 처음부터 백지에 그림을 그리듯 기초부터 차곡차곡 이론과 실기를 쌓아 나가면 좋을 것이다.

그러나 프레젠테이션에 대비한다면서 파워포인트의 작동방법을 프로급 수준으로까지 연마하려는 뜻에서 오로지 파워포인트 소프트웨어에만 매달리지는 말라는 말이다. 정작 프레젠테이션에서 필요로 하는 중요한 사항은 기획, 스토리텔링 디자인, 슬라이드 디자인, 말하기, 보디랭귀지 등이다.

프레젠테이션에서 필수적인 사항들은 이 책의 제2장, 제3장 그리고 제4장을 정독하고 스스로 실습하여 체득하면 초보자 티를 면하는 것은 물론이고 능력을 인정받는 발표자가 될 수 있을 것이다.

나. 겨우 초보를 면한 경우

수차례 또는 십여 차례에 걸친 프레젠테이션을 통해서 약간의 경험을 한 사람들의 경우 향후 프레젠테이션을 대비하는 사항에 대해서 기술하고자 한다.

프레젠테이션이 무엇인지, 도대체 어떠한 어려움이나 문제점이 있는지에 대해서는 어느 정도 파악이 된 사람들에 해당되는 사항이다.

지금까지 배우고 익힌 프레젠테이션에 관한 사항들은 대부분 어깨너머로 아니면 대충 본인 스스로 생각해 낸 사항들일 것이다. 사실 이것은 탄탄한 기초나 바탕이 없는 사상누각 형태의 지식이나 노하우일 수가 있다. 문제는 결정적인 순간에 또는 어려운 순간에 무너질 수 있다는 데 그 심각성이 있다는 점이다.

지금이라도 자신을 속이지 말자. 기초 이론이라고 조금은 안다고 깔보지 말고 정직하라는 말이다. 조금 아는 것은 지식이 아니다. 어설픈 지식은 지식이 아니다. 정직하게 새롭게 시작하는 결단을 내리기 바란다.

파워포인트를 자유자재로 작동할 줄 안다고 해서 자만하거나 우쭐대지 않기를 바란다. "파워포인트가 곧 프레젠테이션이다."라는 사실은 착각에 불과하다는 사실을 명심하고 새롭게 시작하라는 말이다.

필자는 대덕연구단지에 있는 과학기술연합대학원대학교에서 대한민국 최초로 2학점짜리 한 학기와 3학점짜리 한 학기를 '오럴 프레젠테이션'이라는 과목으로 대학원생들을 대상으로 강의한 적이 있다.

필자는 이 강의를 통해서 여러 가지 사항들을 몸소 체험하고 파악한 바 있다.

첫째는 아는 것과 실행하는 것은 별개인 경우가 많다는 점이다.

둘째는 '파워포인트가 곧 프레젠테이션'이라는 잘못된 사실을 망각하지 못한다는 점이다.

셋째는 한 번 몸에 베인 나쁜 버릇은 긴장된 순간 또는 결정적인 순간에 본인도 모르는 상태에서 나타나곤 한다는 점이다.

넷째는 아직도 우리 사회에는 전근대적인 잔재가 골수 깊은 곳에 자리 잡고 있어 제스처나 시선처리 또는 얼굴표정 등과 같은 프레젠테이션에 필수적인 행동에 대한 기피현상이 심하다는 점이다.

다섯째는 여러 사람 앞에서 누구나 겪을 수 있는 심리적인 압박감과 무대 울렁증 등의 심리학적인 문제점들이 해결책 없이 방치되고 있다는 점이다.

이제부터는 프레젠테이션의 단순한 스킬 습득에 연연하지 말고, 시야를 멀리 또 넓게 보려는 뜻에서 프레젠테이션의 근본적인 이론의 숙지와 실행에 많은 시간을 투자하기 바란다. 프레젠테이션은 하루아침에 이루어지는 것이 아니라는 사실을 명심하도록 하자.

파워포인트에만 '올인'하지 말자

"프레젠테이션" 하면 "파워포인트를 이용하여 슬라이드를 작성하는 것"으로 인식하고 있다.

당신이 만약 일주일 또는 한 달 후에 프레젠테이션을 해야 한다면, 제일 먼저 무엇을 할 것인가?

대다수의 사람들은 맨 먼저 자기 PC에서 파워포인트로 작성된 슬라이드 파일, 즉 ~.pptx를 검색하여 그중에서 가장 잘 만들어진 것을 복사한다. 그러나 자기 PC에서 만족할 만한 슬라이드 파일을 찾지 못하면 동료나 선배 또는 상사에게 요청한다.

그래도 찾거나 구하려는 슬라이드 파일을 얻지 못하면 PC 앞에 앉아 아무 슬라이드 파일이나 열어서 수정을 가하기 시작한다.

기획은 거추장스러운 존재라고 생각하고 오픈된 ~.pptx 파일이 디스플레이된 PC 앞에 앉아서 생각을 시작한다.

곧이어 인터넷으로 들어가서 자료를 검색한다. 사진 자료나 동영상 등의 자료를 검색한다. 동시에 무슨 내용들을 가지고 어떻게 꾸밀 것인지를 고민하면서 말이다.

직장인의 경우에는 주변의 동료들이나 상사들에게도 사진 자료나 동영상 등의 자료를 요청한다. 그러다가 한두 자료를 구하면, 마치 천군만마라도 얻은 기분으로 기쁨이 충만해진다. 그러나 허탕을 치면 금방 풀이 죽어 시무룩해지기 마련이다. 대학생의 경우도 이와 비슷하다.

시간이 지나감에 따라 프레젠테이션을 생각하고 떠올리면 마음이 초조해진다. 그러다가 프레젠테이션 날짜가 임박해지면 걱정 내지는 스트레스가 되어 상당한 심적인 부담이 된다.

자료를 구하면서도 발표 자료를 만드는 작업은 PC 앞에서 계속될 수밖에 없다. 다행히 텍스트 자료가 이미 많이 확보된 상태라면 그나마도 다행으로 파워포인트 작업은 계속될 수 있다.

파워포인트 작업을 잠시 들여다보자. 누구나 없이 이 작업은 공통적이다. 고치고 또 고치고 다음 날이 되면 또 고친다.

사전에 기획 과정을 거쳐서 제대로 된 정도(?)를 걸어왔다면 그나마 연속적으로 고치는 일이 적을 것이다. 스토리보드에 연필을 가지고 작성한 내용을 파워포인트의 슬라이드에 그려 넣는 작업은 그렇게 많은 시간과 고통을 경감시켜 주지만 맨땅에 헤딩식의 아무런 기획서나 스토리보드도 없이 작성되는 파워포인트 작업은 엄청난 고통을 수반하기 마련이다. 이러한 '주먹구구 방식'은 동료들로 구성된 팀워크 작업도 어렵게 만든다.

다행인 것은 최근 연구소에서는 이러한 '주먹구구 방식'은 거의 사라진 것 같다는 것이다. 그런데 그래도 미흡한 점이 있다면, 기획서나 스토리보드가 아닌 텍스트 위주의 회의 자료에 의존한다는 점이다. 여기에는 당장에 한계가 있기 마련이다. 그렇다 보니 파워포인트 작업은 능률이 떨어질 수밖에 없고 종래에는 반복적인 수정이 꼬리를 물게 되는 것이다.

프레젠테이션 날짜가 코앞에 임박해 오면 야근에 날 새기까지 불사하고 파워포인트 작업이 계속된다. 결국 내일 프레젠테이션을 한다면 오늘 밤 늦게서야 파워포인트 작업이 완료되기 마련이다.

여기서 한 가지 치명적인 사항이 두 가지 있을 수 있다.

하나는 리허설을 전혀 못한다다는 것이다. 왜냐하면 리허설에 대해서는 계획에 없었을 뿐만 아니라 처음부터 리허설을 고려하지 않았기 때문에 어느 누구도 '리허설'을 거론한다면 이는 아주 엉뚱하고 생뚱맞은 소리로 간주될 뿐이다.

결국 발표를 맡은 사람은 프레젠테이션 날 아침 일찍 한 번 훑어보는 것으로 리허설을 대신하고 발표장에 입장하게 된다.

또 다른 하나는 발표를 맡은 사람이 고위직 인사인 경우이다. 그는 파워포인트 작업이 진행되는 동안 몇 차례에 걸친 보고만 받았을 뿐 최종적으로 작성한 자료는 역시 프레젠테이션 날 아침 일찍 접하게 되는 것이다. 작성의 책임을 맡아 파워포인트 작업을 진행해 온 실무책임자는 발표자인 고위직 상사에게 슬라이드 내용을 설명해 주면 의문 사항을 되짚어 질문하여 아는 것을 끝으로 하고 발표장으로 가는 승용차 속에서 계속 훑어보고 발표장으로 들어간다.

이는 분명 합리적인 프레젠테이션 준비도 아니고 정석도 아니다. "프레젠테이션 준비에도 정석이 있다."는 사실은 수십 번 강조해도 지나치지 않다는 말이이 대목에서는 아주 잘 어울리는 말임에 틀림이 없을 성 싶다.

청중의 입장에서 프레젠테이션을 하자

어떻게 하면 청중의 입장에서 프레젠테이션을 할 수 있을까?

이에 답은 청중의 입장에서 생각해 보면 쉽게 나올 수 있을 것이다.

여러분도 다른 사람이 발표 · 설명하는 프레젠테이션에 참석해 봤을 것이다. 그때 여러분은 발표자가 어떻게 해 주었으면 좋을지를 생각해 본 적이 있는가?

여러분이 청중의 입장이 되어 참석한 프레젠테이션 중에서 목적이나 목표가 뚜렷하고, 설명이 간결하여 알고 쉽고, 현실감이 풍부하여 몇 개월이 지난 지금까지도 생생하게 기억하는 잘된 경우의 프레젠테이션을 하나 떠올려 보기 바란다.

또 반대로 가장 이해가 잘 안 되고 발표자가 횡설수설하여서 시종일관 고통 속에서 힘들어한 프레젠테이션을 하나 떠올려 보기 바란다.

발표자가 청중의 입장에서 고려하여 전략적으로 잘 진행하는 프레젠테이션은 시종일관 재미있고 분위기도 활기가 넘치고 화기애애하기 마련이다.

그러나 이와 대조적으로 발표자가 바짝 긴장한 데다 심하게 주눅이 들어서 청중은 거의 보지 않고 스크린의 텍스트만 보고 줄줄줄 읽어 나가는 프레젠테이션의 청중이 되면 누구나 할 것 없이 눈꺼풀이 무겁다가 결국엔 고개를 꾸벅이면서 졸 수밖에 없다.

여기서 두 가지 경우의 프레젠테이션에서 알 수 있는 것은 무엇일까?

발표자가 전략적으로 다음 사항들을 잘 실천에 옮기면 청중은 프레젠테이션 내내 기분 좋아하고 분위기도 활기차게 될 것이다.

1. 목적이나 목표를 분명하게 설명하자

프레젠테이션에서 발표자가 가장 우선적으로 해야 할 일은 목적이나 목표가 무엇인지를 청중이 분명하게 이해할 수 있도록 설명하는 것이다.

이때 유념할 사항은 청중 중에는 전공분야가 다르다든지, 아니면 담당분야가 달라서 발표자가 설명하는 목적이나 목표를 이해하는 데 어려움이 있을 수도 있다.

목적이나 목표가 분명하지 않은 채 설명이 계속되면 청중은 프레젠테이션의 방향성을 잃고 헤맬 수 있는 것이다.

간혹 목격되는 경우 중 한 사례를 들어 보자. 발표자가 프레젠테이션 오프닝

때 목적이나 목표에 대해서 설명했음에도 불구하고 한참 프레젠테이션이 진행되다 보면 대대수의 청중은 발표자가 소개해 준 목적이나 목표를 망각하는 수가 있다.

여기에는 다음과 같은 원인이 있다.

첫째 원인은 발표자가 청중과 눈 맞춤이 전혀 없는 상태에서 스크린에 투영된 텍스트를 줄줄줄 읽기만 했기 때문이다.

둘째 원인은 읽어 나가는 목소리가 모기 소리만 하거나 단조롭거나 우물거리는 식으로 말했기 때문이다.

이러한 경우를 미연에 방지하기 위해서는 청중의 시선을 보면서 목적이나 목표를 소개하는 것이 우선이다. 동시에 목소리는 다소 높게 그리고 반복하는 등 말하기의 기법을 적용하면 된다.

이러한 방법으로 소개하되 오프닝, 본론, 결론에서도 반복해 주는 것이 확실하게 심어 주는 방법이다. 한마디로 말하자면 공을 들여야 한다는 뜻이다.

2. 이야기로 설명하자

전문 분야에 속하는 사항을 설명할 경우 이 분야에 직접적인 관련이 없는 참가자들은 이해가 잘 안 되는 경우가 많다. 동일 분야에 종사하는 전문가라 하더라도 모든 것을 다 알고 있는 전지전능이 될 수는 없는 것이다.

이런 경우를 대비해서 존재하는 프레젠테이션 방법이 다름 아닌 스토리텔링(storytelling) 방식의 설명이다.

발표자가 어느 특정 내용에 대해서 설명을 할 때 아무런 예도 없이 시종일관 수식이나 전문 용어를 나열하거나 외국의 학자가 발표한 이론이나 언급하는 경우가 자주 목격된다. 사실만을 딱딱하게 소개하는 방식으로 어렵게 설명해 나가면, 청중은 몇 분 지나지 않아서 흥미를 잃고 엉뚱하거나 딴 행동을 하게 된다. 대학이나 연구 분야는 말할 것 없고, 비즈니스 프레젠테이션에서도 이런 경우가 비일비재하다.

이러한 경우에 스토리텔링 방식을 적용하여 설명하면 청중은 훨씬 쉽게 이해할 수 있게 된다. 스토리텔링은 따지고 보면 별것 아니다. 그냥 이야기를 말하는 것뿐이다. 어떤 사실을 그냥 말로써 전달하는 것을 그 사실을 이야기라는 툴에 집어넣어서 각본을 짠 다음 이 내용을 이야기 들려주는 방식으로 설명하는 것이다.

이러한 방식의 적용은 프레젠테이션 기획 과정에서 스토리의 내용과 콘텐츠를 디자인하여 슬라이드를 작성하여 리허설 과정까지를 거쳐야 비로소 완벽한 패키지가 만들어지는 것이다.

특히 이공계 분야의 직장에 종사하거나 이 분야에서 공부하는 교수와 학생들은 누구나 시도해 보기를 권장하는 바이다. 절대 손해 보는 방식이 아님을 확신한다.

3. 순간 연상이 가능하도록 설명하자

하나의 아이디어나 개념을 설명할 때 청중이 쉽게 이해하고 수용할 수 있는 방법은 여러 가지가 있을 수 있을 것이다. 우선적으로 손꼽을 수 있는 것이 합당한 이유와 정확한 근거의 제시일 것이다. 여기에다 구체적이고 재미있는 사례를 곁들이면 이해 정도를 더욱 향상시킬 수 있을 것이다.

이때 주의를 기울여야 할 사항은 전문용어나 약어를 함부로 남발하지 않는 것이다. 전문용어나 약어를 많이 사용하면 발표자의 품격이나 위상이 높아지는 것이 아니다.

만약 직장에서 최고경영자에게 프레젠테이션을 할 경우 전문용어나 약어를 많이 사용한다고 해서 발표자를 실력이 많고 능력 있는 사람으로 인식하는 것이 아니라는 것을 참고하기 바란다. 오히려 전문용어나 약어의 남발로 인해서 이해를 못하거나 잘못 알아듣게 되면 짜증을 낼 수 있는 것이다. 최고경영자들 중에는 사소한 일에 버럭 짜증을 잘 내는 인사들이 많다는 것을 참고하기 바란다.

지위의 높고 낮음을 불문하고 설명을 하여 이해 정도를 높이는 방법 중에 가장 잘 먹히는 방법이 실감나게 설명하는 것이다. 연상이 가능하도록 설명하라는 말이다. 영어로 표기하면 imagination이다. imagination의 사전적인 뜻은 "본 일이 있어 알고는 있으나 눈앞에는 없는 것, 또는 실존하지 않는 것을 실존하는 것처럼 마음에 그리는 일."이다. 이 방법의 심리학적 근원적인 이론에 대해서는 제2부에서 자세히 기술하였으니 참고하기 바란다.

이메지네이션(imagination) 방법을 적용하여 실감나게 설명하는 가장 쉬운 사례는 유치원에서 찾을 수 있다. 유치원에서 선생님들이 유치원생들에게 동화책을 읽어 줄 때 아동들의 이해도를 높이기 위해서 이메지네이션(imagination) 방법을 적용하여 실감나게 책을 읽어 주는 것이다.

이 방법은 이해도를 증진시킨다는 장점 외에도 한 번 들은 사람들에게 오랫동안 기억하게 하는 장점이 있다. 이메지네이션(imagination) 방법을 통하여 청중의 두뇌 속에서 생성된 가상의 영상이 두뇌 어딘가의 저장소에 오랫동안 저장된다는 말이다.

이 방법은 일석이조(一石二鳥) 또는 일거양득(一擧兩得)의 효과가 있다는 말이다. 여러분도 이 방법을 적용하여 청중의 이해도를 높임과 동시에 프레젠테이션 분위기를 화기애애하기 해 보기 바란다.

온몸으로 프레젠테이션하자

프레젠테이션에서 발표자는 말만 가지고 성공할 수 없다. 이러한 사실은 프레젠테이션을 조금이라도 아는 사람이라면 이구동성으로 똑같이 말한다.

그러면 어떻게 해야 프레젠테이션에 성공할 수 있을까?

먼저 에너지 넘치는 "살아 있는 프레젠테이션"을 해야 성공할 수 있다.

그러면 이와 대응되는 프레젠테이션은 어떤 프레젠테이션인가?

"살아 있는 프레젠테이션"에 대응되는 프레젠테이션은 "죽은 프레젠테이션"이다. 어떤 것이 "죽은 프레젠테이션"인가?

한마디로 말해서 발표자가 생기가 없이 어떠한 감정 표현도 없이 스크린에 비쳐진 텍스트를 그냥 줄줄줄 읽는 것으로 의사전달이나 표현을 다 하는 경우의 프레젠테이션을 "죽은 프레젠테이션"이라고 한다.

저자는 이러한 프레젠테이션을 헤일 수 없이 많이 본 적이 있다. 어쩌면 저자가 프레젠테이션 분야에 뛰어든 그 원인도 따지고 보면, 수도 없이 많이 목격한 바로 이 "죽은 프레젠테이션" 때문이다. 도저히 이대로 방치해서는 안 되겠다는 일념 때문이었다.

"살아 있는 프레젠테이션"에 필요한 것들에 대해서 알아보자.

가장 우선적으로 필요한 요건은 다름 아닌 온몸의 사용이다. 발표자들은 온몸을 사용하여 프레젠테이션을 해야 한다. 그러나 우리나라의 대부분의 발표자들은 프레젠테이션을 할 때 몸을 아낀다. 몸을 아끼고 눈과 입만은 아끼지 않는다. 눈도 지극히 제한적인 사용, 즉 스크린에 투영된 텍스트를 읽는 데 눈을 동원하여 사용한다는 말이다.

온몸으로 프레젠테이션을 하기 위해서는 반드시 보디랭귀지를 해야 한다. 그러나 우리나라 발표자들은 왜 그렇게도 보디랭귀지를 못하는 것인가? 정녕 보디랭귀지가 그렇게도 어려운 것인가?

보디랭귀지는 자세, 얼굴표정, 눈 맞춤, 제스처를 혼합하여 말과 더불어 적재적시에 구사함으로써 청중에게 메시지를 확실하게 전달할 수 있는 것이다.

이때 말도 그냥 입술로만 하는 말이 아니라 가슴에서 우러나오는 가슴말로 말함으로써 보디랭귀지도 살아나고 메시지 전달력도 그 위력이 커지는 것이다. 가슴말에 대해서는 제3부에서 자세하게 기술하였다.

리허설로 성공을 보장하자

“프레젠테이션” 하면, 제일 먼저 떠오는 기업의 CEO는 당연히 애플사의 스티브 잡스일 것이다. 그가 매번 애플사가 개발한 아이템의 설명회에 나와서 프레젠테이션을 할 때마다 전 세계가 난리법석이었다. 거의 대부분의 매스컴이 찬사를 보내고 인터넷에서도 전 세계 네티즌들도 마찬가지의 반응을 보였다.

그가 프레젠테이션에서 발표 · 설명하는 방법은 매번 다른 양상을 보이고 그때마다 참석한 청중들은 감동과 더불어 찬사의 박수를 아끼지 않았다.

그러면 왜 스티브 잡스의 프레젠테이션에 이토록 극찬의 반응을 보이는 것일까?

이에 대한 답은 미국의 카민 갤로(Carmine Gallo)에게서 찾을 수 있다. 그는 세계적인 기업들에게 커뮤니케이션 테크닉을 전수하는 코치로 활동 중이며, 약 10년 이상 스티브 잡스의 프레젠테이션을 연구해 온 미국의 프레젠테이션 전문가이다.

그의 말에 의하면, 스티브 잡스는 한 시간의 제품 소개 프레젠테이션을 위하여 준비 과정에서 수백 번의 리허설을 한다고 한다. 스티브 잡스는 프레젠테이션의 기획 단계에서 복장, 소품, 슬라이드 디자인 등을 직접 진두지휘하여 발표 준비를 한 후 수백 번 리허설을 반복한다는 것이다.

그러나 우리는 어떻게 프레젠테이션을 기획하고 대비하는가?

분명히 대다수의 발표자들이 개인적으로 또는 태스크 포스 팀을 구성하여 기획은 차질 없이 진행하는 것 같다. 문제는 기획 과정에서 리허설에 대해서만은 아주 인색한 것 같다. 거의 대부분의 프레젠테이션 기획서에서 리허설은 사막에 버려진 바늘만큼이나 눈에 띄지 않는다.

그 이유는 여러 가지가 있을 수 있겠으나, 제일 먼저 떠오르는 것은 파워포인트로 슬라이드 작성에 '올인'한 나머지 리허설의 존재조차도 고려의 대상이 되지 못한 데 그 주된 이유가 있다고 생각한다. 파워포인트로 슬라이드 작성하는 데 집착하는 원인은 아무래도 파워포인트로 슬라이드는 누구나 쉽게 눈으로 보고 평가할 수 있기 때문일 것이다.

"야, 이 발표 자료는 정말 잘 만들어졌다!"

"에이, 이 발표 자료는 아주 엉망이야!"

발표 · 설명도 하기 전에 남들의 눈을 의식하기 때문에 발표 자료는 우선적으로 잘 만들어져야 체면이 서고, 칭찬을 받을 수 있기 때문일 것이다. 프레젠테이션 장소에서 발표 · 설명을 잘하고 못하고보다도 스스로가 발표 자료에 만족감을 느껴야 한다는 말이다.

현장 이야기

2011년 7월 6일 남아프리카공화국의 더반에서 개최된 2018년 동계올림픽개최지 선정 행사에서 대한민국 유치단이 승리한 배경을 짚어 보면, 프레젠테이션이 큰 몫을 차지한 것으로 보도되었다.

1차 투표에서 평창이 2018년 동계올림픽개최지로 선정된 후 우리 대표단의 발표자들의 언론 인터뷰에 의하면 일단 우리의 프레젠테이션이 IOC위원들에게 크게 감동을 주었다는 반가운 소식이다.

자랑스러운 대한민국 대표단의 나승연 대변인이 언론 인터뷰에서 밝힌 바에 의하면 리허설을 100번쯤 해서 철저한 준비를 했다는 것이다.

필자도 유튜브(YouTube) 등의 동영상을 통해서 우리나라 대표단의 프레젠테이션을 모두 감상하고 분석하였는데 역시 작은 실수 하나 없는 완벽한 프레젠테이션임에 틀림이 없었다. 우리 대표단 중에서 눈에 띄는 발표자는 역시 나승연 대변인과 '국보소녀'인 김연아 선수였다. 이들은 프레젠테이션에서 리허설이 얼마나 중요한 기능을 하는지를 몸소 시범 보여 준 것 같았다.

이들의 프레젠테이션에서는 오히려 자신감이 넘치는 것 같았다. 특히 김연아 선수의 경우 자세와 시선과 제스처도 여유만만과 함께 자신감이 충만하여 그녀의 대단함에 눈시울이 적셔질 정도였다.

현장 이야기

또한 평창 동계올림픽 유치위원회 위원장은 무대울렁증을 강도 높은 훈련과 리허설로 극복하고, 대한민국 국민의 숙원인 목적을 달성한 아름다운 본보기로 알려질 정도였다. 지체 높은 인사도 강도 높은 훈련과 리허설을 하면, 잘할 수 있다는 사례를 보여 준 것 같은 느낌이 들어서 아낌없는 찬사의 박수를 보내고 싶다. 아주 대단한 분이다! 역시 대기업의 총수답다!

현장 이야기

필자가 과학기술연합대학원대학교 정규 강의를 통해서 수강하는 대학원생들을 통해서 터득한 사항은 다음과 같다.

발표 · 설명 기술과 관련된 기법이나 노하우는 관련 서적만 읽는 것만으로는 문제가 해결되지 않는다는 점이다. 여기에는 반드시 훈련과 리허설이 뒤따라야 한다는 점이다.

이에 대한 증빙은 평창 동계올림픽 유치위원장의 트레이닝을 맡았다는 영국의 프레젠테이션 전문가의 방법에서도 찾을 수 있다. 평소에 해 보지 않아서 생소한 말하기 방법이나 제스처 등의 동작은 한꺼번에 해결하거나 다루려고 한다면, 일은 더욱 어려워져서 혼란을 야기시킬 수도 있는 것이다.

이런 경우를 방지하고 효과적인 훈련을 위해서는 한 번의 리허설을 할 때, 한두 가지의 아이템들을 실습하도록 함으로써 성공적인 체득이 가능해진다는 점이다. 단계적인 접근 방법이 좋다는 말이다.

열정과 확신과 진정성으로 프레젠테이션하자

1. 열정으로 프레젠테이션하자

프레젠테이션의 성공을 위한 발표자의 가장 중요한 요소는 무엇일까?

이는 다름 아닌 열정(熱情, emotion)이다. 여기서 말하는 열정은 불꽃처럼 피어오르는 감정의 표현이다. 가만히 서서 부동자세를 취한 상태에서 입만 움직여서는 도저히 불가능한 감정의 표현이 열정이다.

청중은 열정이 없는 메시지나 열정이 없는 프레젠테이션에는 절대로 감동하지 않는다.

어설픈 논리를 전개하면 프레젠테이션이 위기를 맞고 무너질 수 있다. 또한 근거나 증거가 충분하지 못하거나 당위성을 잃은 프레젠테이션도 좌초의 위기를 면할 수 없다. 그러나 열정이라는 감정적인 표출 없이는 청중들이 흥미를 잃고 잠들게 될 수 있는 것이다.

열정을 한 마디로 나타내면 발표자의 끓는 가슴의 표출이다.

심리학자들의 발표에 의하면, 발표자가 풍부한 감정과 에너지 넘치는 열정으로 프레젠테이션을 진행하면 발표자의 심장 박동이 빨라지기 마련인데, 이때 청중의 심장 박동도 빨라진다는 것이다. 그러니까 심장의 박동은 전염되는 특성을 지니고 있다는 것이다.

프레젠테이션 분야에서는 "열정은 전염되는 것"으로 알려져 있는데, 그 근원에 대한 설명은 심리학에서 뒷받침하고 있다. 결국 인간의 감성은 논리를 앞지르는 힘이 있다는 말이다.

발표자가 에너지 넘치는 열정을 가지고 설명하면, 청중은 발표 · 설명 내용에 대해 상반되는 의견을 가질 수 있는 여지가 축소된다는 말이다.

이러한 이유로 발표자가 어느 대목에서 청중과 공감대를 형성하여 설득하려는 계획이 기획 단계에서 세워졌다면, 논리적인 접근을 하되 당연히 감성을 자극할 수 있도록 열정적인 프레젠테이션을 하는 편이 훨씬 더 성공을 보장받을 수 있다는 말이다.

열정이 중요하다고 해서 모든 내용을 고성으로 버럭버럭 소리를 질러대며 설명하라는 뜻이 아니다. 어떤 내용은 목소리를 높인 상태에서 열정을 내서 설명하고, 또 어떤 내용은 목소리를 낮춘 상태에서 열정적으로 설명해야 한다. 열정적으로 설명한다고 해서 시종일관 고성으로 설명한다면 그 자체가 소음이 되어서 청중의 청각신경을 피곤하게 만들 것이다. 대부분의 명곡은 음의 높낮이의 아름다운 조화라는 사실을 기억하기 바란다.

2. 확신으로 프레젠테이션하자

발표자가 어떻게 하면 청중에게 확신을 심어 줄 수 있을 것인가?

이에 대한 답은 비교적 간단하다. 발표자 본인이 설명하려는 내용에 대해서 확실한 믿음이 있어야 한다. 여기서 말하는 확실한 믿음이 곧 확신(確信, confidence)이다.

청중에게 설명하여 설득하려는 내용에 대해서 발표자 스스로에게 확실한 믿음이 없으면, 발표자에게 힘이 생겨날 리가 없는 것이다.

반면에 청중에게 설명하려는 내용에 대해서 발표자 스스로에게 확실한 믿음이 있으면, 발표자의 목소리와 눈빛은 말할 필요가 없고, 얼굴표정을 비롯한 온몸에서 생생한 기운이 발산되는 것이다. 발표자의 온몸에서 발산되는 이러한 활기찬 기운은 설명과 함께 청중에게 그대로 전파되는 것이다.

프레젠테이션이 시작되자마자 청중이 제일 먼저 하는 일은 발표자를 유심히 관찰하는 하는 일이다.

머리끝에서 발끝에 이르기까지 샅샅이 점검하고 체크하고, 눈빛은 물론 용모나 머리 스타일과 옷차림새까지도 하나도 빠뜨리지 않고 살피는 것이다.

청중이 관찰하고 체크하고 점검하는 것은 발표자를 얼마나 믿을 수 있는가이다. 이러한 관점에서 볼 때 발표자는 처음으로 말하기를 시작하는 순간 이전부터 청중에게 확실한 믿음을 줄 수 있도록 기획 단계에서 철저하게 전략을 세워야 성공할 수 있다.

발표자는 자세, 말하는 입모양, 눈빛, 얼굴 표정, 제스처 등에도 확신을 실어야 된다. 여기에 열정적인 요소를 가미하면 청중과 발표자 사이에는 공감대가 형성되고 자연스럽게 설득이 되는 것이다. 문제는 이러한 일련의 동작들이 말처럼 호락호락 쉽지 않다는 데 있다.

3. 진정성으로 프레젠테이션하자

진정성(眞情性, trueness)이란 '참되고 애틋한 정이나 마음'의 성질을 말한다.

이 말은 어떤 사람을 말과 행동으로 판단할 때, "진실한 마음이 있는가?" 아니면 "가식적인 허위가 있는가?"를 구분하기 위해 자주 쓰인다고 한다.

프레젠테이션에서 발표자가 청중에게 어떤 내용을 설득을 목적으로 설명할 때, 제아무리 확신을 갖고 열정적으로 열변을 토한다고 하더라도, 발표자의 행동 하나하나에서 진정성이 발견되지 않는다면 청중은 종래에는 실망하고 돌아설 것이다.

예를 들면, 떠벌이 약장수가 노상에서 믿음이 가지 않는 약을 팔려고 혼신과 열정을 다해서 온갖 종류의 달콤한 선전을 다해도 관객은 잠시 기웃거리다 곧장 발길을 돌려 버리는 것과 같다.

인간의 감성의 힘은 냉철한 판단력보다 훨씬 우위를 차지하는 것으로 알려져 있다. 발표자가 청중의 감성을 자극하여 공감대를 형성시키려면 무엇보다도 발표자의 참되고 애틋한 마음이 담긴 진정성을 보여 줘야 한다. 진정성이 없이 확신과 열정만으로는 청중의 마음을 확고하게 붙잡아 설득할 수 없다는 사실을 기억하기 바란다.

열정, 확신, 진정성 중에서 어느 하나라도 빠지면 프레젠테이션이 성공할 수 없다. 왜냐하면 이 셋은 서로 밀접한 상생의 관계에 있기 때문에 이 세 가지가 동시에 이루어져야 비로소 발표자와 청중 사이에 튼튼한 공감대가 형성되기 때문이다.

핵심 포인트

열정, 확신, 진정성으로 설득하자

결론적으로, 청중과 공감대를 형성하여 발표자가 의도하는 바와 같이 청중을 설득하여 청중이 어떠한 행동을 취하기를 희망한다면, 발표자는 반드시 열정(emotion), 확신(confidence), 진정성(trueness) 이 세 가지를 필수적으로 겸비한 프레젠테이션을 해야 한다.

| 제2부 |

프레젠테이션 기획

| 제7장 |

프레젠테이션의 기획

제2부

제7장
프레젠테이션의 기획

몇 주 후 또는 몇 달 후 아주 중요한 프레젠테이션을 해야 될 상황에 놓이면 제일 먼저 무엇을 하는가?

먼저 PC를 켜서 오래전에 발표했던 파워포인트 파일들을 뒤지다가 맘에 드는 파일이 없으면, 동료나 선배로부터 몇 개의 파일을 다운받아서 수정하는 것부터 시작하지 않는지? 재활용 차원에서….

아니면, PC를 켜서 파워포인트를 연 다음 다짜고짜 생각나는 대로 텍스트를 써내려 가다다 골치 아프다는 표정을 하면서 기다란 하품을 내뿜지는 않는지?

그도 아니면 유사한 발표 자료를 복사해서 고치는 작업부터 시작하지는 않는지?

개인이든 직장인이든 간에 위의 케이스 중 어느 하나에 해당된다면 이제부터는 바꾸기 바란다.

제일 먼저 해야 할 일은 바로 프레젠테이션 기획이다.

무엇을 어떻게 준비하여 어떻게 발표할 것인지에 대한 기획을 해야 된다는 말이다. 이제부터는 연필과 빈 종이를 몇 장 준비하거나 마커 펜을 들고 화이트보드로 가서 기획을 하자는 말이다.

그러면 기획을 어떻게 해야 하는 것인지에 대해서 아주 쉽고 자세하게 기술하고자 한다.

프레젠테이션에서 기획이란?

1. 프레젠테이션의 기획이란?

프레젠테이션의 기획이란 프레젠테이션의 목적을 달성하기 위하여 가장 합리적이고 체계적인 내용과 실행 방법을 설계하는 것을 의미한다.

좀 더 자세히 기술하면, 프레젠테이션에서 발표자가 의도하는 목적을 성공적으로 달성하기 위하여 조사·분석하고 연구하여 가장 합리적이고 체계적으로 실행에 옮기는 일이 가능하도록, 주요 내용별로 세부 목표와 범위, 방법 등을 확정하고, 이 내용들 간의 전후는 물론 상하좌우의 연계 방법 등까지도 분명하게 확정하는 구체적인 계획을 수립하는 행위이다.

2. 프레젠테이션 기획의 필요성

프레젠테이션에서 기획은 체계적인 준비와 대비는 물론 실패 요인의 사전 제거와 문제점 예측 및 대책을 수립하고, 준비 요원들 간의 능동적이고 협력적인 체계를 유지함으로써 성공을 다짐하는 데 꼭 필요한 것이다.

향후 프레젠테이션은 이러한 일련의 기획 작업을 통하여 아이디어의 완성도를 높임으로써 청중에게 만족할 만한 프레젠테이션이 되어 소기의 목적을 달성할 것이다.

프레젠테이션 전략회의

프레젠테이션 전략회의는 일정이 잡힌 프레젠테이션에 대비하여 기획하는 태스크 포스(task force)의 멤버들을 구성원으로 하는 회의이다. 프레젠테이션에 직간접적으로 관련이 있는 사람들이 수차례에 걸쳐서 모임을 갖고 의견을 제시하고 토론하는 등의 회의를 여러 차례 연속적으로 개최하여 발표 자료를 완성할 때까지 이루어지는 회의를 말한다.

여기서 태스크 포스란 특수임무가 부여된 '특별 편제의 부대'라는 군사용어에서 비롯되어 널리 일반 조직에도 쓰이게 된 조직이다.

프레젠테이션 전략회의는 다른 말로 브레인스토밍(brainstorming)이라고도 한다. 브레인스토밍은 창의적인 아이디어를 생산하기 위한 회의 기법이다. 3인 이상의 사람이 모여서 하나의 주제에 대해서 자유롭게 논의를 전개한다. 특정 시간 동안 제시한 생각들을 모아서 1차, 2차 검토를 통해서 그 주제에 가장 적합한 생각을 다듬어 나가는 일련의 과정이다. 아이디어를 생산하기 위한 효율적이고 대중적인 기법이어서 프레젠테이션 전략회의로 많이 채택되고 있다.

'프레젠테이션 전략회의'라고 하니까 어마어마한 느낌이 들 수도 있겠으나, 이러한 회의는 청중의 만족을 위해서 나아가서는 프레젠테이션의 성공을 위하여 아주 중요한 것이다.

제아무리 능력이 출중하고 경험이 많은 전문가라 할지라도 이 프레젠테이션 전략회의는 필수적이다. 사실은 능력이 출중하고 경험이 많은 프로일수록 이 프레젠테이션 전략회의를 소중하게 간주하고 적극적으로 참여한다.

여기서 꼭 짚고 넘어가야 할 사항은 이 프레젠테이션 전략회의에 빠져서는 안 되는 사람이 있다는 사실이다. 바로 발표를 해야 하는 사람이다. 비록 고위직이거나 최고경영자라 할지라도 프레젠테이션이 내부에서 이루어지든 외부에서 개최되든 간에 발표자는 반드시 필수적으로 참석해야 한다는 말이다. 그렇게 해야만 프레젠테이션을 준비하는 팀원들과 발표자 본인이 처음부터 공감대가 형성된 상태에서 회의를 진행해 나가고 작업도 효과적으로 수행할 수 있기 때문이다.

그러니까 발표할 사람이 첫 회의부터 프레젠테이션이 완료될 때까지 전 과정을 직접 진두지휘하고 직접 나서야 한다는 말이다. 그러나 현실은 그렇지 않다.

현장 이야기

많은 직장에서 프레젠테이션 전략회의에 발표 당사자인 고위직 인사는 처음에 마지못해 잠시 얼굴을 내미는 식으로 잠시 참석하고 나간다. 결국 실무진들만 참석한 채 몇 차례에 걸친 반복적인 전략회의를 계속하다가 발표 자료까지 실무진들만이 날밤 새기를 반복하여 완성한다. 이렇게 완성된 발표 자료를 발표자인 고위직 인사에게 보고 형식으로 제출하면, 사소한 내용에도 맘에 들지 않는다는 등의 불평을 늘어놓기 마련이다. 결국 다시 수정 · 보완하다 보면, 이러한 과정이 몇 차례 반복되어 최종 발표 자료는 발표 하루 전날 밤 늦게서야 완성된다. 다음 날 아침 발표자는 발표 자료를 받아서 몇 차례 눈으로 훑어보는 것으로 리허설을 대신하고 서둘러 발표장으로 향한다.

이러한 준비 과정을 거쳐서 작성된 프레젠테이션 발표 자료를 가지고 발표하다 보면 제아무리 고위직의 발표자라 하더라도 여러 사람들 앞에서의 발표는 호락호락 쉽지만은 않을 수가 있다. 그래서 하는 수 없이 체면이고 뭐고 다 내동댕이치고 스크린에 투영된 텍스트를 토씨 한 자 빠뜨리지 않고 줄줄줄 읽어 나가는 것이다.

이는 곧 치명적인 결함으로 직결될 수 있다. 그래서 이제는 더 이상 이러한 방식은 과감히 떨쳐 버릴 때가 되었다. 이러한 관행(?)이 통하던 시대는 지났다.

미국에서는 이러한 전근대적인 케케묵은 관행은 사라진 지 오래다. 애플사의 전(前) CEO 스티브 잡스나 마이크로소프트사의 빌 게이츠의 프레젠테이션을 보면 많은 것을 느낄 수 있을 것이다.

기획 단계에서 다룰 내용

다음은 프레젠테이션 전략회의에서 다루어야 될 가장 기본적인 내용들이다. 이 내용들은 대부분의 프레젠테이션에 일반적이고 기본적인 사항들이다.

1. 일정에 대한 전략

프레젠테이션 전략회의에서 제일 먼저 다루어야 될 가장 우선적인 내용은 본 회의의 추진 일정이다. 본 전략회의를 언제 시작하여 언제 종료할 것인지, 도중에 몇 차례나 회의를 개최할 것인지, 어떤 내용들을 다룰 것인지 등을 논의한다.

2. 목표와 목적의 설정 및 제목 결정에 대한 전략

프레젠테이션의 기획 단계에서 맨 처음 신중하고 심각하게 다루어야 할 일은 목표와 목적을 확실하게 설정하고, 곧이어서 제목을 결정하는 일이다. 목표와 목적은 구체적이고 가시적으로 설정되는 것이 청중에게 확실한 메시지를 줄 수 있다. 제목은 쉬우면서도 구체적인 내용이 포함되어서 청중 설득의 시작점이 될 수 있도록 결정하는 것이 바람직하다.

만약 프레젠테이션을 요청한 주최 측에서 이미 제목을 정해 주었으면 목표와 목적만을 확실하게 설정한다.

3. 청중 분석에 대한 고려 사항

좀 엉뚱하다고 생각될지 모르겠으나, 『손자병법』에서 중요하게 여기는 것 중 하나가 '지피지기(知彼知己)'가 아닌가 싶다. 프레젠테이션에서도 이 구절이 중요시된다.

기획 단계에서 상대방인 청중을 정확하게 잘 알아야 적절하고 효과적으로 대비하여 프레젠테이션을 준비할 수 있기 때문이다.

4. 프레젠테이션 장소 조사에 대한 고려 사항

프레젠테이션에서 발표 장소는 성공 요소 중 하나이다. 예를 들면 장소의 크기에 따라서 발표 슬라이드의 폰트의 크기가 다르게 정해져야 하기 때문이다. 발표 장소가 아주 큰 경우에는 텍스트가 잘 안 보일 수도 있음을 감안해야 한다. 이 외에 마이크, 조명, 강연대 등에 대해서도 기획 단계에서 미리 파악해야 한다.

5. 데이터, 자료 수집 및 분석에 대한 고려 사항

이 부분에서 고려해야 할 사항은 발표 자료인 슬라이드를 꾸미는 데 필요한 재료인 데이터, 사진 및 동영상 등의 자료를 누가 어떻게 수집하여 분석할 것인가이다.

또한 목표와 목적을 달성하기 위하여 주제별, 내용별로 분류 · 분석하여 필요한 자료를 체계적으로 수집 · 분석해야 한다.

6. 프레젠테이션 성공 전략에 대한 고려 사항

위에서 자료의 수집 · 분석이 완료되면 프레젠테이션 전체에 걸친 발표 전략을 수립해야 한다.

설명의 체계와 근간을 어떻게 기획하여 슬라이드의 내용물을 어떻게 구성할 것인지, 구성된 내용을 어떠한 각도와 전략으로 설명할 것인지 등을 이 단계에서 기획해야 한다.

구체적으로 소개하면 스토리텔링, 결론 · 본론 · 결론 내용의 구성, 오프닝과 클로징에 대한 전략을 다룬다.

7. 유인물 디자인에 대한 고려 사항

대다수의 프레젠테이션을 보면 프레젠테이션 슬라이드를 그대로 복사하여 유인물이라고 미리 청중에게 배포하는데 이는 두 가지 관점에서 잘못된 것이다. 첫째는 슬라이드의 복사본은 유인물이 아니라는 점이다. 유인물이 슬라이드의 복사본이면 슬라이드 내용을 스크린에 비춰서 설명할 필요성이 적어진다는 점이다. 둘째는 슬라이드와 똑같은 유인물이 미리 배포되면 청중은 발표자의 설명을 듣지 않고 유인물만 보게 되므로 청중의 집중력이 흐트러진다는 점이다.

이 단계에서는 슬라이드와 차별화된 유인물을 작성하는 방법과 내용을 기획한다는 것이다.

8. 슬라이드 디자인에 대한 고려 사항

파워포인트의 슬라이드는 앞에서 수립된 프레젠테이션의 작전(?)에 따라 작성하는 것이 프레젠테이션을 성공으로 이끄는 왕도이다.

이 부분에서는 해야 할 작업의 분량이 다른 부분에 비해서 상대적으로 많다.

스토리보드 활용, 애니메이션 적용, 타임 컨트롤 방법, 레이아웃 컨트롤 방법, 컬러의 활용 원리, 텍스트와 폰트의 활용 방법 등을 다루기 때문이다.

9. 유머 사용에 대한 고려 사항

프레젠테이션에서 신중하게 다루어야 할 사항들 중 하나가 유머의 사용이다. 언제 어떻게 무슨 내용으로 유머를 다룰 것인지를 이 단계에서 고려한다.

프레젠테이션 내용이 딱딱하여 자칫 청중이 지루함을 느낀다든지 짜증을 낼 수 있는 상황에서 전략적인 처방으로 유머를 활용할 수 있을 것이다.

10. 예상 질문과 답변의 준비

아주 번쩍번쩍 빛나게 준비한 슬라이드 내용 못지않게 중요한 것이 있다. 다름 아닌 청중의 질문에 대한 완벽한 답변이다. 이러한 완벽한 답변은 그 효과가 엄청난 것이다. 이러한 질문과 답변을 통하여 청중과 공감대를 형성할 수 있다면 분명 그 효력은 만점일 것이다. 이를 위하여 기획 단계에서 예상 질문과 답변을 준비해야 한다.

11. 불안증 대응 전략

여러 사람들 앞에 나서면 발생되는 심적인 불안증세 중에서 무대공포증을 해결하는 방법이다. 이는 발표자에 따라서 대비 여부를 결정짓는다. 발표자가 여러 사람들 앞에 서도 아무런 심적인 문제가 없다면 해당 사항이 없겠으나 그렇지 않은 경우에는 어떻게 대비할 것인지 대비책을 마련해야 한다.

12. 메모 카드에 준비 전략

메모 카드는 일종의 컨닝 페이퍼이다. 이것 역시 발표자에 따라 준비 여부를 결정지어야 한다. 여러 사람 앞에 서면 긴장이 심해서 머릿속이 하얗게 변하는 느낌에 사로잡히는 발표자는 필수적으로 준비해야 한다.

이에 대한 준비를 어떻게 할 것인지를 고려하여 준비해야 한다. 아울러 프레젠테이션 진행 과정에서 메모 카드를 어떻게 활용할 것인지에 대한 전략도 마련하는 것이 타당하다.

13. 리허설 전략

발표자가 스크린에 비춰진 슬라이드 내용을 줄줄줄 읽어 내려가는 것은 프레젠테이션의 꼴불견 중에서 가장 최악이다. 그러나 프레젠테이션 현장에서 흔히 목격되는 것이 현실이다.

프레젠테이션의 성공은 리허설의 여부에 달려 있다고 해도 좋을 것이다. 프레젠테이션이 중요한 것일수록 철저한 리허설은 필수이다. 그러나 대부분의 발표자들이 리허설을 하지도 않고 청중 앞에 서고 있다.

리허설의 방법은 의외로 간단하다. 중요한 점은 기획 단계에서 일정을 잡을 때 리허설을 언제부터 며칠 동안 수행할 것인지를 명시하는 일이다.

14. 미리 점검하고 챙겨야 할 사항들

프레젠테이션은 한정된 시간 내에 여러 사람들을 대상으로 한 커뮤니케이션이어서 한 가지 사항만 빠지거나 챙기지 못하면 자칫 프레젠테이션을 망칠 수도 있다.

대부분의 경우 미리 챙겨야 할 사항들을 경시하는 것을 목격하곤 한다. 미리 조금만 신경 써서 준비하고 챙기면 완벽하게 마무리될 수 있으므로 기획의 최종 단계에서 대비하는 것이 좋을 것이다.

| 제8장 |

일정 수립

제8장
일정 수립

프레젠테이션 전략회의에서 제일 먼저 다루어야 될 가장 우선적인 내용은 본 기획 회의의 추진 일정이다. 다음 제9장에서는 본 기획 회의를 언제 시작하여 언제 종료할 것인지, 도중에 몇 차례나 회의를 개최할 것인지, 어떤 내용들을 준비하고 다룰 것인지 등을 논의한다.

최근 15년 이상에 걸쳐 필자가 관찰하고 조사해 온 바에 의하면, 직장에서 부서 단위(팀, 과, 부)나 기관 차원에서 내부나 외부에서 개최되는 프레젠테이션을 준비하는 경우에는 프레젠테이션의 중요도에 따라 태스크포스(task force)에 참가하는 사람들의 수적인 차이는 있으나, 팀이 구성되어 준비해 왔다.

반면에 직장에서도 개인 차원의 프레젠테이션이나 대학교에서 학생 개개인 차원의 프레젠테이션은 그 준비가 일정한 틀이 없고 중구난방이었다. 대부분 자료 조사를 하면서 오로지 파워포인트를 활용한 슬라이드 작성에 '올인'해 온 셈이다. 이 과정에서 리허설은 거의 눈에 띄지 않고 하루 전 늦은 밤까지 발표 자료인 슬라이드 작성에 매달리는 양상을 보여 왔다.

이러한 현상은 선배든 '고참'이든 간에 어느 누구도 리허설 없이 발표 자료 작성에 힘의 전부를 쏟아붓는 것에 대해서 문제점이라고 인식하지 않고 마치 "소닭 보듯"하는 데 어느 정도는 원인이 있는 것으로 생각된다.

그래서 주로 직장에서 팀이 구성되어 준비해 온 방법을 먼저 리뷰하고 이에 대한 문제점 등을 검토해 보고 개선 방법을 기술하고자 한다.

먼저 10일 후에 외부에서 중요한 프레젠테이션이 있다고 가정하고 설명을 전개해 보자.

왜 하필이면 10일 후라고 날을 잡았느냐 하면, 십진법을 적용하는 것이 훨씬 설명하기도 쉽고 이해력도 높일 수 있기 때문이다. 먼저 지금까지 프레젠테이션을 준비해 온 방식에 대해서는 [그림 8.1]의 (1)의 기존의 일정을 참고하기 바란다.

이 그림에서 보는 바와 같이 지금까지는 기획 회의를 개최하되 일정 수립, 목표와 목적의 설정 및 제목 결정, 청중 분석, 프레젠테이션 장소 조사, 데이터 · 자료 수집 및 분석, 슬라이드 디자인, 예상 질문과 답변의 준비 등은 어쨌든 수행하였다. 문제는 이러한 항목들의 중요성을 인식하면서 이러한 수행이 이루어진 것이 아니고 그냥 중요하다는 생각에 한 것이라는 점이다.

그러나 프레젠테이션 성공 전략, 유인물 디자인, 유머 사용 전략, 불안증 대응 전략, 미리 점검하고 챙겨야 할 사항 등에 대해서는 고려하지 않는 경우가 대부분이고, 리허설은 [그림 8.1]의 (1)의 리허설에 해당되는 넓이만큼이나 아예 고려하지 않고 프린트된 발표 자료를 몇 번 훑어보는 정도에 그친 것이다. 그리고 메모 카드는 발표자가 개인 차원에서 준비하는 경우도 있고 대부분 준비하지 않는 경향이다.

<table>
<tr><th>D-10 to D-8 (3)</th><th>D-7 to D-2 (6)</th><th>D-1</th><th>D-day</th></tr>
<tr><td rowspan="2">기획 회의</td><td rowspan="3">슬라이드 작성</td><td rowspan="2">수정 보완</td><td>준비물 점검/ 지참</td></tr>
<tr><td rowspan="2">프레젠테이션</td></tr>
<tr><td>자료수집</td><td>리허설</td></tr>
</table>

(1) 기존의 일정(10일 전략)

<table>
<tr><th>D-10 to D-7 (4)</th><th>D-6 to D-4 (3)</th><th>D-3 to D-2 (2)</th><th>D-1</th><th>D-day</th></tr>
<tr><td>기획 회의</td><td rowspan="2">슬라이드 작성</td><td>리허설</td><td>최종 리허설</td><td>준비물 점검/ 지참</td></tr>
<tr><td>자료수집</td><td>수정 보완</td><td>준비물 점검</td><td>프레젠테이션</td></tr>
</table>

(2) 합리적인 일정(10일 전략)

그림 8.1 준비 일정 (10일 전략)

이렇게 준비하다 보니 발표장에서 발표자는 대부분 스크린에 투영된 텍스트에 눈을 고정시킨 상태에서 읽어 나갈 수밖에 없는 것이다. 여기에서는 청중과의 눈맞춤이나 적재적시의 제스처 같은 것은 상상할 수도 없다. 결국 지금까지 상당수의 재미없고 지루한 프레젠테이션은 바로 이렇듯 잘못된 기획 단계에서 일정을 잡는 데서부터 기인한 것이다.

이 책에서 제시하는 합리적인 방식에 의한 프레젠테이션의 기획 전략은 [그림 8.1]의 (2)를 가지고 설명하고자 한다.

[그림 8.1]의 (2)에서 보는 바와 같이, 기획 회의 단계에서 일정수립, 목표와 목적의 설정 및 제목 결정, 청중 분석, 프레젠테이션 장소 조사, 데이터 · 자료

수집 및 분석, 프레젠테이션 성공 전략, 유인물 디자인, 슬라이드 디자인, 유머 사용 전략, 예상 질문과 답변의 준비, 불안증 대응 전략, 메모 카드 준비, 미리 점검하고 챙겨야 할 사항 등이 다루어진다.

그러니까 기획 회의에서 전략적으로 다루는 사항들은 전체 10일 중에서 처음 4일 동안에 다루는 것이다. 곧이어서 슬라이드는 앞서 4일 동안에 전략적으로 브레인스토밍을 통해서 마련한 기획 내용을 바탕으로 작성하는 것이다. 이러한 방식으로 슬라이드를 작성하면 작업의 능률도 향상되고 슬라이드 작성을 담당하는 팀원도 짜증나지 않고 효율적으로 작업을 진행할 수 있는 것이다.

이러한 기획하에서 3일에 걸친 슬라이드 작성이 완료되면, 발표자는 리허설을 하는 것이다. 이틀에 걸친 리허설은 두 가지 방법을 병행할 수 있다. 태스크 포스 멤버들 앞에서와 개인적으로 자기 방에서 혼자 반복하여 익히는 방법이다.

2일 동안의 리허설을 통해서 문제점 내지는 개선할 점들을 찾아서 슬라이드를 수정 · 보완하고 동시에 발표 방법을 수정 · 보완한다. 여기에서는 보디랭귀지와 발표자의 확신과 열정 그리고 진정성 정도도 체크하여 수정 보완을 한다.

이러한 일련의 과정을 거쳐 수정 · 보완된 슬라이드와 발표 방법으로 최종 리허설을 함으로써 준비 과정이 대단원의 막을 내리는 것이다.

| 제**9**장 |

목적과 목표 설정 및 제목 결정

제**9**장

목적과 목표 설정 및 제목 결정

앞서 제8장에서 일정 수립을 다루었다. 이 단계의 프레젠테이션 전략회의에서 기획회의의 추진 일정이 수립된 후 맨 처음 다루어야 할 사항은 목적과 목표를 확실하게 설정하고, 곧이이서 제목을 결정하는 일이다. 본 프레젠테이션을 통해서 무엇을 주제로 하여 어떠한 목적하에서 어떠한 목표를 성취할 것인지를 결정하고 설정한다는 말이다.

목적과 목표의 설정

1. 목적의 설정

목적과 목표를 확실하게 설정하는 과정에서 신경을 많이 기울여야 하는 사항은 참석할 사람들이 관심을 가지고 있는 '뜨거운 감자'를 어떻게 해결해 줄 것인지를 나타내는 목적과 이에 필수적으로 뒷받침되는 목표를 명확하게 설정하는 일이다.

여기서 반드시 짚고 나아가야 할 사항은 다름 아닌 '목적'과 '목표'의 용어 정리다. 왜냐하면 대부분의 프레젠테이션 발표자들은 물론 일반인들도 '목적'과 '목표'를 명확하게 구분하지 못한 상태에서 혼동하는 가운데 사용하기 때문이다.

목적(目的)은 "실현하려고 계획하거나 꿈꾸는 일이나 나아가는 방향"을 의미하며, 영어로는 purpose로 표기되며, '가시적(可視的) 물체나 개념' 따위가 아닌 '추상적 가치'를 대상으로 한다. 또한 목적은 직접 관찰하고 측정할 수 없는 특성을 가지는 개념이다.

목표(目標)는 "목적을 이루기 위하여 실제적 대상으로 삼는 것"을 의미하며, 영어로는 goal, target, mission으로 표기되며, '가시적 물체나 개념'을 상정한다. 또한 목표는 객관적으로 관찰이나 측정이 가능하다.

위에서 정리한 바와 같이, 목적은 목표보다 상위의 개념이다.

프레젠테이션에서는 목적과 목표의 두 개념이 명확하게 이해가 되어야 제대로 된 기획을 할 수 있는 것이다.

이 두 개념 간의 명확한 이해를 위한 몇 가지 사례를 들어 보자.

1) 김연아 선수의 경우

-목적은 '세계 최고의 피겨스케이팅 선수'가 되는 것이었고,

-목표는 '동계올림픽에서 금메달을 따는 것'이었다.

2) 우리나라 K-Pop 업계의 경우

-목적은 'K-Pop이 세계적으로 호평받는 것'이고,

-목표는 '미국, 일본, 프랑스, 영국, 브라질의 5개국에서 시장 점유율 90% 이상을 달성하는 것'이다.

3) 온라인 게임의 A사의 경우

-목적은 '고객이 만족하는 재미있는 게임을 공급하는 것'이고,

-목표는 'RPG 게임 중 점유율 60%로 업계 2위가 되는 것'이다.

[참고] RPG

RPG란 Role Playing Game의 머리글자를 딴 것이다.

이제 목적과 목표를 분명히 할 수 있을 것이다.

실제로 프레젠테이션을 실시하는 목적에는 다음과 같은 것들이 있다.

- 연구결과의 소개
- 연구결과의 기술 이전
- 신규 사업의 투자 유치

• 신개발 제품의 홍보
• 프로젝트의 수주
• 직원들의 사기 진작
• 직원들의 교육 훈련

위의 프레젠테이션을 실시하는 목적들을 참고하여 목적을 어떻게 설정하는 것인지 기억하기 바란다.

발표자는 맨 먼저 프레젠테이션을 왜 해야 하는지 그 이유를 명확하게 정리해야 한다. 참석자들의 입장에서 봤을 때 "왜 이 프레젠테이션에 참석해야 할 것인지?"에 대한 확실한 답이 될 수 있도록 먼저 프레젠테이션의 목적을 설정해야 한다는 말이다.

2. 목표의 설정

바로 앞에서 기술한 바와 같이, 기획하는 프레젠테이션의 목적이 설정되었으면 다음에는 목표를 설정한다.

목표를 명확하게 설정해야 하는 이유는 크게 두 가지를 들 수 있다.

첫째는 참석 예정자들에게 프레젠테이션이 꼭 필요한 것인지를 판단하는 데 참고가 되게 하고, 참석자들에게는 시종일관 집중력을 가지고 적극적으로 참여할 수 있는 동기(motive)가 될 수 있다.

둘째는 발표자가 프레젠테이션을 통해서 달성해야 할 지표로 삼을 수 있고, 이를 달성하기 위해서 참석자들에게 보여 주고 들려줄 수 있는 것을 준비하고 설명할 수 있게 해 준다.

프레젠테이션에서 명확하게 정의된 목표가 설정되지 않는다면 그 프레젠테이션의 성취 여부는 물론 성취도를 평가하고 결신할 수 있는 근거가 없는 것이다.

따라서 프레젠테이션의 발표 자료인 슬라이드의 콘텐츠를 기획하는 초기 단계부터 목표를 명확하게 설정해야 한다. 참석자들의 이해를 높이기 위해서 슬라이드를 기획할 때, 목표를 텍스트에만 의존하여 작성하지 말고 다이어그램, 사진, 동영상을 포함하여 시각화될 수 있도록 하고, 발표자는 이를 보여 주면서 스토리텔링과 가슴말을 구사하면서 확신과 열정 그리고 진정성으로 메시지를 전하면 성공을 보장받을 수 있을 것이다.

성공적인 프레젠테이션을 수행하기 위해서는 명확한 목표를 설정하고, 이슈고 이를 뒷받침할 수 있는 본론의 핵심 내용과 그 세세한 항목들을 설정하고 이를 바탕으로 서론과 결론을 기획하는 것이다.

또한 목표를 명확하게 설정하는 방법은 기획을 맡은 태스크포스 팀이 본 프레젠테이션을 통해 참석자들에게 생각과 행동을 어떻게 유도하려는지 구체화하는 것이다.

참석자들이 본 프레젠테이션에서 무엇을 얻으려 하는지에 대한 사항과 또 그들은 어떠한 기대를 가지고 참석할 것인지를 청중 정보 조사 때 파악하는 것이 목표 설정에 도움이 될 수 있다.

제목 결정

외부 기관이나 기업에서 제목이 정해진 상태에서 프레젠테이션이 요청되어 왔거나 아니면 프로젝트 수주 과정에서 이미 제목이 결정된 경우에는 제목에 대해서 더 이상 왈가왈부할 수 없다.

그러나 제목이 정해지지 않았다면 제목의 결정은 기획을 맡은 태스크포스 팀의 몫이다.

앞에서 프레젠테이션의 목적과 목표를 설정하였으면, 곧이어서 프레젠테이션의 제목을 결정해야 한다. 그러니까 프레젠테이션의 제목은 목적과 목표가 설정된 다음에 결정한다는 말이다.

제목을 결정하는 순서가 다소 이상하다고 생각할 수 있겠으나, 이는 저자가 그동안 수십 차례에 걸친 프레젠테이션 순회강연을 통해서 체감한 바 있다. 프레젠테이션에서 청중과 제일 먼저 대면하는 것이 제목이기 때문에 신중을 기해야 한다. 당연한 말이다. 제목은 단순한 '제목'이 아니라 보는 사람에게 아주 강력한 메시지가 되어서 처음부터 확실하게 '와 닿는 것'이 되어야 하기 때문이다.

게시문이나 공고문에 적힌 제목이 단순히 행사의 알림이 아니고 청중의 마음을 사로잡을 수 있는 강력한 파워가 담긴 뜻이 포함되어야 한다는 말이다. 그래서 참석예정자들이 게시나 공고를 보는 순간은 말할 필요도 없고, 참석자들이 발표장에 들어서는 순간부터 제목은 그 역할을 최대한 발휘할 수 있도록 기획되어야 한다는 말이다. 제목이 단순히 프레젠테이션이라는 행사를 한다는 알림의 역할만 해서는 효과나 목적 달성 측면에서 양이 차지 않는다는 말이다.

제목을 정한 다음에는 곧이어서 대주제, 중주제, 소주제로 세분한다. 이렇게 세분하는 이유는 설명 내용을 작성한 후 곧이어서 슬라이드를 디자인하는 과정에서 내용이 분명하게 작성될 수 있도록 하기 위함이다.

| 제10장 |

청중 및 장소 정보 분석

제10장
청중 및 장소 정보 분석

프레젠테이션을 성공적으로 수행하기 위해서 빠뜨리지 않고 챙겨야 할 필수적 사항이 청중과 장소에 대한 파악과 이에 적절한 대비책의 마련이다. 이렇게 마련된 대비책을 명심하고 관련된 주요 기획 단계에서 반영해야 명실상부한 성공을 맞이할 수 있다.

청중과 장소는 목적과 더불어 프레젠테이션의 중요한 요소로 꼽히고 있다. 이렇듯 프레젠테이션의 성패에 큰 영향을 미칠 수 있는 청중과 장소에 관한 정보의 파악은 대부분 사전에 대충 알아보는 수준에서 멈추는 실정이다. 더 자세히 알아보는 네 한계가 있기 때문에 어쩔 수 없는 것으로 치부하고 마는 것이 상례다.

그러나 프레젠테이션을 발표자뿐만 아니라 주변 사람들 또는 소속 직장의 최고경영자에 이르기까지 극찬을 아끼지 않는 성공을 거두려면 사전조사는 '필요'가 아니라 '필수'다. 그래서 '하는 둥 마는 둥'의 조사가 아니라 마치 콜롬보

형사라도 된 것처럼 철두철미하게 조사하여 완벽에 가까운 대비를 해야 한다.

청중 정보

프레젠테이션 일정이 확정되어 기획을 하면서 가장 우선적으로 다뤄야 할 사항들 중에 하나를 손꼽으라고 하면 당연 청중에 대한 정보이다. 어떤 사람들이 참석하며, 왜 참석하는지에 대해서 파악하여 분석하고, 또 대비해야 한다는 말이다.

프레젠테이션은 발표자 자신을 위하는 것이 아니다. 또한 TV나 라디오에서 하는 것처럼 참석한 사람들이 듣거나 말거나 또는 어떠한 반응을 보이건 말건 상관하지 않고 일방적으로 전달만 하는 그런 것이 아니다.

그러나 청중에 대한 아무런 파악이나 분석 없이 프레젠테이션을 하게 되면, 설명을 어떠한 수준에 맞출 것인지 등이 어렵다. 프레젠테이션 내용과 관련된 청중의 전문성이나 지적 수준이 높을 경우 설명이 너무 쉬울 수가 있거나 혹은 너무 어려워서 고개를 살래살래 흔들 정도가 될 수 있다. 둘 중 어느 경우든 간에 참석자들은 지루하고 재미없고 나아가서는 짜증나게 된다. 이런 경우 대부분의 프레젠테이션은 실패하게 된다.

그러니까 실패한 프레젠테이션을 되짚어 분석해 보면, 청중이 누구인지 또 그들이 무엇을 원하는지 등의 정보 없이 거의 무작정에 가까운 프레젠테이션을 했다는 데 그 근본적인 원인이 있다.

심리학자들의 주장에 의하면 대중을 상대로 하는 프레젠테이션과 같은 행사에서 청중은 원하는 것만 듣기를 원하고 또 그렇게 하고 있다는 것이다. 그래서 청중이 알고 싶어 하는 것, 보고 싶어 하는 것, 듣고 싶어 하는 것을 시원스럽게 해결해 주지 못하면, 청중은 발표자의 모든 것을 외면한 채 딴청을 부린다는 사실을 발표자는 잊지 말고 꼭 기억하기 바란다. 프레젠테이션 도중에 청중이 창문 쪽을 우두커니 바라보거나 발표 자료에 낙서를 하거나 아니면 눈을 감고 노골적으로 조는 행동을 하면, 그건 전적으로 발표자의 준비 미흡에 따른 '징벌'이다.

청중이 조는 등의 딴청을 부리느냐, 아니면 발표자의 설명 하나하나에 집중하면서 재미있는 표정으로 따라오고 있느냐는 전적으로 청중에 대한 정보의 파악, 분석 및 대비책에 달려 있음을 다시 한 번 명심하기 바란다.

그러니까 청중에 대한 정보를 파악하고 분석하여 철저하게 대비하여 공을 들이면 프레젠테이션이 성공할 확률이 그만큼 커진다는 말이다. 『손자병법』에서 이르는 '지피지기면 백전백승(知彼知己 百戰百勝)'의 전략을 따르면 성공할 가능성이 커진다는 말이다.

그러나 프레젠테이션에 앞서 청중에 대한 정보를 파악하고 분석하는 일을 대충 적당히 하고 적절한 대비를 하지 않고 프레젠테이션에 임하는 것을 빈번하게 목격하게 된다.

핵심 포인트

프레젠테이션의 일정이 확정되어 기획을 하면서 가장 우선적으로 다뤄야 할 사항들 중에 하나를 손꼽으라고 하면, 당연 청중에 대한 정보이다.
어떤 사람들이 참석하며, 왜 참석하는지에 대해서 파악하여 분석하고, 또 대비해야 한다는 말이다.
청중에 대한 정보를 파악하고 분석하여 철저하게 대비하여 공을 들이면, 프레젠테이션이 성공할 확률이 그만큼 커진다는 말이다. 『손자병법』에서 이르는 '지피지기면 백전백승(知彼知己 百戰百勝)'의 전략을 따르면 성공할 가능성이 커진다는 말이다.

1. 청중 정보 조사하기

앞에서 프레젠테이션의 목적을 달성하려면 참석할 사람들에 대해서 파악하여 분석하고, 또 대비해야 한다는 당위성을 기술하였다. 적을 알아야 매번의 싸움에서 이길 수 있다는 논리는 반드시 전쟁터에서나 운동경기에서만 효험이 있는 것은 아니다.

한 명의 발표자가 적게는 대여섯 명에서 많게는 수십을 넘어 수백 명의 참석자들과 맞대면한 상태에서 수십 분 동안 '지략의 대결'이 전개되는데 사전에 이들을 모른 상태에서 그것도 홀홀단신으로 뛰어들었다면 성공이 보장될 수 있겠는가?

청중에 관해서 무엇을 어떠한 방법으로 조사할 것인지 구체적인 항목과 방법에 대해서 알아보자.

가. 조사 항목

프레젠테이션에 참석할 사람들을 조사함에 있어서 중요한 점은 조사 항목을 어떻게 정하느냐이다. 조사 항목을 정할 때 제일 먼저 고려해야 할 점들은 다음과 같다.

첫째, 대비책 마련에 꼭 필요한 항목들을 선정하는 것이다. 조사 대상이 사람이기 때문에 필요 없거나 쓸데없는 항목들은 과감히 배제해야 한다. 개인 프라이버시에 관련된 항목까지 조사했다가는 잘못하면 다른 중요 항목들의 조사도 못하고 조사 자체를 망칠 수 있다.

둘째, 조사 자체가 가능한 실효성 있는 항목들을 선정하는 것이다. 조사하려는 항목들 중에는 조사가 가능한 것이 있고 조사가 불가능한 것이 있다. 꼭 필요한 항목만을 기획 단계에서 잘 검토하여 선정하도록 하자.

다음은 조사 항목을 예시한 것이다. 참고하기 바란다. 다음을 참고로 하여 경우에 부합되도록 조사 항목들을 가감하면 좋을 것이다.

다음의 [표 10.1]은 청중과 장소의 조사 항목 일람표이다.

표 10.1 청중과 장소의 조사 항목 일람표

청중 조사 항목
◈ 프레젠테이션 날짜: ________ 년 ____ 월 ____ 일 ◈ 시작 시각 ~ 종료 시각: ____ 시 ____ 분 ~ ____ 시 ____ 분(____ 분간) ◈ 연락처: 담당자 성명 __________ 직책 __________ 전화 ____________________ E-mail ______________________________
◈ 핵심 인물(Key Person): 직함 ________ 성명 ________ □ 주제와 관련하여 선호하는 것: ______________________________ □ 스타일: ______________________________ □ 고지식하고 세심하며 의심이 많음 □ 개방적이고 호탕하며 합리적 ◈ 중간 의사 결정자: 직함 ________ 성명 ________ □ 주제와 관련하여 선호하는 것: □ 고지식하고 세심하며 의심이 많음 □ 개방적이고 호탕하며 합리적 ◈ 실무 담당자: 직함 ________ 성명 ________ □ 주제와 관련하여 선호하는 것: ______________________________ □ 스타일: ______________________________ □ 고지식하고 세심하며 의심이 많음 □ 개방적이고 호탕하며 합리적
◈ 청중의 수: 약 ________ 명 남 ______% 여 ______% ◈ 청중의 직위: 사원급 ______% 중견급 ______% 고위급 ______% 최고경영자 참석여부: □ ○ □ × ◈ 청중의 연령: 60대 이상: ______% 40대~50대: ______% 20대~30대: ______% ◈ 주를 이루는 청중의 학력: □ 고졸 □ 대졸 □ 대학원졸

표 10.1 청중과 장소의 조사 항목 일람표(계속)

장소 조사 항목
◈ 주를 이루는 청중의 전공 분야: ____________ 분야
◈ 주를 이루는 청중의 경력: ____________ 년 이상
◈ 청중의 주제에 대한 이해도: □ 거의 무지 □ 약간 알고 있음 □ 거의 전문가급
◈ 청중이 무엇을 알고 싶어 하나?
◈ 청중의 관심 분야:
◈ 주제와 관련하여 청중이 싫어하는 사항:
◈ 프레젠테이션 장소의 위치: ____________
◈ 프레젠테이션 장소: □ 소규모 회의실 □ 소규모 세미나실 □ 강의실 □ 대강당
◈ 장비: □ PC/노트북 □ 빔프로젝터 □ 무선마이크 □ 핀마이크 □ 일반마이크 □ 강연대 □ 리모컨 □ 암실용 또는 빛 차단용 커튼
◈ 기타: □ 파워포인트 설치 □ PC/노트북에 코덱의 설치

[표 10.1]에서 보는 바와 같이 청중에 관한 정보는 크게 날짜와 시각 및 담당자 연락과 관련된 항목들과 주요 인사들에 관한 항목 그리고 청중의 주류를 이루는 참석자들에 관한 항목들로 구분된다. 이 조사 항목 일람표의 항목들에 대해서 자세히 알아보자.

맨 먼저 프레젠테이션 날짜는 년/월/일로 기입하고 시작 시각과 종료 시각은 시/분으로 기입할 수 있게 한다. 또한 프레젠테이션이 종료된 후에도 연락을 취할 일이 있을 수 있으므로 성명, 직책, 전화번호, E-mail 주소 등 담당자의 인적 사항을 기입할 수 있도록 디자인한다. 여기서 담당자는 예를 들면 프레젠테이션 주최측의 실무자이다.

다음에는 이 프레젠테이션이 사업이나 과제 수주와 같은 중대한 목적을 갖고 있는 것이라면 의사 결정에 가장 영향력이 큰 사람들에 대한 사항을 파악할 수 있도록 다음의 항목들을 집어넣는다.

핵심 인물(Key Person)이나 중간 의사 결정자에 대한 직함, 성명, 연령, 성별 등의 인적사항에 관한 항목들을 기입할 수 있도록 디자인한다.

이윽고 '주제와 관련하여 선호하는 것'과 같은 항목과, '고지식하고 세심하며 의심이 많음'이나 '개방적이고 호탕하며 합리적'과 같은 내용의 스타일을 파악할 수 있는 항목을 파악할 수 있도록 디자인한다.

그리고 실무 담당자의 경우에는 직함, 성명, 연령, 성별 등의 인적사항에 관한 항목들을 기입할 수 있도록 디자인한다.

조사 항목 일람표의 다음 항목은 청중에 대한 사항을 파악할 수 있도록 다음의 항목들을 집어넣는다.

청중의 수를 파악하되 남자와 여자의 참석 비율이 각각 몇 퍼센트(%)가 되는지를 파악할 수 있도록 한다.

그리고 청중의 직위를 사원급, 중견급, 고위급으로 구분하여 파악할 수 있도록 하고, 최고경영자의 참석여부도 빠뜨리지 않고 파악할 수 있도록 디자인한다.

청중의 연령을 젊은층인 20대~30대, 중년층인 40대~50대, 노년층인 60대 이상의 세 그룹의 연령층으로 구분하여 파악하되 퍼센트(%)로 기입할 수 있도록 한다.

이윽고 주를 이루는 청중의 학력을 고졸, 대졸, 대학원졸로 구분하여 파악하되 퍼센트(%)로 기입하도록 한다.

다음에는 '주를 이루는 청중의 전공 분야'는 기록하는 사람이 직접 기입할 수 있도록 한다. 그리고 '주를 이루는 청중의 경력'도 기록하는 사람이 직접 기입할 수 있도록 한다.

또한 '청중의 주제에 대한 이해도'는 '거의 무지', '약간 알고 있음', '거의 전문가급'의 세 가지 그룹으로 구분하여 파악될 수 있도록 디자인한다.

'청중이 무엇을 알고 싶어 하는지'는 기록하는 사람이 직접 기입할 수 있도록 디자인한다. '청중의 관심 분야'와 '주제와 관련하여 청중이 싫어하는 사항'도 파악할 수 있도록 디자인한다.

또한 장소에 대한 조사도 위의 청중에 관한 조사를 실시하는 과정에서 함께 조사될 수 있도록 조사표를 다자인하는 것이 현실적이다. 전화나 방문 시에 한 번에 파악하는 것이 옳다는 말이다. 장소에 대한 조사를 별도로 실시한다면 조사 당사자나 요청한 측이 모두 번거롭게 생각할 수 있기 때문이다.

나. 조사 방법

참석자들의 정보를 조사하는 방법은 크게 다음의 두 가지가 있다. 상황과 현실을 정확하게 감안하여 조사하도록 하자.

1) 전화 통화나 방문을 통한 직접 조사

참석자들의 정보를 조사하는 제일 흔한 일반적인 방법은 전화로 문의하여 파악하는 것이다. 프레젠테이션의 개최를 전화나 문서로 요청해 온 경우 담당자에게 전화를 걸어서 문의한다. 이때 그냥 두서없이 아무런 계획도 없이 마구잡이식으로 물어서는 일을 그르칠 수 있으므로 조심하도록 하자.

만약 국내라 하더라도 멀리 떨어진 지역이거나 해외가 아닐 경우 가까운 지역이라면 직접 방문하여 담당자에게 문의하여 파악하는 것이 제일 안전하고 확실한 방법이다. 이때 [표 10.1]과 같은 청중과 장소의 조사 항목 일람표를 지참하도록 한다.

반드시 앞에서 작성한 [표 10.1] 청중과 장소의 조사 항목 일람표를 활용하여 항목 하나하나를 순차적으로 문의하여 대답된 사항들을 꼼꼼히 정확하게 기록한다.

2) 인터넷이나 제삼자를 통한 간접조사

어떤 경우에는 참석자들의 조사가 불가능하기 때문에 전화 문의 자체가 불가능하다. 예를 들면, 과제나 사업의 수주 등의 심사를 담당하는 심사위원회나 평가위원회의 위원들에 대한 정보는 대부분의 경우 오픈하지 않고 추진되기 때문에 이들의 정보는 근원적으로 차단되어 조사 자체가 불가능하다.

이런 경우에는 추측하거나 인터넷을 검색하거나 관련 있는 제삼자를 통해서 조사한 내용을 [표 10.1] 청중과 장소의 조사 항목 일람표에 기록한다.

2. 청중 분석 및 대비책

프레젠테이션에 대비하여 기획 단계에서 청중에 대한 정보를 전화 통화나 방문을 통한 직접 조사를 했든, 인터넷이나 제삼자를 통한 간접 조사를 했든 간에 중요한 것은 파악된 정보를 정확하게 분석하는 일이다. 일단 분석을 한 다음에는 각각의 항목에 대응되는 대비책을 마련하여 해당 기획 과정에서 분명하게 반영해야 청중과 관련된 일련의 일이 일단락되는 것이다.

같은 직장이나 대학교 내에서 이루어지는 프레젠테이션에서 참석자의 수가 대여섯에서 십여 명밖에 되지 않는 소규모의 프레젠테이션에서는 참석자들에게 특별히 다른 방법으로 전략을 세워서까지 설명하지는 않는다. 그러나 처음으로 대면하는 청중만 분석이 필요한 것은 아니다. 동일한 기관이나 기업에서 함께 근무하는 상사나 동료라 하더라도 참석자의 수가 많을 경우에는 분석을 하여 경우에 맞는 전략을 세워야 한다.

준비 중인 프레젠테이션이 사업 추진이나 과제 수주와 같은 중대한 목적을 갖고 있는 것이라면, 의사 결정에 가장 영향력이 큰 사람들에 대한 사항이 조사되었다면, 각각의 경우에 대한 분석과 대비책은 다음과 같다.

[표 10.1]의 조사 항목 일람표에 기록된 청중의 정보 중에서 의사 결정에 가장 영향력이 큰 사람에 대한 조사 항목에 대한 결과가 핵심 인물(Key Person), 중간 의사 결정자, 실무 담당자 중에서 하나로 조사되었다면, 각각의 경우에 대한 분석과 대비책은 다음과 같다.

가. 영향력이 큰 사람의 선호에 대비하는 전략

조사 결과가 핵심 인물, 중간 의사 결정자, 실무 담당자 중 어느 누구가 참석하든 간에 '주제와 관련하여 선호하는 것'에 대한 기록이 파악되었다면, 그것이 주제와 어떻게 관련된 것인지 내용을 분석하여 해당되는 발표 항목의 내용을 제12장 프레젠테이션 성공 전략을 작성할 때 반영해야 한다. 구체적으로 이 내용이 어느 항목에 관련된다는 사실을 기획서에 기록해야 한다.

또한 프레젠테이션이 발표자의 개인 또는 소속 기관에 매우 중대한 경우라면, 의사 결정권자들에게 무엇을 보여 주고 들려주어야 하는가에 초점을 맞추어 슬라이드를 기획해야 한다.

나. 영향력이 큰 사람 중 고지식하고 세심하며 의심이 많은 사람에 대비하는 전략

스타일이 '고지식하고 세심하며 의심이 많음'인 경우에는, 유인물을 작성할 때 통계수치의 참고 데이터와 이들의 출처 및 이들을 이용하여 계산된 과정을 소상하게 기록하여 프레젠테이션이 끝난 후에도 참고하고 체크할 수 있도록 작성하는 것이 좋다.

중요한 핵심인 내용을 설명할 때는 인과관계(因果關係)를 보여 주고 근거나 증빙이 되는 자료를 제시하도록 하자. 가능하면 수집된 자료 중에서 통계 수치를 많이 인용하고 그래프나 다이어그램 또는 실제 사진이나 동영상을 활용하여 논리적인 개념으로 완성된 모습을 보여 줄 수 있는 전략을 수립하여 슬라이드 디자인 때 반영한다.

그렇게 해야만 의심을 갖지 않고 발표 내용을 왜곡하지 않을 수 있기 때문이다. 이런 부류의 사람들에게는 말보다는 실력, 논리와 증빙이나 사례 등을 가지고 승부할 수 있도록 기획 단계에서 대비해야 된다는 말이다.

이런 스타일의 사람들에게 프레젠테이션할 때 조심해야 할 점은 여러 항목들 중에서 어느 하나라도 논리적인 모순이나 취약점이 있으면 전체를 싸잡아서 부정적으로 매도해 버린다는 사실이다. 기획 단계에서 신중을 기울여야 한다.

우리나라에는 아직도 '고지식하고 세심하며 의심이 많은' 스타일의 최고경영자들이 의외로 많이 포진되어 있는 것으로 알려져 있다.

다. 영향력이 큰 사람 중 개방적이고 호탕하며 합리적인 사람에 대비하는 전략

스타일이 '개방적이고 호탕하며 합리적인' 경우에는 발표 내용을 논리적인 바탕을 기본으로 하고 분명하게 설명될 수 있도록 준비하면 좋을 것이다. 여기서 반드시 고려해야 할 사항은 발표자가 확신과 열정에다 진정성이 충만한 에너지 넘치는 설명이 되도록 제12장 프레젠테이션 성공 전략을 작성할 때 반영해야 한다. 이렇듯 '개방적이고 호탕하며 합리적인' 스타일의 최고경영자는 예리한 판단력과 해박한 지식을 겸비한 '천재적인' 성품과 기질을 가진 능력 있는 사람이 대부분이다. 그러나 우리나라에는 최근 이런 부류의 최고경영자들이 점자 늘어나고 있는 추세인 것으로 알려져 있다는 반가운 소식이다.

예상되는 청중의 수가 파악되고 남성과 여성의 구성비까지 파악되었다면, 이에 대한 대비 전략은 분명하게 설정하고 준비해야 프레젠테이션을 성공할 수 있다. 참가자들의 수가 몇백 명이 되면 군중에 대한 전략을 세워야 한다. 그리고 참가자들 중에서 여성의 구성비가 남성의 그것보다 월등하게 많다면, 여성 청중에 대한 설명 전략을 세우도록 해야 한다. 반대로 남성의 구성비가 여성의 그것보다 훨씬 많다면, 남성 청중에 대한 설명 전략을 세워야 한다.

라. 군중인 청중에 대한 프레젠테이션 전략

청중의 수가 100여 명이 넘는 군중(群衆)에 해당되는 경우에는 군중심리(群衆心理)를 감안한 프레젠테이션 전략을 세우는 것이 현명한 방법이다. 군중이란 일반적으로 정서적이고 충동적인 동기에 의해서 움직이기 쉬운 사람들의 밀집을 말한다. 군중심리는 사회심리 현상의 하나로, 많은 사람들이 모인 군중이 자기 이상의 행동을 하게 되는 심리상태를 말한다. 한 개인이 군중 속에서 구성원으로 있을 때는 개성이나 개인 견해를 드러내기보다는 군중심리에 따라 생각하고 행동하게 되는 것을 말한다. 이러한 자기 이상의 행동은 사회적으로 억제할 수 없는 집단행동의 양상을 보이기도 한다.

군중심리를 좀 더 자세히 기술하면, 한 사람 한 사람의 참가자들이 모여서 청중을 형성하지만, 청중 전체가 하나의 개체인 것처럼 함께 느낌을 공유하고 감정적인 움직임을 나타내는 현상이다. 그래서 프레젠테이션에서도 청중 중에서 어느 한 사람이 긍정적인 의사 표시로 고개를 끄덕이면, 중립 상태에 있던 다른 참석자들도 함께 긍정적인 입장으로 기울게 된다는 것이다.

반면에 어느 한 사람이 부정적인 의사 표시로 고개를 좌우로 흔들면, 중립 상태에 있던 다른 참석자들도 함께 부정적인 입장으로 기울게 된다는 것이다. 부정적인 반응은 긍정적인 반응보다 훨씬 더 쉽게 동화되기 때문에 조심해야 한다.

또한 참석자들이 많을 때는 청중들도 긴장하지 않고 풀어져 발표자의 설명에 대한 집중도가 떨어지고 쓸데없이 주변 사방을 두리번거린다든지 옆 사람들과 잡담을 주고받으며 속삭이기도 한다. 한마디로 주의가 산만해진다는 말이다. 다른 한편으로는 발표자 자신도 청중의 분위기에 압도되어 긴장하게 된다.

따라서 프레젠테이션 내용 중에서 군중에게 민감할 수 있는 이슈에 대해서는 아무런 대책 없이 설명하지 말고, 기획 과정에서 어떻게 할 것인지에 대비책을 마련해서 프레젠테이션에 임해야 한다.

예를 들면, 어려운 개념이나 이론을 군중을 대상으로 설명할 경우에는 단계적으로 풀어서 쉽게 이해가 될 수 있도록 슬라이드 디자인 단계에서 내용을 해체하여 애니메이션을 적용하여 작성하는 것이 올바른 대책이다.

또한 발표 내용 중에 특정 종교의 신도들이나 특정 집단의 사람들이 많이 참석한 경우 특정 종교나 특정 집단에 조금이라도 관련된 사항이 있으면, 아주 조심스럽게 다루어야 한다. 절대로 어느 한쪽으로 치우치는 설명이 되지 않도록 전략을 세워야 한다는 말이다.

마. 여성 청중에 대한 프레젠테이션 전략

참가자들 중에서 여성의 구성비가 남성의 그것보다 월등하게 많은 경우 여성 청중에 대한 설명 전략을 세워야 한다.

일반적으로 여성은 남성보다 감성에 민감하고 또한 감성 표현도 남성보다 더욱 적극적인 것으로 알려졌다. 여성들이 감성에 민감하고 또한 감성 표현도 더욱 적극적인 이유는 감성 처리를 관장하는 우뇌가 훨씬 더 활성화되어 있기 때문이다.

따라서 여성 참석자들로부터 긍정적인 반응을 끌어내는 전략을 수립하는 것이 성공적이라는 말이다.

예를 들면, 말로만 설명하기보다 연상이 가능하도록 설명하고, 스토리텔링 방식에 따른 방법을 적용하여 감성을 자극할 수 있도록 구체적으로 설명한다. 이러한 심리적인 방법으로 여성들을 먼저 발표자의 지지자가 되도록 하는 전략을 세운다.

그러나 남성을 우위로 하거나 남성을 전제로 하는 논리의 전개는 피하는 것이 좋다. 또한 남성과 여성을 구분하는 불필요한 언급도 안 하는 것이 좋다. 성적인 농담은 분위기를 냉각시킬 수 있음을 명심하자.

바. 남성 청중에 대한 프레젠테이션 전략

바로 위의 경우와 대조적으로 참가자들 중에서 남성의 구성비가 여성의 그것보다 월등하게 많은 경우 남성 청중에 대한 설명 전략을 세워야 한다.

일반적으로 남성은 여성보다 논리에 민감하고 또한 논리적 표현도 여성보다 더욱 적극적인 것으로 알려졌다. 남성들이 논리에 민감하고 또한 논리적 표현도 더욱 적극적인 이유는 논리의 처리를 관장하는 좌뇌가 훨씬 더 활성화되어 있기 때문인 것이다.

남성 참석자들은 설명 도중에 논리에 맞지 않는 모순점을 발견하면 즉시 민감한 반응을 보이면서 순각 생각을 멈춘다. 발표자의 설명이 "말도 안 되는 소리다!"라고 단정 짓고 논리의 사고 행위가 즉시 긴급 정지 상태로 떨어진다. 동시에 반격의 논리를 앞세워 질문을 해야 직성이 풀린다. 그러나 질문은 마지막에 하기로 돼 있어 반격의 논리만이 뇌리의 어느 회로에서 끊임없는 반복을 하게 된다. 이후 발표자의 설명은 귀에 들어오지 않게 된다.

이러한 이유로 중요한 내용을 설명할 경우 반드시 원인과 결과의 확실한 관계를 보여 주고 근거나 증빙이 되는 자료를 제시하도록 하자. 가능하면 수집된 자료 중에서 통계 수치를 많이 인용하고 그래프나 다이어그램 또는 실제 사진을 활용하여 논리적인 개념으로 완성된 모습을 보여 줄 수 있는 전략을 수립하여 슬라이드 디자인 때 반영한다.

예를 들면, 말로만 설명하기보다 논리적 두뇌 작동이 가능하도록 설명하고, 스토리텔링 방법을 적용하여 논리적 자극을 할 수 있도록 논리적으로 설명한다. 이러한 심리적인 방법으로 남성들을 먼저 발표자의 지지자가 되도록 전략을 세

운다.

사. 노년층 청중에 대한 프레젠테이션 전략

참가자들 중에서 60대 이상 연령의 노년층이나 직위가 고위급인 사람들의 수가 다른 연령층이나 직급에 비해 상대적으로 많은 경우 이들에 대한 설명 전략을 세워야 한다.

프레젠테이션의 시작을 경의를 표하며 시작한다. 실제로 마음가짐도 그래야 된다. 시종일관 한 마디 한 마디를 최대한의 예를 갖추고 정중한 자세로 임해야 한다. 동방예의지국의 정서에서 조금이라도 이탈된 언행은 금기 중에도 제일의 금기이다.

프레젠테이션의 내용 하나하나가 실질적이라는 점을 확실하게 어필해야 한다. 막연한 뜬구름 잡는 소리라고 여겨질 소지가 있는 내용은 슬라이드 기획 단계에서 과감하게 배제해야 한다. 모든 설명이 현실적인 논리를 바탕으로 이루어져야 성공한다. 대부분의 노년층의 청중은 보수적이라는 사실을 감안하여 제안하는 내용이 급작스런 변화를 초래하는 것이 아니라는 사실을 바탕으로 깔아야 한다.

또한 발표자가 잘났다는 표정과 우쭐대는 식으로 설명을 전개할 경우 청중을 무시한다는 느낌을 받을 수 있으므로 각별한 신경을 써야 한다. 자칫 무시받는다는 느낌이 들게 되면 이는 곧 분노로 돌변한다는 말이다.

아. 젊은층 청중에 대한 프레젠테이션 전략

참가자들 중에서 20대~30대의 연령인 젊은층이나 직위가 사원급인 사람들의 수가 다른 연령층이나 직급에 비해 상대적으로 많은 경우 이들에 대한 설명 전략을 세워야 한다.

젊은층의 사고방식은 장년층이나 노년층에 비해 자유분방하며 낙천적이고 이상주의적이라는 것은 이미 다 알고 있는 사실이다. 또한 당장 자신에게 꼭 필요한 것이 아니면 매사에 '올인'하지도 않고 심각해하지도 않는다.

젊은층에게는 형식에 치우치는 정형화된 방법의 설명보다는 캐주얼하고 가벼우면서 약간은 리드미컬한 설명 방법이 훨씬 더 잘 먹혀들 수 있다. 그래서 슬라이드 내용을 디자인할 때 스토리텔링 방법을 적용한 내용물을 디자인하여 수록하고 이야기 형식의 설명에 부담 없는 방식을 구사하는 것이 좋다.

자. 주제에 익숙한 청중에 대한 프레젠테이션 전략

주를 이루는 참석자들이 1) 대졸 이상 혹은 대학원졸의 학력인 경우 또는 2) 주제와 관련 있는 전공자이거나 3) 경력이 10년 이상이거나 4) 주제에 대한 이해도가 거의 전문가급이거나 5) 알고 싶어 하는 사항이 주제와 관련이 있거나 6) 주제와 밀접한 관심 분야를 가졌거나 7) 싫어하는 사항이 주제와 관련이 없는 청중인 경우, 이에 대한 설명 전략을 세워야 한다.

이들은 프레젠테이션의 중추적인 입장에서 비교적 공정하고 객관적인 판단력을 겸비한 청중이다.

이들을 대상으로 한 설명 방법은 무엇보다도 논리적이어야 한다. 핵심 내용을 다룰 때는 설명 항목들 간의 상호연관 내지는 인과관계 등이 명확하게 보일 수 있도록 슬라이드를 디자인해야 한다. 또한 프레젠테이션을 논리적으로 전개하기 위해서는 기획 단계에서 논리적으로 타당성이 입증되도록 유기적으로 엮인 내용을 스크린에 투영하면서 설명할 수 있어야 한다.

차. 주제에 생소한 청중에 대한 프레젠테이션 전략

주를 이루는 참석자들이 1) 고졸이하의 학력인 경우 또는 2) 주제와 무관한 전공자이거나 3) 경력이 10년 미만이거나 4) 주제에 대한 이해도가 거의 무지하거나 약간 알고 있거나 5) 알고 싶어 하는 사항이 주제와 관련이 없거나 6) 주제와 다른 관심 분야를 가졌거나 7) 싫어하는 사항이 주제와 관련이 있는 청중인 경우, 이에 대한 설명 전략을 세워야 한다.

이들은 프레젠테이션의 아웃사이더의 입장에서 직접적으로 나서거나 결정을 주도하지도 않고, 그냥 먼발치에서 관망하거나 그냥 지켜보는 입장을 고수하는 청중이다.

이들을 대상으로 한 설명 방법은 무엇보다도 산뜻하고 매력적이면서 약간은 유혹적인 것이 좋다. 그래야 그들의 관심을 프레젠테이션으로 끌어들일 수 있는 것이다. 프레젠테이션의 오프닝에서도 흥미를 돋우는 내용의 멘트를 구상해야 한다.

프레젠테이션이 이들에게 '강 건너 불'이나 '소 닭 보듯'하는 무관심의 대상이 되지 않도록 기획 단계에서 대비해야 한다. 신경을 쓰지 않으면 프레젠테이션 내내 외면하거나 짜증을 보이다가 종래에는 졸음에 빠지게 되는 것이다.

핵심 내용을 다룰 때는 스토리텔링 방식을 적용하여 이해하기 쉽도록 슬라이드를 디자인하여 설명해야 한다. 특히 전문용어와 약어의 사용을 자제하고, 좀 힘들고 귀찮더라도 쉽게 풀어서 설명하는 친절함을 보이면 적극적인 참여로 돌아올 수도 있을 것이다. 공을 들이면 하늘도 감동한다는 말이 있지 않은가!

장소 정보

성공적인 프레젠테이션의 요소 중 하나가 프레젠테이션이 이루어지는 장소이다. 프레젠테이션 장소의 조건에 따라 준비 사항들이 달라져야 프레젠테이션이 성공할 수 있는 환경이 조성되기 때문이다. 이러한 이유로 장소에 대한 정보를 미리 파악해야 하는 것이다. 이는 필수적인 요소이기도 하다.

프레젠테이션 장소를 조사한 다음에는 조사를 통해 파악된 정보를 분석하고 이에 대한 대비책을 마련하여 기획 단계에서 정확하게 반영해야 프레젠테이션을 성공적으로 마칠 수 있음을 명심하기 바란다.

1. 장소 정보 조사하기

가. 조사 항목

프레젠테이션의 장소를 미리 조사함에 있어서 중요한 점은 조사 항목을 어떻게 정하느냐이다. 조사 항목을 정할 때 제일 먼저 고려해야 할 점들은 다음과 같다.

첫째, 대비책 마련에 꼭 필요한 항목들을 선정하는 것이다. 조사 대상이 장소이기 때문에 필요 없거나 쓸데없는 항목들은 과감히 배제해야 한다.

둘째, 조사 자체가 가능한 실효성 있는 항목들을 선정하는 것이다. 조사하려는 항목들 중에는 조사가 가능한 것이 있고, 또 조사가 불가능한 것이 있다. 꼭 필요한 항목만을 기획 단계에서 잘 검토하여 선정하도록 하자.

[표 10.1]의 하단 부분은 장소 조사 항목을 예시한 것이니 참고하기 바란다. 이를 참고하여 경우에 부합되도록 조사 항목들을 가감하면 좋을 것이다.

[표 10.1]에서 보는 바와 같이 장소에 관한 정보는 크게 프레젠테이션 장소의 위치, 프레젠테이션 장소, 장비 그리고 기타 항목들로 구분된다. 이 조사 항목 일람표의 항목들에 대해서 자세히 알아보자.

맨 먼저 '프레젠테이션 장소의 위치'는 주소나 쉽게 찾을 수 있는 위치 정보를 기입할 수 있게 한다. 또한 '프레젠테이션 장소'는 장소의 크기에 따라 '소규모 회의실', '소규모 세미나실', '강의실', '대강당' 등으로 구분하여 기입할 수 있도록 디자인한다.

'장비'는 PC/노트북, 빔프로젝터, 무선마이크, 핀마이크, 일반마이크, 강연대, 리모컨, 암실용 또는 빛 차단용 커튼 등의 유무를 체크할 수 있도록 디자인한다. 여기서 '리모컨'이란 최근에 개최되는 프레젠테이션에서 보편적으로 사용되는 도구로서 PC나 노트북의 USB 포트에 꼽아서 슬라이드의 페이지 이동은 물론 사운드의 볼륨 조절과 레이저 포인팅 기능까지 포함되는 것이다.

'기타' 항목은 파워포인트의 설치 유무, PC나 노트북에 코덱의 설치 유무를 체크할 수 있는 항목들이다. 파워포인트는 마이크로소프트사의 윈도우 시스템이 설치된 PC나 노트북에는 어김없이 설치되어 있으나 간혹 그렇지 못한 곳도 있으므로 사전에 조사해야 한다. 만약에 파워포인트 소프트웨어가 설치되지 않은 PC나 노트북에서는 프레젠테이션을 할 수 없는 불상사가 야기될 수 있다.

그리고 PC나 노트북에 코덱이 설치되어 있지 않았으면 동영상을 작동시킬 수 없다.

나. 조사 방법

장소 정보를 조사하는 방법은 청중 조사 방법과 같이 크게 다음의 두 가지가 있다. 상황과 현실을 정확하게 감안하여 조사하도록 하자.

1) 전화 통화나 방문을 통한 직접 조사

장소 정보를 조사하는 제일 흔한 일반적인 방법은 청중 정보의 조사처럼 전화로 문의하여 파악하는 것이다. 프레젠테이션의 개최를 전화나 문서로 요청해 온 경우 담당자에게 전화를 걸어서 문의한다. 만약 국내라 하더라도 멀리 떨어진 지역이거나 해외가 아닐 경우 가까운 지역이라면 직접 방문하여 현장을 직접 관찰하면서 파악하는 것이 제일 안전하고 확실한 방법이다. 이때 [표 10.1]과 같은 장소 조사 항목 일람표를 지참하도록 한다.

반드시 앞에서 작성한 [표 10.1] 청중과 장소의 조사 항목 일람표를 활용하여 항목 하나하나를 순차적으로 파악하여 정확하게 기록한다.

2) 인터넷이나 제삼자를 통한 간접 조사

어떤 경우에는 장소의 조사가 불가능하기 때문에 전화 문의 자체가 불가능하다. 이런 경우에는 추측하거나 인터넷을 검색하거나 관련 있는 제삼자를 통해서 조사한 내용을 [표 10.1] 청중과 장소의 조사 항목 일람표에 기록한다.

2. 장소 분석 및 대책

프레젠테이션을 앞두고 기획 단계에서 발표 장소에 대한 정보를 전화 통화나 방문을 통한 직접 조사를 했든, 인터넷이나 제삼자를 통한 간접 조사를 했든 간에 중요한 것은 파악된 정보를 정확하게 분석하여 대비책까지 마련하여 해당 기획 과정에서 잊지 않고 반영해야 일련의 일이 일단락된다는 것이다.

프레젠테이션 장소가 소규모 회의실, 소규모 세미나실, 강의실, 대강당 중에서 하나로 조사되었다면, 각각의 경우에 대한 분석과 대비책은 다음과 같다.

발표 장소가 소규모 회의실이나 소규모 세미나실, 강의실 중에 하나일 경우 슬라이드의 폰트 사이즈는 최소 18 이상이 되도록 정한다. 그러나 몇백 명의 청중이 들어갈 수 있는 대강당에다 청중의 수도 몇백 명이 될 경우에는 뒷자석의 청중이 해득할 수 있는지를 고려해야 한다. 만약 소규모 크기의 발표장에서 사용하던 텍스트의 최소 폰트 사이즈가 18인 슬라이드의 발표 자료를 대강당에서 그대로 사용하면 뒷자석의 참석자들은 해득이 안 돼서 문제가 발생될 수 있다. 그래서 몇백 명이 참석하는 대강당에서의 프레젠테이션에서는 가장 작은 폰트

사이즈를 25 이상으로 정해야 한다.

그러니까 발표장이 수백 명을 수용하는 대강당과 같이 크면 가장 작은 텍스트의 폰트 사이즈는 큰 것을 사용해야 된다는 말이다. 여기서 반드시 체크해야 할 사항은 청중의 정보 조사에서 파악된 청중의 수를 고려해야 한다는 점이다.

장비가 PC/노트북, 빔프로젝터, 무선마이크, 핀마이크, 일반마이크, 강연대, 리모컨, 암실용 또는 빛 차단용 커튼 중에서 다음과 같이 조사되었다면, 각각의 경우에 대한 분석과 대비책은 다음과 같다.

이 항목들 중에서 어느 장비가 발표 현장에 없는 것으로 조사된 경우 이에 대한 분석과 대비책은 중요한 의미를 갖는다. 예를 들어 PC나 노트북이 없다면 발표자의 노트북을 가져가야 하고, 빔프로젝터가 없는 경우에는 발표자가 준비해야 한다. 무선마이크나 핀마이크는 없고 유선마이크만 있는 경우에는 유선마이크의 연결선이 긴지 짧은지를 확인한 후 긴 선을 사용할 수 있도록 발표 현장의 담당자에게 부탁한다. 왜냐하면 마이크의 연결선이 짧으면 프레젠테이션 도중에 무대에서 발표자가 원하는 곳으로 이동할 수 없기 때문이다. 발표자의 행동에 제약을 받는다는 말이다.

강연대가 없는 경우에는 노트북을 책상 위에 놓으면 되므로 문제라고 생각할 필요가 없다. 리모컨이 없는 경우에는 발표자가 준비해서 지참하는 것이 좋다. 그렇지 않으면 PC나 노트북의 작동을 다른 사람에게 부탁하도록 하자. 그리고 암실용 또는 빛 차단용 커튼이 없으면 실내등을 끄고 진행하는 수밖에 없다.

기타에서는 파워포인트 설치와 PC/노트북에 코덱의 설치 중에서 다음과 같이 조사되었다면, 각각의 경우에 대한 분석과 대비책은 다음과 같다.

만약 파워포인트가 설치되지 않은 경우에는 발표자가 파워포인트가 설치된 노트북을 가져가도록 하자. 또는 발표장에 있는 PC나 노트북에 코덱이 설치되지 않은 경우 만약 발표 자료의 내용 중에 동영상이 들어 있다면 코덱이 설치된 발표자의 노트북을 가져가야 된다.

이 외에도 발표장의 조명 시설을 점검하여 스크린이 설치된 무대 주변을 얼마나 어둡게 할 수 있는지 반드시 확인해야 한다. 스크린 주변이 너무 어두운 경우에는 발표자와 청중 간의 시선 교환이 불가능하므로 너무 어둡지 않게 조절해야 한다. 반대로 스크린 주변이 너무 어두운 경우에는 스크린에 투영된 발표 내용의 영상이 희미해지게 될 뿐만 아니라 컬러도 퇴색된 것처럼 보일 수 있으므로 너무 밝지 않게 해야 한다. 사업계획의 설명이나 신제품을 발표하는 경우 제품의 외장이나 내용물 중에 컬러가 아주 중요한 요소일 때는 스크린 주변의 조명의 종류는 물론이고 밝고 어두운 정도도 프레젠테이션을 시작하기 전에 점검하여 문제가 발생되지 않도록 조절해야 한다.

이러한 이유로 발표 당일에는 미리 발표장에 도착하여 최종 점검을 해야 한다. 바로 앞에서 기술한 것처럼 현장에 있는 PC에 파워포인트나 코덱이 설치되어 있지 않다면 발표자가 가지고 간 노트북과 빔 프로젝터를 연결하여 작동이 잘되는지 점검하고, 노트북과 연결된 스피커를 통한 사운드 출력에도 이상이 없는지를 점검해야 한다. 만약 발표 자료에 있는 동영상에서 출력되는 사운드가 노트북과 연결된 스피커에서 들리지 않을 수도 있기 때문이다.

또한 마이크와 연결된 사운드 시스템, 즉 음향기기도 미리 조절할 필요가 있을 수 있으므로 미리 한두 번 테스트해 봐야 한다. 만약 사전 테스트가 없을 경우 진행 도중에 긴급하게 '사고성(事故性)'의 문제가 발생되면 당황하여 프레젠테이션 자체를 망칠 수도 있다.

어떠한 경우에도 발표장과 장비의 사전 점검 없이는 섣불리 프레젠테이션을 시작하지 않아야 한다. 늦어도 1시간에서 1시간 30분 전에 발표장에 도착하여 점검 점검 또 점검을 하도록 하자.

요즘처럼 교통체증 현상으로 발표장 도착이 늦어지거나 심할 경우 발표 시작 시간이 한참이나 지났음에도 도착을 못하게 되면 청중들은 어떠한 반응을 보일 것이며 프레젠테이션은 어떻게 될 것인가? 완전무결할 정도로 준비했다손 치더라도 현장을 점검하지 않았다거나 본의 아니게 몇십 분이나 지각을 한다면 그 결과는 어떻게 되겠는가?

현장 이야기

장소에 관한 정보를 미리 충분히 조사하여 분석과 대비책까지 잘 마련해 놓고 그것을 현장에서 실제로 적용하지 못하면 치명적인 실수로 직결될 수 있으므로 너무 일찍 도착했다는 '자책감'이 들게 될 정도로 충분한 시간을 갖고 미리 도착하는 것이 현명한 행동이다.

저자는 최근 "성공하는 프레젠테이션 발표 전략"이라는 제목으로 대덕연구단지의 정부출연 연구기관과 KAIST대학원, 건국대학교와 홍익대학교, 부산대학교 등을 포함한 30여 기관을 대상으로 초청 강연을 한 적이 있다.

이 과정에서 매번 저자가 직접 체험한 결과에 의하면, '미련스러울 정도'로 일찍 발표 현장에 도착하는 것이 프레젠테이션에서는 '최상의 현명한 방법'이라는 사실이다.

| 제11장 |

자료 수집과 분석 및 가공

제2부

제11장 자료 수집과 분석 및 가공

대충 적당하게 작성한 텍스트 자료만으로 발표 · 설명하는 프레젠테이션에는 성공이 없다.

IT와 인터넷의 급가속 발달과 함께 프레젠테이션 방법도 날로 다른 양상을 보이면서 급속도로 변화하고 있다. 프레젠테이션 참석자들의 수준도 이와 같은 발달과 변화만큼이나 높아지고 있다. 프레젠테이션 슬라이드에 텍스트와 수치 자료로만 가득 채워진 발표 · 설명에는 당장 기피현상을 보이고 웬만한 그래프나 다이어그램에도 시큰둥한 반응이다. 이젠 웬만한 사진에도 반기는 표정을 찾아보기 힘들 정도이다. 잘 기획된 동영상에는 약간의 관심을 보이되 '그냥 그럭저럭' 당연시하는 표정들이다.

프레젠테이션만큼 트렌드에 민감한 분야도 없을 정도로 급속한 변화의 양상을 보이고 있다. 프레젠테이션 발표 자료인 슬라이드에 담긴 콘텐츠는 내용은 물론이고 그 형식도 up-to-date해야만 고객인 참석자들의 눈높이를 만족시킬 수 있다.

이러한 이유로 프레젠테이션을 기획하고 준비하는 과정에서 '자료의 수집과 분석 나아가서는 가공'이 갖는 의미는 바로 프레젠테이션이 성공이냐 실패냐의 시금석이라고 할 수 있다.

절대로 가볍게 다룰 수 없는 과정이다. 이는 분명 선택이 아니고 필수 중에서도 왕필수이다.

참석자들의 혼을 빼앗을 수 있는 발표 자료를 만드는 기획에서 '자료의 수집과 분석 및 가공'은 기획의 구심점이다. 이를 소홀하게 생각하고 프레젠테이션을 준비하는 것은 LPG 통을 안고 불구덩이에 뛰어들어 가는 것과 다를 바가 없을 것이다.

자료 수집

프레젠테이션을 준비하는 과정에서 누구나 필수적으로 가져야 하는 기획 단계에서 자료를 수집하는 필요성은 이미 바로 앞에서 기술했다. 이는 직장에서 팀 단위로 준비하는 경우에만 해당되는 것으로 착각하는 오해가 없기를 바란다. 개인이 준비하는 경우에도 선택이 아니라 필수라는 사실이다.

왜 자료를 수집해야 하는 것인가?

프레젠테이션에서 '자료'는 '자재'요 '연료'이다.

아무리 완벽에 가까운 건물을 설계했어도 꼭 필요한 자재들을 확보하지 못하면, 건축 자체를 착수할 수 없는 것이다. 제아무리 프레젠테이션 기획이 완벽에 가깝게 기획되었어도 적소에 필요한 자료가 확보되지 못하면 프레젠테이션 슬라이드 자체를 작성할 수 없는 것이다.

승용차가 제아무리 값비싼 고급차라 하더라도 '연료'가 없으면 시동조차도 불가능하듯이 프레젠테이션에서도 '자료'가 없으면 심한 경우에는 한 마디 말조차도 뻥긋할 수 없는 것이다.

1. 참석자의 속성 및 요구사항 파악

프레젠테이션을 통해 참석자들에게 정확한 메시지를 전달하여 이해시키고 설득시키려면, 참석자들의 인적사항과 요구사항을 정확하게 조사하여 파악해야 한다. 이것이 곧 프레젠테이션에서는 『손자병법』에서 이르는 지피지기(知彼知己) 방법이다.

앞서 제10장의 '청중 정보 조사하기'에서 [표 10.1]의 청중과 장소의 조사 항목 일람표를 활용하여 참석할 사람들의 인적사항 등을 포함하여 '알고 싶어 하는 내용'까지 조사하고 파악하였다. 이러한 조사를 통해서 파악된 자료를 분석하여 대비책을 마련하는 방법까지 수립하였다.

구체적으로 설명하면, 청중 분석 및 대비책에서 영향력이 큰 사람의 선호에 대비하는 전략, 영향력이 큰 사람 중 고지식하고 세심하며 의심이 많은 사람에 대비하는 전략과 여성 또는 남성 청중에 대한 프레젠테이션 전략, 노년층 또는 젊은층 청중에 대한 프레젠테이션 전략, 주제에 생소한 청중에 대한 프레젠테이션 전략 등을 마련하는 방법이다.

이와 같은 요구사항 파악은 물론 대비책을 바탕으로 자료가 수집되어야 한다.

이러한 준비 과정을 거쳐 자료를 조사하면 자료 조사에 소요되는 시간과 노력을 절약할 수 있을 것이다.

2. 자료의 출처

사업이나 프로젝트를 수행하는 과정에서 자료 수집에는 많은 시간과 노력이 수반된다. PT를 기획하고 준비하는 과정에서도 예외가 없다. 필요한 자료를 수집하는 과정에는 많은 인내와 노력이 필요하다.

프레젠테이션에서 메시지의 전달력을 높이고, 설명의 신뢰도를 높이기 위해서는 텍스트 자료만 가지고는 안 된다. 수치 데이터도 마찬가지다. 특히 수치 데이터는 가공하여 그 쓰임새를 높여야만 듣는 사람들이 좋아한다. 사람들은 수치 그 자체만은 좋아하지 않고 가공된 수치에 시각화 자료를 재료로 하는 스토리가 가미되는 것을 선호한다.

가능하면 프레젠테이션의 주제와 세부 내용에 부합되는 다이어그램이나 그림 또는 사진을 확보하도록 하고, 호기심을 자극하는 것은 역시 동영상이다. 물론 관련 이론이나 통계자료와 도표 등도 조사해야 한다.

혹시 사업이나 프로젝트 수행 과정에서 생성되어 이미 확보된 자료나 준비된 자료가 있다고 하더라도 주어진 자료에만 만족하지 말고, 멀리 넓게 시야를 움직여서 조사하도록 하자.

자료를 구할 수 있는 곳은 기업 내부에서 고객, 경쟁사, 인터넷, 도서관, 신문 및 방송에 이르기까지 매우 다양하다. 이 가운데 가장 방대하고 다양한 자료를 얻을 수 있는 곳은 알다시피 인터넷이다. 인터넷은 자료의 보고요, 정보의 바다다.

사진이나 동영상 자료는 네이버, 다음, 파란, 구글, 야후 등에서 검색을 통해서 조사할 수 있다. 여기서 신경을 써야 하는 점은 저작권을 침해하지 않는 범위에서 확보해야 한다는 것이다.

무료로 다운받을 수 있는 영상 자료는 한계가 있기 마련이다, 설명할 내용이 핵심 내용에 해당하는 중요한 것이라면 유료로 서비스해 주는 사이트를 검색하여 제대로 된 자료를 확보하는 것이 오히려 경제적일 수가 있다.

자료 분석

자료를 조사하다 보면 자신도 모르는 사이에 많은 자료가 모아지는 수가 있다. 결국에는 자료의 홍수에 빠지게 된다.

프레젠테이션 일정이 넉넉하여 많은 시간이 주어지는 경우와 그렇지 않고 불과 일주일이나 열흘 정도의 시간이 주어지는 경우로 구분하여 자료 수집 방법을 달리해야 한다.

후자의 경우에는 중간에 자료를 걸러내는 시간적인 여유가 없으므로 자료를 수집한 후에 곧장 분석을 거쳐 분류 · 저장하는 것이다.

만약 전자처럼 시간이 넉넉하면, 자료 수집을 몇 차례로 나누어 시행하되 매 차례마다 수집된 자료를 분석하여 다음 수집 과정에 반영하여 조사의 향방을 조정하여 시행하는 것이 현명하다. 이런 식으로 중간에 점검 및 분석을 통해서 정신을 차리고 자료를 수집하면 '자료의 쓰레기 더미'에 깔리는 불상사는 면할 수 있다는 말이다.

아무리 많은 자료를 수집했다 하더라도 이것을 체계적으로 정확하게 분석하지 않으면 가치 있는 소중한 자료가 될 수 없다.

먼저 컴퓨터 폴더를 가득 메운 수집된 자료들을 하나하나 검토 · 분석하여 프레젠테이션의 발표 · 설명 내용과 밀접한 관련이 있는 자료들을 가려내어 새로운 폴더에 집어넣는다.

지금까지 태스크포스 팀원 개인 차원에서 일차적인 분석을 거쳐 새로운 폴더에 저장한 자료들을 가지고 팀원 전체와 같이 분석을 거쳐 다시 분류하면 훨씬 쓰임새 있는 자료들을 확보할 수 있다.

자료의 가공과 요약

수집 후 분석 과정을 거쳐 각각의 폴더에 분리 · 저장된 자료들이라고 해서 모든 자료가 즉시 슬라이드에 집어넣어져 발표 자료가 되는 것은 아니다.

자료와 정보가 청중들로부터 신뢰감과 설득력을 가지려면 수집된 자료와 정보들을 대상으로 가공이 이루어져야 한다. 여기서 말하는 가공이란 자료나 정보의 요약을 포함하는 개념이다. 이것을 정보의 '가공과 요약'이라고 한다.

자료나 정보의 요약은 이들 상호 간의 연계를 감안한 상태에서 이루어진다. 자료나 정보의 가공도 마찬가지로 상호 간의 연계는 물론이고, 주제와 목적 그리고 세부적인 내용에 부합되어야 생명력이 있는 자료로 가공되는 것이다.

사진과 동영상으로 구분되는 영상 자료는 수집된 상태에서 그대로 사용하면 어색하거나 조화가 이루어지지 않는 경우가 허다하다.

그래서 대부분의 사진은 가공을 해야 한다. 동영상은 동영상을 편집할 수 있는 소프트웨어를 활용하여 불필요한 부분은 삭제하여 필요한 부분만을 저장하여 사용한다.

사진은 사진 내에서 불필요한 부분은 잘라서 버리고 일부만을 잘라서 다른 사진과 합성할 수도 있다. 그리고 사진 내에서 일부 오브젝트를 잘라내어 확대시킬 수도 있다. 사진의 가공과 편집은 보편적으로 아도비 포토샵(Adobe Photoshop)과 파워포인트를 활용한다.

| 제**12**장 |

프레젠테이션 성공 전략

제2부

제12장 프레젠테이션 성공 전략

성공으로 가는 기획

1. 프레젠테이션의 주(主)는 잘 만들어진 슬라이드가 아니다

대부분의 프레젠테이션 발표자들이 공통적으로 인식하고 있는 사실은 "프레젠테이션은 파워포인트로 슬라이드만 잘 만들면 성공하는 것"쯤으로 인식하고 있다는 것이다.

그러나 막상 프레젠테이션의 일정이 잡히면 그 순간부터 고민에 빠지게 된다. "슬라이드를 어떻게 하면 잘 만들지?" 이는 분명 주(主)와 객(客)이 바뀐 상황을 정확하게 표현한 예이기도 하다. 여기서 주(主)는 청중에게 전하려는 메시지, 즉 알맹이에 해당되는 내용(內容)이고 객(客)은 내용을 시청각 디바이스를 빌려서 스크린에 보이게 하는 보조수단(補助手段)에 불과한 것이다.

2. 프레젠테이션의 성공은 창조적인 내용으로

프레젠테이션의 성공은 슬라이드에 담겨져 있는 텍스트나 그래프 또는 다이어그램, 사진이나 동영상 등의 보조수단에 의해서 좌우되는 것이 아니고, 발표자가 이들 보조수단을 활용하여 설명하는 내용과 설명 방법에 의해서 좌우된다.

따라서 먼저 '주'에 해당되는 내용을 창조해 내고, 이어서 '객'에 해당되는 보조수단을 작성하는 것이 순서이다. 이러한 일련의 '창조'와 '작성'의 밑그림을 만드는 일이 바로 기획이다.

3. 선(先) 내용 창조, 후(後) 슬라이드 작업

어디까지나 파워포인트로 슬라이드를 만드는 작업은 먼저 내용을 창조한 후에 이루어지는 것이다. 이는 어디까지나 기능적인 작업에 불과한 것이지 창조적인 것이 아니다. 그러나 대부분의 프레젠테이션을 준비하는 사람들은 기능적인 작업에 불과한 슬라이드를 만드는 작업에 너무 치중하고 있는데 이는 분명 시정되어야 한다.

4. 프레젠테이션 기획을 성공적으로 잘하는 방법

그렇다면 어떻게 하면 프레젠테이션 기획을 성공적으로 잘할 수 있을까?

제일 먼저 어떻게 하면 청중에게 메시지를 전달하여 설득할 것인지에 대한 방법과 관련된 스토리텔링 전략을 기획한다. 발표 자료인 슬라이드를 만드는 작업보다 발표 내용을 전략으로 설명할 수 있는 방법을 구체적으로 모색해야 한다.

이렇게 수립된 스토리텔링 전략을 서론, 본론, 결론에 적용하여 발표 내용물을 기획한다.

이어서 오프닝과 클로징 때 멘트를 어떠한 방식으로 어떻게 준비할 것인지에 대한 전략을 수립한다. 왜냐하면 오프닝과 클로징의 중요성을 완벽하게 살리기 위해서는 발표자의 멘트를 전략적으로 준비하여 한 치의 차질이 없도록 대비해야 하기 때문이다.

스토리텔링 전략

1. 스토리텔링의 정의

'프레젠테이션' 하면 으레 '딱딱한 것' 또는 '사무적인 것'으로 인식되고 있다.

사실 대부분의 프레젠테이션에서 다루는 내용은 딱딱하거나 사무적인 것이어서 이에 대한 설명 또한 지루하고 재미없기 마련이다.

그렇다면 어떻게 하면 '프레젠테이션'이 '딱딱한 것', '사무적인 것', '지루한 것', '재미없는 것'의 딱지를 뗄 수 있을까?

이에 대한 답이 바로 프레젠테이션에 스토리텔링(storytelling)을 적용하는 것이다.

프레젠테이션의 내용에 이야기를 곁들여 설명하면, 듣는 사람들이 이해하기 쉽고 설명하는 사람도 신바람 나게 설명할 수 있는 것이다. 여기서 설명하려는 내용에 이야기를 곁들여 듣는 사람들에게 이해하기 쉽게 설명하는 방법을 스토리텔링(storytelling)이라고 한다.

스토리텔링(storytelling)을 글자 그대로 분해하면 '스토리(story)' + '텔링(telling)'이다. '이야기'를 '말하기'이다. 그러니까 청중에게 전하고자 하는 메시지를 재미있고 생생한 이야기에 담아 전달하는 것이 스토리텔링이란 말이다.

'스토리텔링'은 거창한 것도 대단한 것도 아니다. 누구나 신경 쓰면 얼마든지 능숙하게 잘할 수 있는 것이다. 영어로 표기된 용어라서 별스러운 것처럼 야단법석인데 실제로는 우리가 일상생활에서 아무런 어려움 없이 활용하고 있는 것이다. 누구나 적극적으로 신경 써서 활용하면 쉽게 해결될 수 있는 사항인데 귀찮고 번거롭다는 고정관념에서 그저 방기(放棄)한 것일 뿐이다. 더 이상도 더 이하도 아닌 평범한 사항이다.

우리나라에서는 오래전부터 '구연동화(口演童話)'를 해 왔다. 구연동화는 글자 그대로 '말로써 연기하는 어린이를 위하여 지은 이야기'라는 말이다. 유치원에서는 선택이 아닌 필수이고, 유아를 기르는 가정에서도 엄마, 아빠, 할머니, 할아버지가 능수능란하게 시행해 온 것이다.

구연동화가 스토리텔링과 다른 점은 이야기 내용이 구연동화는 활자화된 것이라는 점이다. 또한 구연동화와 유사한 '옛날 옛적의 이야기'는 할머니, 할아버지로부터 구수한 입담과 입담으로 전해져 내려온 활자화되지 않은 것이다.

최근 미국에서 이루어지는 프레젠테이션에서는 스토리텔링 기법을 아주 활발하게 적용하는 것이 대세이다.

미국에서 스토리텔링을 연설에 처음으로 적용한 사람은 더그 스티븐슨(Doug Stevenson)으로 미국 최고의 강연 명강사이자 강의법 코치 전문가인 것으로 알려졌다.

슬라이드 등의 시청각 자료를 활용하지 않고 이루어지는 연설이나 강연에서 발표자가 처음부터 계속 연설문에 눈을 고정시킨 채 줄줄줄 읽어 나가거나 낮은 목소리로 말하면 청중은 짜증을 내다가 급기야 창문을 바라보거나 졸기 마련이다.

이러한 현상을 방지하고 연설이나 강연을 성공적으로 수행하기 위한 수단으로 스토리텔링이 적용된 것이다.

그러나 우리나라에서는 아직도 여전히 딱딱하고 사무적인 설명 방법이 고수되고 있는 실정이다. 이러한 방식에도 이젠 변화가 필요한 시점이다.

이 책에서는 더그 스티븐슨이 연설과 강연에 적용한 '스토리텔링'을 프레젠테이션에 적용함에 있어 이를 전략적인 차원에서 다루고자 한다.

2. 스토리텔링의 필요성 및 중요성

스토리텔링이 적용된 프레젠테이션은 일방적이고 단순한 사실전달식 프레젠테이션에서 벗어나 이야기 말하기 방식을 통한 설명을 진행함으로써 청중을 쉽게 이해시키고 명확하게 설득하여 프레젠테이션의 효과를 극대화하는 것이다.

이야기는 동서고금을 막론하고 일상생활의 거의 모든 대인관계에서 필수적인 요소로 자리매김을 해 왔다. 청중은 이야기 방식을 적용한 프레젠테이션을 더욱 쉽게 잘 이해할 수 있으며, 청중과 발표자 사이의 교감과 공감대가 쉽사리 형성될 수 있다는 데 커다란 장점이 있다.

일상생활에서 사람들은 누구나 이야기를 사랑한다. 여기에는 특별한 이유가 없다. 어린 시절부터 이야기와 더불어 살아왔기 때문이다. 이야기를 말해 준다면 설사 그 내용이 수준 미달이라 하더라도 듣는 사람들은 이야기가 끝날 때까지 듣는다.

프레젠테이션에서도 마찬가지다. 고차원의 과학이론, 중요한 사업계획, 기발한 개발품 등의 프레젠테이션에 스토리텔링을 적용하면 청중을 쉽게 프레젠테이션에 몰입시킬 수 있는 것이다. 스토리텔링을 프레젠테이션에 적용하면 청중은 지금까지 지녀 왔던 어렵다는 선입견, 딱딱하다는 선입견, 지루하다는 선입견을 말끔히 씻어 버리고 끝까지 발표자의 설명을 듣는다는 말이다. 이때 적용한 스토리의 내용을 텍스트, 다이어그램이나 그래프 또는 사진으로 슬라이드에 담으면 스토리텔링이 훨씬 생기를 띠게 될 것이고 나아가선 신바람 나게 될 것이다. 단순하고 딱딱했던 텍스트, 다이어그램이나 그래프 또는 사진도 청중의 관심과 공감대를 이끌어 내는 훌륭한 보조수단이 될 것이다.

그러니까 청중을 이해시키고 몰입시키는 데는 스토리텔링이 프레젠테이션에 획기적인 역할을 하게 된다는 말이다.

또한 프레젠테이션에서는 사실이나 진실은 그 자체로는 대부분 딱딱하여 별 재미가 없다. 똑같은 사실이나 진실을 전달하더라도 어떻게 스토리로 꾸며서 표현하느냐에 따라 극적인 효과를 볼 수 있다. 청중이 재미없고 지루하여 졸리는 상태에 빠지면 프레젠테이션은 망가지기 마련이다. 극적인 효과를 높이기 위해서는 예상치 않은 이벤트도 전개할 수 있고, 뜻밖의 게스트도 등장시킬 수 있는 것이다. 문제는 극적인 효과를 높이기 위한 스토리텔링 기획을 하더라도 인간의 근본을 알고 기획하는 것이 합리적일 것이다.

[그림 12.1]에서 보는 바와 같이, 우리 인간의 뇌(腦)는 좌뇌(左腦)와 우뇌(右腦)로 구성되어 있으며, 이들은 각각 서로 다른 기능을 지니고 있는 것으로 알려져 있다. 이 그림에서 좌뇌는 좌측에 붉은 계열의 색으로 나타낸 부분이고, 우뇌는 우측에 파란 계열의 색으로 나타낸 부분이다.

인간의 뇌는 좌뇌와 우뇌가 각각 서로 다른 기능을 함으로써 상호 보완적인 역할 또는 상승의 역할을 하는 것으로 알려졌다.

[표 12.1]은 인간의 좌뇌와 우뇌의 기능을 나타내는 요약표이다. 이 표에서 보는 바와 같이 좌뇌의 기능은 논리적 사고, 이론적 사고, 모방적 활동, 규범적 행동, 언어와 기호 분석 등이고, 우뇌의 기능은 감성적 사고, 경험적 사고, 시각적 사고, 창조적 활동, 그림과 음악 분석 등이다.

좌뇌와 우뇌의 대표적인 기능을 한 마디로 얘기하자면, 좌뇌는 논리적 사고 기능을 담당하고, 우뇌는 감성적인 사고 기능을 담당한다는 말이다.

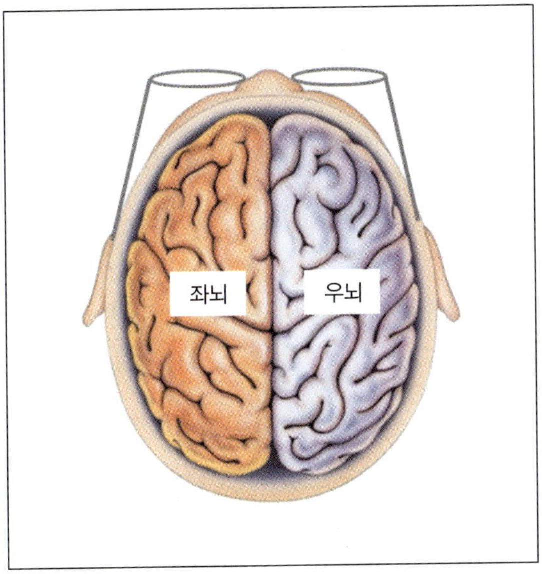

그림 12.1 인간의 좌뇌와 우뇌

프레젠테이션에서 설명이 딱딱하고 지루한 논리적인 면에만 치우치면 좌뇌는 논리적 사고 기능을 활발하게 작동시키지만, 우뇌는 논리적 사고를 뒷받침하는 기능을 작동시키지 못하고 발표자의 외모, 자세, 제스처, 말하기 등에서 잘못된 점 등을 찾아내는 데 감성적 사고, 경험적 사고, 시각적 사고 등을 하면서 흠이나 트집을 잡는 것으로 알려졌다. 결국 우뇌는 지루함을 견디지 못하고 프

표 12.1 인간의 좌뇌와 우뇌의 기능

좌뇌의 기능	우뇌의 기능
논리적 사고 이론적 사고 모방적 활동 규범적 행동 언어, 기호 등 분석	감성적 사고 경험적 사고 시각적 사고 창조적 활동 그림, 음악 등 분석

레젠테이션에서 이탈하는 양상을 보이게 된다는 것이다.

이와 반대로 설명이 논리적인 내용은 거의 없고 발표자의 외모, 자세, 제스처, 말하기 등에 치우친 프레젠테이션인 경우 좌뇌는 논리적 사고 기능을 작동시키지 않고 오로지 우뇌의 감성적 사고, 경험적 사고, 시각적 사고 등을 하게 된다는 것이다.

프레젠테이션에서 청중은 좌뇌로 발표자가 설명하는 정보를 듣지만 우뇌로는 발표자의 자세, 표정, 행동 등을 주시한다. 발표자의 보디랭귀지를 관찰하여 마음에 드는지를 느끼고, 음색, 음의 고저 등을 느끼고, 열정적인지 아닌지를 느끼고, 발표자를 믿을 수 있을지 없을지를 생각하게 된다는 것이다.

청중의 관심을 얻기 위해서는 슬라이드에 작성한 텍스트 자료로 청중의 좌뇌를 공략하는 논리적인 방법만으로는 충분하지 않다는 말이다. 마찬가지로 우뇌만을 겨냥하는 감성적인 공략 또한 충분하지 않다. 좌뇌와 우뇌 양쪽을 동시에 겨냥하는 것이 가장 좋은 방법이다. 이에 대한 직답이 바로 청중 앞에서 사실을 스토리로 각색하여 슬라이드도 작성하고 설명이나 발표 방법도 스토리가 살아 움직이도록 하는 스토리텔링이다.

결국 프레젠테이션에서는 이 좌뇌와 우뇌의 기능을 동시에 활용하는 것이 가장 효과적이라는 말이다.

프레젠테이션에서 참석자들을 지루하고 짜증나게 만드는 것은 보통 좌뇌만을 겨냥하여 일방적인 설명만을 계속하는 발표이다. 이러한 프레젠테이션(거의 대부분에 해당되지만)은 파워포인트 등을 활용하여 슬라이드 자료만 잘 작성하여 스크린에 비춘 다음 줄줄줄 읽어 주는 것이 전부이고 최선이라고 생각한다. 여기에서 좌뇌니 우뇌니 하는 구분이나 어느 뇌를 겨냥할 것인지 등을 고려하라는 주문은 너무나 주제 넘는 것일지도 모르겠다.

똑같은 내용의 프레젠테이션을 하더라도 스크린에 투영된 슬라이드의 내용을 그냥 줄줄줄 읽어 내려가는 것보다는 구연동화를 하는 것 같은 방식으로 설명하면 이것이 곧 좌뇌의 논리적인 사고 기능과 우뇌의 감성적인 사고 기능을 작동시킬 수 있다는 말이다.

또한 스토리텔링은 본질적으로 시각과 청각에 밀접한 관계가 있다. 다시 말해서 청각을 겨냥하여 목소리의 억양, 속도, 반복, 순간 멈춤 등을 조절하여 메시지를 전달하는 방식이고, 동시에 얼굴표정, 몸짓, 손짓 등의 보디랭귀지를 보여줌으로 메시지를 전달하는 방식이다.

그렇다. 딱딱하고 지루한 프레젠테이션을 참석자와 공감대를 형성하고 흥미 넘치는 것으로 탈바꿈해 줄 수 있는 방법이 바로 스토리텔링을 적용하는 것이다. 스토리텔링은 청중의 좌뇌와 우뇌를 전략적으로 공략하는 위대한 힘을 지니고 있기 때문이다.

프레젠테이션에서 '스토리텔링'의 역할은 그 효과 측면에서 아주 중요한 필수적인 것이라는 사실을 재차 강조할 필요가 없을 것이다. 또한 스토리텔링의 적용은 프레젠테이션 기획 초기 단계에서 전략적으로 고려해야만 프레젠테이션을 성공시킬 수 있다는 사실을 기억해 두기 바란다.

3. 스토리텔링 방법

프레젠테이션에서 스토리텔링을 어떻게 적용할 것인가?

스토리텔링이 프레젠테이션에서 중요하다는 사실은 여기저기서 강조되어 왔다. 프레젠테이션의 전문가 또는 이 분야에 대한 식견이 조금이라도 있는 사람이면 누구나 이구동성으로 스토리텔링의 중요성과 필요성을 강조한다.

그러나 정작 스토리텔링을 어떻게 프레젠테이션에 적용하는지에 대한 구체적인 방법에 대한 제시는 많지 않은 것이 현실이다. 중요하기는 한데 어떻게 하면 된다는 방법의 제시가 거의 없다는 말이다.

그래서 이 책에서는 스토리텔링을 누구나 쉽게 현실적으로 프레젠테이션에 적용할 수 있는 방법을 기술하고자 한다.

가. 기획 단계에서 전략적으로 각본을 짜야 한다

프레젠테이션에서 스토리텔링은 즉흥적인 것이 아니다.

프레젠테이션에서 스토리텔링의 대상이 될 수 있는 세부 내용은 중요한 것이어야 한다. 중요한 만큼 전략적으로 잘 다루어야 성공할 수 있다는 말이다. 그러나 기획 단계에서 각본을 짜서 스토리를 얘기하는 것이 정석인데 프레젠테이션 도중에 즉흥적으로 생각나는 대로 스토리를 얘기하다가 오히려 분위기를 썰렁하게 하거나 청중들의 오해를 불러일으키는 결과를 초래하게 되면 낭패를 볼 수 있다. 그래서 미리 각색된 스토리텔링이어야만 스토리가 가지는 힘을 최대화할 수 있는 것이다. 프레젠테이션에서 이렇듯 최대한의 효과를 얻으려면 우선 기획 단계에서 각본을 짜임새 있게 준비한 후에 철저한 리허설을 해야 한다. 그렇게 사전에 철저한 준비를 해야만이 언제 목소리를 높이거나 낮추는지, 언제 얼굴 표정을 비롯한 적절한 손짓, 몸짓을 할 것인지를 정확히 알 수 있어 마치 구연동화를 하는 것처럼 스토리텔링을 할 수 있는 것이다. 스토리텔링을 함에 있어 극적인 기법을 적용하는 것은 어떠한 경우에도 즉흥적인 방식으로 이루어져서는 안 된다는 사실을 명심하고 사전에 빈틈없는 준비를 하도록 하자.

나. 부분적인 스토리텔링

프레젠테이션에서 스토리텔링은 연설이나 강연과 성격이나 특성이 달라서 프레젠테이션 처음부터 끝까지 전체 내용을 하나의 스토리로 각색하는 스토리텔링은 불가능할 뿐만 아니라 현실적이지도 않다. 그래서 프레젠테이션에서는 부분적인 스토리텔링이 그 효과적인 측면에서 고려해 볼 때 바람직할 뿐만 아니라 현실적이다.

그래서 프레젠테이션의 세부 내용의 경중(輕重)을 고려하여 정말로 중요한 내용을 전략적으로 선정하여 이 내용을 청중이 쉽게 이해할 수 있는 스토리를 고안해 내는 것이 프레젠테이션이 성공하는 길이다.

다. 꼭 맞는 스토리 소재를 찾자

프레젠테이션에서 스토리텔링 적용의 시작은 프레젠테이션의 세부 내용들 중에서 청중에게 꼭 각인시켜서 공감대를 형성해야 하는 세부 내용의 선정이다. 중요한 세부 내용이 선정되면, 이 내용을 스토리로 각색함에 있어 가장 적절하고 목적에 부합되는 스토리의 소재를 찾는 일이다. 적절하고 목적에 부합되는 스토리의 소재를 찾는 일은 스토리텔링에서 아주 중요한 것이다. 스토리의 소재에 따라 스토리가 살 수도 있고 반대로 죽을 수도 있기 때문이다.

스토리의 소재를 찾는 방법은 선정된 세부 내용에 따라 다르기 때문에 일반적인 기준 몇 가지만 소개한다.

첫째, 현실적이면서 누구나 공감할 수 있는 생생한 내용의 소재를 찾는다.

둘째, 스토리를 듣는 순간 누구나 감동받을 수 있는 소재를 찾는다.

셋째, 발표 예정인 프레젠테이션의 업종이나 전공 분야에 부합되는 소재를 찾는다.

라. 시각화와 스토리텔링을 동시에

프레젠테이션에서 스토리텔링이 완벽한 것이어야 청중이 메시지를 쉽고 정확하게 받아들일 수 있다. 이를 위한 가장 합리적인 방법은 스크린에 비친 슬라이드의 내용이 시각적이어야 하고 이를 근간으로 발표자의 스토리텔링이 이루어져야 비로소 성공적인 프레젠테이션이 되는 것이다.

참석자들에 따라서 프레젠테이션 방법을 선호하는 방향이 다양하다는 사실을 기억하기 바란다. 어떤 참석자들은 그래프나 사진 또는 다이어그램 등의 시각화된 자료를 좋아하는 반면, 어떤 참가자들은 그냥 스토리를 듣는 것을 좋아한다. 이 두 그룹의 청중들을 동시에 만족시킬 수 있는 방법은 다름 아닌 그래프나 사진 또는 다이어그램 등의 시각화된 자료를 스크린에 투영한 상태에서 이를 근간으로 한 스토리텔링을 하는 것이다.

경우에 따라서는 시각화가 불가능한 스토리가 있을 수 있다. 예를 들면, 애정문제라든가 사내의 프레젠테이션의 경우 상사에 대한 에피소드 등으로, 스토리 자체가 너무 길고 장황하거나 시각화를 하면 오히려 어색하거나 경망스러울 경우가 있다. 이런 경우에는 관련 세부 내용의 텍스트만을 스크린에 투영한 상태에서 스토리텔링을 전개해 나갈 수 있다. 이때 유념해야 할 사항은 시각화 자료가 없는 상태에서 이루어지기 때문에 이를 보강하는 차원에서 발표자의 구연동화의 연기력을 발휘해야 성공할 수 있다는 점이다.

마. 논리적인 요소와 감성적인 요소를 배합하자

프레젠테이션이 성공하려면 인간의 좌뇌와 우뇌를 동시에 겨냥한 발표나 설명을 해야 한다는 사실은 이미 앞에서 기술한 바 있다.

스토리텔링도 마찬가지다. 좌뇌와 우뇌를 동시에 겨냥하여 논리적인 요소와 감성적인 요소를 스토리에 섞어 넣어서 각본을 짜야 한다는 말이다. 그렇지 않고 논리적인 요소만으로 구성된 스토리로 스토리텔링을 하면 딱딱한 것이 되어 스토리텔링을 적용하는 당위성이 없어지고, 감성적인 요소만으로 구성된 스토리로 스토리텔링을 하면 깊이가 없는 '날라리' 냄새와 더불어 발표자의 품위를 떨어뜨릴 수 있어 오히려 청중의 미간을 찌푸리게 하는 결과를 초래할 수도 있다.

생생한 스토리를 만들려면 논리적인 요소와 감성적인 요소를 잘 섞어야 한다.

바. 구연동화처럼 연기하자

프레젠테이션에서 스토리텔링은 발표자의 연기에 따라 성공이 좌우된다. 제아무리 스토리의 소재가 적절하고 내용이 잘 꾸며졌다고 하더라도 발표자의 연기가 신통치 않으면 실감나는 스토리텔링이 이루어질 수 없고 또 스토리텔링의 성공을 보장할 수도 없는 것이다.

스토리텔링이 제대로 빛을 발하기 위해서는 발표자가 목소리의 높고 낮음, 얼굴 표정을 비롯한 손짓과 몸짓 등의 제스처를 적재적시에 스토리에 부합되도록 적절하게 구사해야 한다. 그러나 수많은 프레젠테이션을 통해서 조사한 바에 의하면 이 부분에서는 대부분의 발표자들의 점수가 낙제점 이하에 해당된다.

스토리텔링을 구연동화처럼 연기하는 것을 어색하다고 생각하는 발표자들이 많은 이유는 우리나라 교육에 그 원인이 있다는 지적이다. 초 · 중 · 고의 교육이 발표 위주가 아닌 지식 주입식이라는 데 그 원인이 있다는 말이다.

원인이야 어찌 되었든 간에 스토리텔링에서는 구연동화처럼 생기발랄한 연기가 필수라는 말이다.

현대사회에서 프레젠테이션은 직장과 학교, 업종과 전공 분야를 막론하고 커뮤니케이션의 중요한 방법으로 자리 잡았다. 학교는 대학교나 대학원에만 국한되지 않고 중 · 고등학교는 물론 심지어 초등학교에서도 프레젠테이션이 보편적으로 이루어질 정도로 일반화되었다.

프레젠테이션은 어느 특정 업종이나 특정 분야에 한정된 것이 아니기 때문에 어느 특정 업종이나 분야에 국한된 내용을 가지고 설명하면, 이해와 공감대 형성이 어려울 수 있음을 감안하여 깊은 고심 끝에, 프레젠테이션 세계에서 일반적이고 공통적이면서 온 세상에 널리 알려진 예를 가지고 설명하고자 한다.

프레젠테이션 하면 누구나 쉽게 떠올리는 인물은 다름 아닌 애플사의 전(前) CEO인 스티브 잡스(Steve Jobs)일 것이다. 그는 최근 10여 년 동안 프레젠테이션의 주요 이슈에서 세계적인 기준이요 지침이 되어 왔다. 그래서 그의 프레젠테이션 중에서 특기할 만한 스토리텔링의 몇 가지 사례를 가지고 설명하고자 한다.

사례 1

첫 번째 사례는 2005년에 개최된 맥월드(MacWorld)에서 스티브 잡스가 MP3 제품인 아이팟 나노(iPod nano) 제품의 설명회 때 프레젠테이션했던 내용이다. [그림 12.2]를 가지고 단계적으로 알아보자.

첫째, [그림 12.2]의 (1)은 스토리의 전개에 해당되는 내용으로 '1,000 songs in your pocket(1,000곡의 노래를 당신의 호주머니에)'를 스크린에 디스플레이 함으로써 청중들의 호기심을 자극한 것이다. MP3 제품인 아이팟 나노를 소개하면서 일상생활에서 누구나 흔히 쓰는 내용으로 스토리의 서두를 시작한 것이다. 이는 곧 스토리텔링의 시작을 알리는 신호탄에 해당되는 것이다. 청중들은 도대체 무엇을 소개하자는 것인지 호기심이 발동될 수밖에 없는 상황에 놓이게 만든 것이다.

둘째, [그림 12.2]의 (2)는 청바지의 동전주머니 사진을 바탕화면으로 하여 '아이팟 나노'를 띄운 슬라이드를 스크린에 비춘 장면이다. 서서히 스토리의 내용을 청중에게 드러낸 것이다. 청중들의 호기심을 더욱 부채질하려는 의도에서 이 장면을 연출한 것이다.

셋째, [그림 12.2]의 (3)은 청바지의 동전주머니에서 아이팟 나노를 꺼내는 장면이다. 여기서 주목할 사항은 청바지의 동전주머니에서 아이팟 나노를 꺼내는 상황을 맨 뒷자석에 앉아 있는 청중들도 쉽게 볼 수 있도록 별도의 카메라를 활

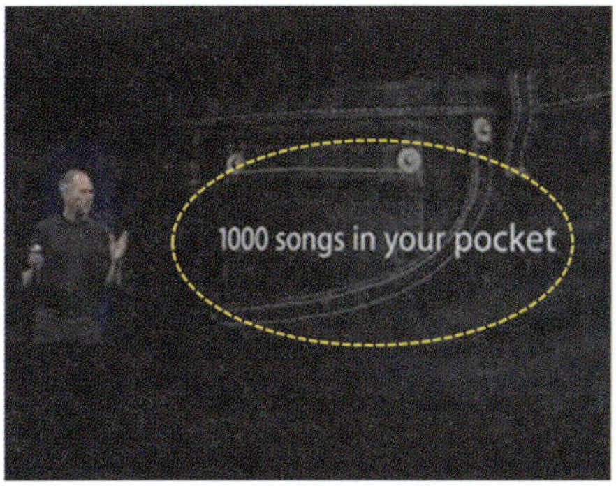

(1) (2)

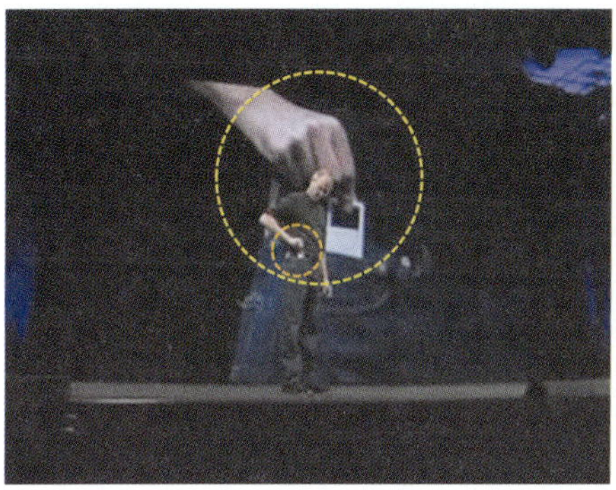

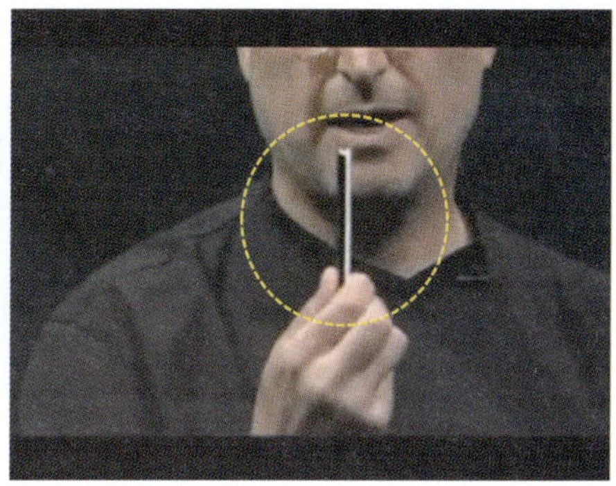

(3) (4)

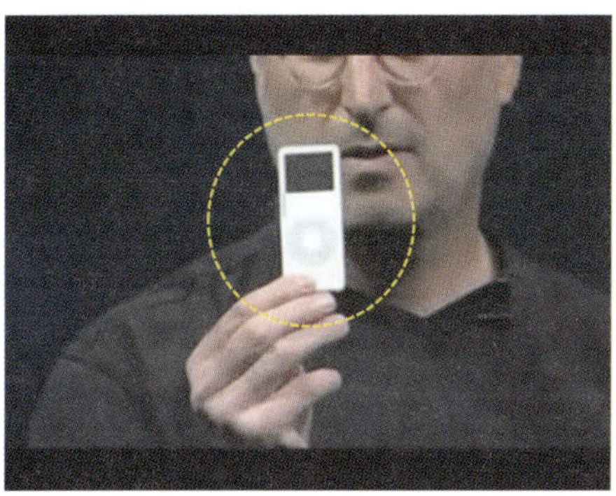

(5)

그림 12.2 스티브 잡스의 아이팟 나노(iPod nano) 제품 설명회

용하여 이 장면을 스크린에 확대하여 디스플레이한 점이다([그림 12.2]의 (3)의 그림 중에서 점선의 원으로 표시된 부분 참조). 왜냐하면 아이팟 나노 자체가 작기 때문에 무대의 바로 앞에 앉아 있는 청중마저도 잘 볼 수 없을 것이라는 사실을 미리 시뮬레이션을 통해서 파악한 후에 별도의 카메라를 설치하여 이 장면을 포착하여 스크린에 비추도록 스토리보드를 이용하여 주도면밀하게 기획한 것이다. 사실 이 장면이 이 스토리텔링에서 하이라이트에 해당된다. 절정에 해당된다는 말이다. 청중은 이 장면을 보는 순간 고성을 지르면서 환호했다. 백 마디 천 마디의 말이 필요 없는 순간을 연출해 낸 것이다. 그것도 청바지의 호주머니도 아니고 동전주머니에서 꺼내는 장면을 보여 주었으니 아이팟 나노가 얼마나 작은 것인지는 더 이상의 설명이 필요 없도록 보여 준 것이다. 크기와 데이터 용량에 관한 한 기존의 MP3 제품들과의 비교 자체가 아무런 의미가 없도록 스토리를 각색한 것이다.

넷째, [그림 12.2]의 (4), (5)는 동전주머니에서 꺼낸 아이팟 나노의 두께가 얼마나 얇은 것인지, 그리고 외형의 길이와 넓이가 얼마나 작은 것인지를 보여 주는 장면이다. 얇은 아이팟 나노를 입에 가까운 위치에서 보여 줌으로써 현실적으로 얼마나 작은지를 본인의 입의 크기와 비교해서 보라는 의미일 것이다. 이렇게 얇고 작은 MP3 제품이라는 사실을 실제로 보여 주면서 강조한 장면이다.

총평 및 핵심 내용 분석

총평

이 프레젠테이션은 기획 단계에서부터 철저하게 전략적으로 각색된 스토리텔링이다. 대부분의 전자제품의 설명회에서 이루어지는 프레젠테이션은 딱딱하고 재미없는 것으로 정평이 나 있다.

이유는 간단하다. 스토리텔링이 아닌 사실 전달의 단순한 프레젠테이션이기 때문이다.

또 다른 이유는 신제품 자체가 경우에 따라서는 세상에 잘 알려지지 않은 최초의 것일 수도 있기 때문이며, 더 근본적인 이유는 이를 설명할 때 일차원적으로 밋밋하게 주로 어려운 수치와 전문용어로 작성된 스펙 중심으로 소개하기 때문에 청중이 쉽사리 이해를 못할 뿐만 아니라 호기심을 자극하는 스토리텔링이 아니기 때문이다.

이 설명에서 스티브 잡스는 아이팟 나노(iPod nano)를 소개하면서 4GB(기가바이트, gigabyte)라는 수치가 일반인들에게는 생소하고 어렵다는 사실을 미리 간파하고 '1,000곡의 노래를 당신의 호주머니에(1,000 songs in your pocket)'라는 일종의 캐치프레이즈(catchphrase)를 내 걸고 구체적이고 일상생활에서 누구나 쉽게 이해할 수 있는 뜻의 스토리로 각색하여 호기심을 자극한 것이다.

사실 컴퓨터 사이언스를 전공한 저자도 4GB(4기가바이트)가 어느 정도의 크기인지는 구체적으로 생각해 본 적이 없다. 그냥 1기가바이트(gigabyte)는 IT분야에서 데이터의 양을 나타내는 단위이고, 1기가바이트는 1,024메가바이트 또는 10억 7,374만 1,824바이트이기 때문에 4GB는 4,096메가바이트라고만 알고 있었지, 이것이 몇 개의 곡에 해당되는 데이터양인지를 생각해 본 적이 없기 때문이다. 4GB이면 대충 어느 정도일 것이라는 수치적인 개념에만 익숙한 상태라는 말이다.

이러한 이유로 IT분야와 무관한 일반인들에게 4GB(4기가바이트)는 전혀 생소한 전문용어일 뿐이다. 따라서 스티브 잡스의 '1,000곡의 노래'는 컴퓨터 전문가인 저자에게도 신선한 충격이 아닐 수 없다.

스티브 잡스의 아이팟 나노 설명 스토리텔링 프레젠테이션에서 가장 획기적인 점은 청바지의 동전주머니에서 아이팟 나노를 꺼내는 상황을 별도의 카메라를 활용하여 직접 보여 주는 장면이다. 그냥 대수롭지 않게 나도 할 수 있는 장면이라고 폄하하는 사람이 있을 수도 있겠으나, 이는 절대로 평범한 것이 아니고, 누구나 시도할 수 있는 간단한 장면이 아니다. 스티브 잡스이니까 이런 장면을 연출한 것이라고 사실을 사실대로 겸허하게 수용하는 것이 옳다고 생각한다.

왜냐하면 프레젠테이션을 할 때 발표자나 주최 측이 사전에 충분한 시간을 갖고 기획과 전략회의를 거치지 않는 한 프레젠테이션 장소에 별도의 디지털 카메라를 설치하여 겨우 한두 장면을 포착하여 스크린에 비추는 일을 하려는 엄두를 내지 않기 때문이다. 그냥 작성된 슬라이드를 스크린에 비춘 상태에서 줄줄줄 읽어 내려가면 되지 귀찮고 번거롭게 별도의 디지털 카메라를 설치하려는 생각 자체를 꺼린다는 말이다.

스토리텔링의 핵심 내용 분석

이 프레젠테이션을 흥미진진하고 생기발랄한 것으로 만든 스토리의 핵심은 다음의 두 가지이다. 이 두 가지의 핵심 스토리가 스티브 잡스의 프레젠테이션을 성공으로 이끈 것이다.

첫째, [그림 12.2]의 (1)에서 보는 바와 같이, '1,000곡의 노래를 당신의 호주머니에(1,000 songs in your pocket)'라는 일종의 캐치프레이즈(catchphrase)를 내걸고 구체적이고 일상생활에서 누구나 쉽게 이해할 수 있는 뜻의 스토리로 각색하여 호기심을 자극한 점이다.

이는 아이팟 나노의 데이터 저장 용량을 4GB로 설명할 경우, 대다수의 사람들이 현실적으로 이해하지 못할 것이라는 사실을 미리 간파하고, 고객의 입장에서 판단하여 쉽고 재미있게 이해시키기 위한 스토리텔링 전략에 의해서 각색한 것이다. 이는 곧 스티브 잡스의 프레젠테이션을 성공으로 이끄는 첫 번째 발판이 된 것이다.

둘째, [그림 12.2]의 (3)에서 보는 바와 같이, 청바지의 동전주머니에서 아이팟 나노를 꺼내는 상황을 별도의 디지털 카메라를 활용하여 직접 보여 주는 장면이다. 이 내용 또한 고객 감동에 초점을 맞춘 스토리텔링 전략에 의해서 각색한 것이다. 아이팟 나노의 외형의 크기가 작다는 사실을 누구나 공감할 수 있는 사실에 근거하여 소재로 채택한 것이다. 청바지의 동전주머니의 크기가 작다는 사실은 누구나 인식하고 있는 사실이기 때문에 이를 스토리의 소재로 삼음으로써 청중들에게 흥미를 유발시키자는 전략인 것이다.

특히 청바지의 동전주머니에서 아이팟 나노를 꺼내는 상황을 그냥 보여 주게 되면 바로 가까운 위치에 있는 청중들마저 보이지 않기 때문에 오히려 답답할 것이라는 판단하에 이 장면을 별도의 디지털 카메라로 포착하여 스크린에 크게 확대된 동영상을 보여 준 것이다. 이 장면이 스토리텔링의 절정을 이룬 것이다.

결론적으로 말하면, [그림 12.2]의 (1)과 (3)의 장면이 프레젠테이션을 흥미진진하고 생기발랄한 것으로 만든 스토리의 핵심이다.

사례 2

두 번째 사례는 2008년에 개최된 맥월드(MacWorld)에서 스티브 잡스의 맥북 에어(MacBook Air) 노트북 제품 설명회 때 프레젠테이션했던 내용이다. [그림 12.3]을 가지고 단계적으로 알아보자.

첫째, [그림 12.3]의 (1)은 스토리의 전개에 해당되는 내용으로 맥북 에어 노트북을 담은 서류 봉투를 청중에게 보여 줌으로써 청중들의 호기심을 자극한 것이다. 이는 곧 스토리텔링의 시작을 알리는 신호탄에 해당되는 것이다. 청중들은 도대체 무엇을 소개하려는 것인지 호기심이 발동될 수밖에 없는 상황에 놓이게 만든 것이다

둘째, [그림 12.3]의 (2)는 서류 봉투에서 맥북 에어를 꺼내는 장면이다. 여기서 주목할 사항은 서류 봉투에서 맥북 에어를 꺼내는 상황을 맨 뒷자석에 앉아 있는 청중들도 쉽게 볼 수 있도록 별도의 카메라를 활용하여 이 장면을 스크린에 확대하여 디스플레이한 점이다([그림 12.3]의 (2)의 그림 중에서 점선의 원으로 표시된 부분 참조).

왜냐하면 맥북 에어 자체가 얇기 때문에 무대의 바로 앞에 앉아 있는 청중마저도 잘 볼 수 없을 것이라는 사실을 미리 시뮬레이션을 통해서 파악한 후에 별도의 카메라를 설치하여 이 장면을 포착하여 스크린에 비추도록 스토리보드를 이용하여 주도면밀하게 기획한 것이다. 사실 이 장면이 이 스토리텔링에서 하이라이트에 해당된다. 절정에 해당된다는 말이다. 청중은 이 장면을 보는 순간 고성을 지르면서 환호했다. 백 마디 천 마디의 말이 필요 없는 순간을 연출해 낸 것이다.

셋째, [그림 12.3]의 (3)은 서류 봉투에서 맥북 에어를 꺼낸 후 노트북 전면을 청중에게 보여 주는 장면이다. 이 노트북이 바로 서류 봉투 속에서 나온 것이라

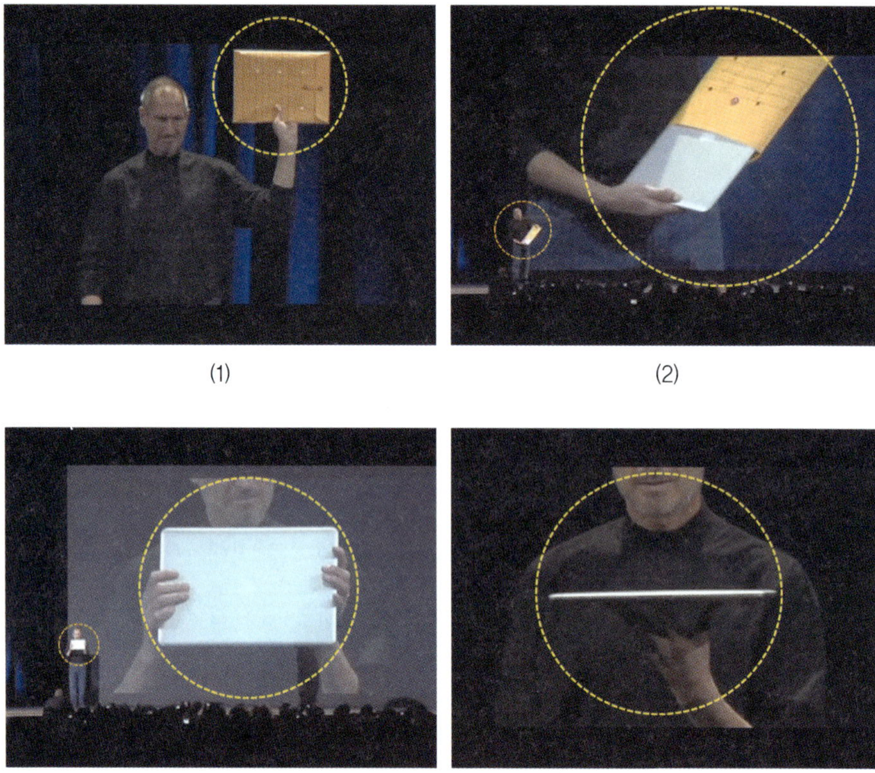

(1) (2) (3) (4)

그림 12.3 스티브 잡스의 맥북 에어(MacBook Air) 제품 설명회

는 사실을 확인시켜 주는 장면이다.

넷째, [그림 12.3]의 (4)는 서류 봉투에서 나온 맥북 에어가 얇다는 사실을 청중에게 보여 주는 장면이다.

총평 및 핵심 내용 분석

총평

이 프레젠테이션도 기획 단계에서부터 철저하게 전략적으로 각색된 스토리텔링이다. 대부분의 전자제품의 설명회에서 이루어지는 프레젠테이션은 딱딱하고 재미없는 것으로 정평이 나 있다.

이유는 간단하다. 스토리텔링이 아닌 사실 전달의 단순한 프레젠테이션이기 때문이다.

또 다른 이유는 신제품을 설명할 때 일차원적으로 밋밋하게 주로 어려운 수치와 전문 용어로 작성된 스펙 중심으로 소개하기 때문에 청중이 쉽사리 이해를 못할 뿐만 아니라 호기심을 자극하는 스토리텔링이 아니기 때문이다.

이 설명에서 스티브 잡스는 노트북인 맥북 에어(MacBook Air)를 소개하면서 노트북의 두께를 나타내는 수치가 일반인들에게는 쉽게 와 닿지 않지 않는다는 사실을 미리 간파하고 누구나 쉽게 알아차릴 수 있는 방법의 스토리로 각색하여 호기심을 자극한다. 사실 노트북의 두께가 몇 mm라고 해도 그게 얼마나 얇은지에 대해서는 금방 이해가 되지 않는다.

스티브 잡스의 맥북 에어의 설명 스토리텔링 프레젠테이션에서 가장 획기적인 점은 서류 봉투에서 노트북을 꺼내는 상황을 별도의 디지털 카메라를 활용하여 직접 보여 주는 장면이다.

스토리텔링의 핵심 내용 분석

이 프레젠테이션을 흥미진진하고 생기발랄한 것으로 만든 스토리의 핵심은 딱 한 가지이다. 이 핵심 스토리가 스티브 잡스의 프레젠테이션을 성공으로 이끈 것이다.

[그림 12.3]의 (2)에서 보는 바와 같이, 서류 봉투에서 노트북을 꺼내는 상황을 별도의 디지털 카메라를 활용하여 직접 보여 주는 장면이다. 이 내용은 고객 감동에 초점을 맞춘 스토리텔링 전략에 의해서 각색한 것이다. 맥북 에어의 외형의 두께가 얇다는 사실을 누구나 공감할 수 있는 사실에 근거하여 소재로 채택한 것이다. 서류 봉투 자체가 얇기 때문에 여기에 담겨진 노트북의 두께가 얇다는 사실은 누구나 쉽게 받아들일 수 있는 사실이기 때문에 이를 스토리의 소재로 삼음으로써 청중들에게

흥미를 유발시키자는 전략인 것이다.

특히 서류 봉투에서 맥북 에어를 꺼내는 상황을 그냥 보여 주게 되면 바로 가까운 위치에 있는 청중들마저 감지되기 어렵기 때문에 오히려 답답할 것이라는 판단하에 이 장면을 별도의 디지털 카메라로 포착하여 스크린에 크게 확대된 동영상을 보여 준 것이다. 이 장면이 스토리텔링의 절정을 이룬 것이다.

결론적으로 말하면, [그림 12.3]의 (2)의 장면이 프레젠테이션을 흥미진진하고 생기발랄한 것으로 만든 스토리의 핵심이다.

4. 스토리보드의 활용

가. 스토리보드의 정의

스토리보드(storyboard)란 프레젠테이션의 기획 단계에서 프레젠테이션의 발표 자료인 일련의 슬라이드를 작성하기에 앞서 주요 텍스트, 표, 그래프, 차트, 다이어그램, 사진, 동영상 등의 밑그림을 스토리에 부합되도록 그려서 정리한 판(board)을 말한다.

노트나 문서작성 프로그램을 이용하여 작성한다. 특히 노트 필기를 통해서 작성하는데, 그 이유는 아이디어가 떠오르는 즉시 머릿속에서 사라지기 전에 신속하게 작성하고, 잘못 작성된 내용은 줄을 그어 쉽게 표시하여 삭제할 수 있으며, 필요한 메모를 마음 내키는 대로 작성할 수 있는 장점이 있기 때문이다.

주로 영화나 TV 드라마 또는 광고 영상물(CF)의 기획 과정에서 보편적으로 사용되어 온 것이며, 최근에는 프레젠테이션의 기획 단계에서 활발하게 사용되고 있다.

파워포인트는 그 특성상 'context(전후 관계)의 단절'이라는 단점 때문에 스토리보드로의 사용에는 한계가 있어서 금기시되고 있다. 따라서 반드시 노트나 문서작성 프로그램을 이용하여 스토리를 작성하도록 하자.

나. 스토리보드의 역할

프레젠테이션에서 스토리보드는 아이디어를 구체적인 형태로 형상화하는 데 긴요한 역할을 하며, 슬라이드로 작성하기에 앞서 아이디어의 의견수렴이나 결정권자의 승인을 받는 데 유용하게 사용되고, 슬라이드의 제작 과정에서 문제 발생을 최소화할 수 있어 시간 낭비나 인력 낭비를 미연에 방지할 수 있다.

다. 스토리보드의 응용 사례

다음은 스토리보드를 활용하여 작성한 내용을 바탕으로 슬라이드를 작성한 사례이다.

[그림 12.4]는 스토리보드 작성 사례이다. 이 사례는 스토리보드 작성에 대한 이해를 돕기 위해 작성된 것이다. 따라서 내용보다는 형식이나 방법에 초점을 맞춰 이해하기 바란다.

[그림 12.4]는 어떤 연구개발 과제의 제안서를 설명하기 위해 작성된 스토리보드이다. 이 그림에서 (1)은 연구목표, (2)는 사업화계획, (3)은 추진체계이다. 이들 셋은 상호 밀접한 관계를 가지고 있으므로 [그림 12.4]와 같이 한 장의 노트에 스케치하는 방식으로 상호 관계를 긴밀하게 고려하여 작성한다.

[그림 12.4]의 (1)은 연구목표의 밑그림이다. 이 그림에서 보는 바와 같이 연구목표를 작성함에 있어 먼저 크게 3개의 블록이 좌측에서 우측으로 이동하면서 목표를 형상화하는 그림을 그린다. 이때 유념할 사항은 이 3개의 블록을 그린 후에 이들 각각의 핵심 사항을 집어넣는 것이다. 이어서 각각의 블록과 관련된 세부 사항을 집어넣음으로써 이 슬라이드의 밑그림이 완성된다.

이어서 [그림 12.4]의 (2)는 연구과제의 사업화계획의 밑그림이다. 이 연구의 사업화계획은 연구목표와 아주 밀접한 관련이 있다. 왜냐하면 연구목표를 달성하기 위해서는 이에 합당한 연구결과를 창출하여 사업화해야 하기 때문이다. 이

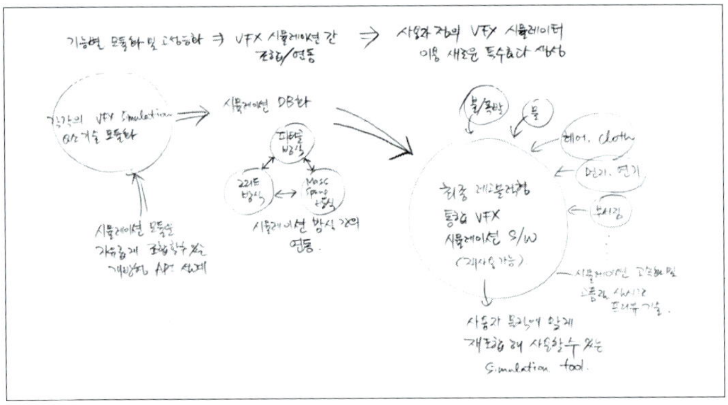

(1) 연구목표

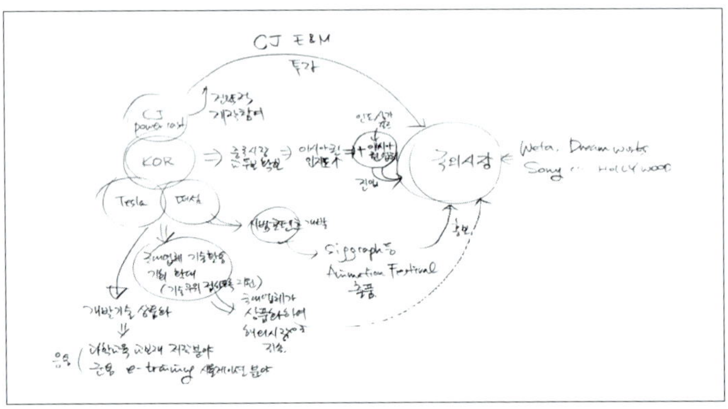

(2) 사업화계획

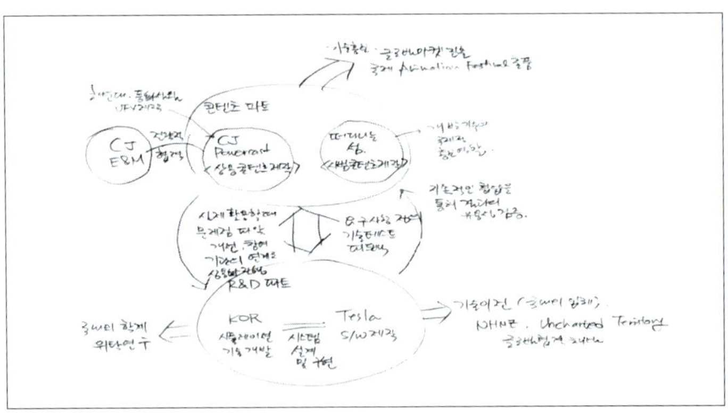

(3) 추진체계

그림 12.4 스토리보드 작성 사례

(1) 연구목표

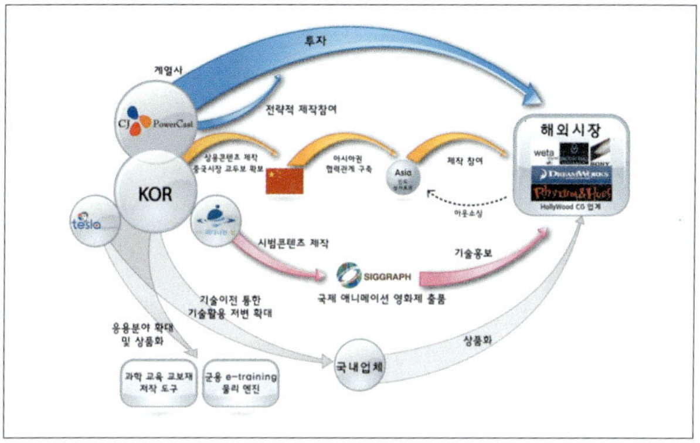

(2) 사업화계획

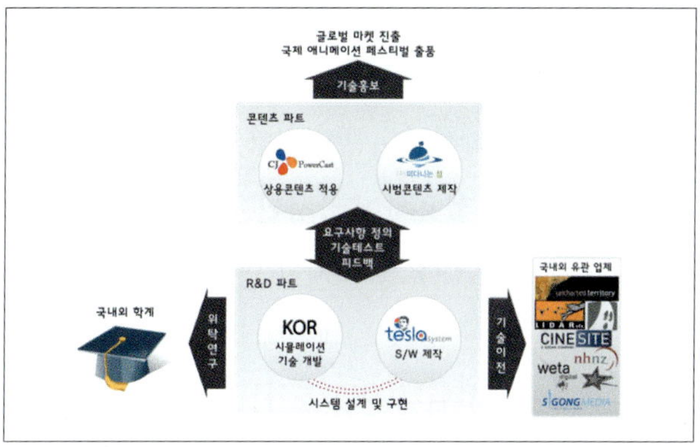

(3) 추진체계

그림 12.5 스토리보드를 활용하여 작성된 슬라이드 사례

러한 이유로 [그림 12.4]의 (2)의 연구과제의 사업화계획의 밑그림은 (1)의 연구목표와 연계되어야 하므로 한 장의 스토리보드상에서 작성되어야 하는 것이다.

[그림 12.4]의 (3)은 본 연구과제의 추진체계의 밑그림이다. 연구목표를 달성하고 사업화계획을 성공적으로 이끄는 데는 추진체계 또한 이 둘과의 상호 긴밀한 관계를 유지해야 한다. 따라서 이 밑그림은 [그림 12.4]의 (1)과 (2)와의 연계관계를 감안하면서 추진체계의 밑그림을 작성한 것이다.

위의 3개의 밑그림에서 보는 바와 같이 각각의 그림은 한 장의 노트 위에 스케치하는 방식으로 그린다. 이렇게 작성해야만 떠오르는 아이디어를 생생하게 그려 낼 수 있는 것이다.

이 과정에서 신경 쓰지 않아도 되는 사항은 필기를 잘해서 다른 사람들에게 잘 보이려 할 필요가 없고 '아이디어가 제대로 그려졌는지?' 또는 '누락된 사항은 없는지?' 등에 초점을 맞춰 작성하라는 말이다. 그러니까 알아볼 수 있는 정도로 빠른 속도로 스케치하라는 말이다.

이를 파워포인트를 이용하여 작성할 경우 연구목표와 사업화계획 그리고 추진체계의 세 가지 내용을 각각의 슬라이드에 밑그림을 그리는 것은 비능률적일 뿐만 아니라 전후 관계의 연결에 문제점이 발생할 수도 있는 것이다. 그래서 노트에 스케치하는 방식을 취하는 것이다.

이것이 바로 스토리보드를 작성하는 방법이다.

[그림 12.5]는 스토리보드를 활용하여 작성된 내용을 슬라이드로 작성한 사례이다. 이 스토리보드에 작성된 내용을 가지고 일차 의견수렴과 승인을 받은 것이다.

[그림 12.5]는 어떤 연구개발 과제의 제안서를 설명하기 위해 작성된 스토리보드에 작성된 내용을 기반으로 작성된 슬라이드이다. 이 그림에서 (1)은 연구목표, (2)는 사업화계획, (3)은 추진체계이다.

이 그림의 각각의 슬라이드를 처음부터 밑그림을 그리지 않고 작성할 경우 이러한 결과의 슬라이드를 완성하기까지에는 숱한 시행착오와 시간 낭비가 있을 수 있다.

그러나 프레젠테이션을 준비하는 대다수의 사람들은 이러한 정형화된 정석의 수순을 밟지 않고 프레젠테이션을 준비하면 으레 과거에 썼던 파워포인트 파일이나 다른 사람으로부터 얻은 파워포인트 파일을 가지고 수정 작업을 필두로 시작하거나, 아니면 처음부터 블랭크 파워포인트 슬라이드를 가지고 PC나 노트북 앞에서 씨름하는 것으로 준비를 시작하는데 이는 즉시 시정하여 정석의 수순을 따르도록 하자.

서론, 본론, 결론의 전략

앞에서 기획을 통하여 수립된 전략을 바탕으로 발표 내용들을 작성하고, 이 중에서 중요한 내용들을 선정하여 여기에 스토리텔링의 적용을 위한 작업을 하여 스토리보드의 작성을 완성하기에 이르렀다.

이와 같은 과정을 거쳐 완성된 소중한 내용들을 서론, 본론, 결론에서 전략적으로 다룸으로써 비로소 청중과의 공감대를 형성하여 전달하고자 하는 메시지를 확실하게 전달하여 청중이 행동으로 옮기는 데까지 도모하기에 이르는 것이다.

[표 12.2]에서와 같이 프레젠테이션에서 서론, 본론, 결론의 3단 구성은 일반적이다. 이제 서론, 본론, 결론의 어느 부분에서 무엇을 어떻게 설명하고, 어떻게 진행할 것인지에 대한 방법을 전략적으로 다루고자 한다.

표 12.2 서론, 본론, 결론의 전략

서론	인사말	간단한 인사말과 발표자 소개
	오프닝	전략적으로 주제, 결론, 전체 내용의 간략한 소개
본론	전체 내용	- 본격적으로 논리적인 내용 전개 - 내용들 간의 유기적인 관계, 통일성 유지 - 타당한 이유와 근거 제시
결론	요약정리	- 본론에서 제시한 내용을 간단, 명료하게 요약 - 설득이 목적인 경우 청중에게 실행을 권장함
	클로징	전략적인 강력한 클로징

1. 서론

서론에서는 간단한 인사말, 청중의 관심으로 발표자에게 집중하게 하는 오프닝과 프레젠테이션 전체 개요를 설명한다.

가. 청중의 시선 모으기

단상에 올라서자마자 서둘러서 말을 시작하는 발표자가 자주 목격되는데, 이는 분명 경솔한 행동이다. 단상에 올라서자마자 서두르면 실수로 연결될 수 있으니 서두르지 않도록 주의하도록 하자.

프레젠테이션은 이미 시작되었는데, 아직 장내 정리가 완료되지 않고 일부 참석자들은 떠들고 일부는 발표장에 들어오는 등 어수선한 상황이 전개되고 있는 경우가 있다. 이런 경우 서둘러서 말을 시작하면, 발표자의 말이 제대로 들리지 않게 된다.

발표자는 이런 경우 먼저 청중의 주의를 집중시키기 위해서는 단상에 올라서자마자 말을 시작하지 말고, 몇 초 동안 기다리면서 시선을 이리저리 움직이며 청중을 두루 살펴보도록 하자. 이렇게 하면 장중은 급속도로 조용해져 숙연한 분위기로 바뀌면서 청중의 시선은 발표자에게 집중되기 마련이다.

이렇게 청중의 시선이 발표자에게 집중되었다는 판단이 서는 순간 말을 시작하도록 하자. 프레젠테이션을 시작하는 첫마디 말은 내용도 중요하지만 말을 시작하는 방법도 중요하다.

나. 인사말

프레젠테이션에서 인사말은 간단할수록 좋다. 발표자의 인사말은 두 가지로 구별된다. 사회자가 있어서 발표자를 소개하는 경우와 사회자가 없는 경우이다.

1) 사회자가 있는 경우

사회자가 있어서 인사말을 하면서 발표자를 소개하는 경우의 예를 들면,

"반갑습니다. 방금 소개받은 한국전자통신연구원에 근무하는 조맹섭입니다."

"여러분, 안녕하세요? 방금 소개받은 한국전자통신연구원에 근무하는 조맹섭입니다."

이 외에도 여러 가지 사례가 있을 것이다.

발표자에 대한 소개는 이미 사회자가 했기 때문에 발표자가 다시 반복할 필요가 없다. 그래서 간단히 소속과 이름 정도만 언급하는 것이 좋다.

2) 사회자가 없는 경우

사회자가 없어서 인사말을 하면서 발표자가 스스로 자기를 소개하는 경우의 예

를 들면,

"반갑습니다. 저는 현대중공업에서 전무로 근무하는 조맹섭입니다."

"안녕하세요? 저는 삼성전자에서 수석연구원으로 근무하는 조맹섭입니다."

"반갑습니다. 저는 LG전자에서 디스플레이 기술개발에 20년을 근무한 기술개발부장 조맹섭입니다."

"안녕하세요? 저는 롯데건설에서 부사장으로 근무하는 조맹섭입니다."

"반갑습니다. 저는 SK텔레콤에서 통신기술개발에 25년을 근무한 전무 조맹섭입니다."

사회자가 없는 경우이다. 발표자에 대한 소개가 없기 때문에 발표자가 간단히 소속과 직책 그리고 이름 정도만 언급하는 것이 좋다. 여기에 담당 분야나 전공 분야를 추가로 소개해도 좋다.

프레젠테이션에서는 인사말을 필요 이상으로 길고 지루하게 말할 필요가 없다. 인사말은 어디까지나 인사말이므로 길게 한다고 해서 청중이 발표자를 새롭게 인식하거나 반기는 것이 아니다. 청중이 필요로 하는 것은 프레젠테이션의 내용이다.

날씨가 좋다는 둥, 교통사정이 나쁘다는 둥, 이런 프레젠테이션 자리를 마련해 주어서 감사하다는 둥, 프레젠테이션의 주제와 직접적인 관련이 없는 말을 인사말에 이어서 말하는 경우가 많은데, 이 또한 청중이 원하는 말이 아니다.

인사말을 짧게 하는 대신 곧장 해야 할 말, 전략적으로 준비한 말을 단도직입적으로 시작하라는 뜻이다.

프레젠테이션에서 인사말은 짧으면 짧을수록 효과적이라는 사실을 분명히 기억하기 바란다.

다. 오프닝

1) 오프닝의 정의 및 중요성

인사말에 이어서 프레젠테이션을 시작하는 말을 오프닝(opening)이라고 한다.

인사말에 이어서 시작하는 첫말인 오프닝은 프레젠테이션에서는 아주 중요한 존재이다. 그 중요성은 몇 번에 걸쳐 강조하고 또 강조해도 지나치지 않을 것이다. 프레젠테이션의 성패를 좌우할 정도로 중요하다는 말이다. 그래서 기획 단계에서 철저한 전략을 수립하여 신중하게 대비해야 한다. 그러나 대다수의 발표자들은 이 부분을 대수롭지 않게 간주하고 대충 적당한 방식으로 오프닝을 시작하여 낭패를 보는 경우를 자주 목격한 바 있다.

2) 오프닝에서 결론을 미리 말해 버리자

오프닝은 발표자가 처음부터 확신, 열정, 진정성의 세 가지를 가지고 에너지 넘치는 살아 있는 프레젠테이션을 해야 한다. 영양가 없는 판에 박힌 말이나 따분한 말로 시작되는 오프닝에는 청중이 절대로 반응하지 않을뿐더러 발표자에게 집중하지도 않는다.

강렬하지 않은 오프닝이나 특별히 매력적인 내용이 없는 오프닝에는 청중의 적극적인 관심을 끌 수 없기 때문에 프레젠테이션 내내 어렵게 진행된다는 말이다.

따라서 프레젠테이션의 주제, 배경, 결론을 포함한 전체 내용을 간략하게 설명하여 청중의 관심을 이끌어 내고 흥미를 유발시킨다. 이때 유념할 사항은 청중과의 교감과 공감대 형성을 위하여 시선을 청중에게 골고루 던지면서, 얼굴표정, 손짓과 몸짓을 총동원한 제스처로 청중의 눈을 번쩍 뜨게 하고, 생생하고 에너지 넘치는 프레젠테이션으로 신선한 충격을 주어야 성공할 수 있다. 오프닝에서 발표자의 에너지의 80% 이상을 쏟아붓는다는 기분으로 '올인'하자.

오히려 오프닝에서 결론을 미리 말하고 이에 대한 구체적인 설명을 본론에서 말한 후에 결론 부분에서 다시 한 번 결론 내용에 역점을 두어 강조하는 방식이 훨씬 전략적이고 현명한 방법이다.

3) 오프닝에서 말할 내용을 미리 치밀하게 준비하자

그리고 발표나 설명 내용이 청중에게 반드시 도움이 된다는 사실을 명확하게 알리는 것이 좋다. 그렇게 해야만 프레젠테이션 내내 청중이 발표자에게 집중하게 된다. 프레젠테이션이 청중에게 커다란 보탬이 된다는 사실에 확신이 있어야 청중은 비로소 마음의 문을 활짝 열고 프레젠테이션에 적극적으로 임하는 것이다.

이러한 이유로 오프닝에서 말할 내용은 기획 단계에서 반드시 전략적으로 작성해야 한다. 이렇게 마련된 오프닝 멘트는 완전히 소화하여 어떠한 순간에도 확신과 진정성을 갖고, 열정적으로 설명할 수 있어야 한다. 명심 또 명심하자.

그러나 오프닝에서 말할 내용을 미리 치밀하게 준비하지 않은 발표자는 필요 이상으로 중언부언하기 마련이고, 자칫 잘못하는 경우에는 엉뚱한 방향으로 말을 전개하여 오프닝은 말할 것도 없고 프레젠테이션 자체를 망칠 수도 있다.

4) 청중 전체에게 질문을 던지자

또한 청중의 참여와 관심을 끌기 위해서는 발표나 설명 내용의 핵심 사항과 관련된 내용을 하나 이상의 문제로 만들어 청중 전체에게 질문을 던짐으로써 청중으로 하여금 생각을 하면서 참여하는 계기를 마련하는 것이 전략적으로 중요하다는 사실을 명심하기 바란다.

5) 목차를 오프닝에서 말할 필요는 없다

그리고 대기업, 정부, 공공기관, 연구기관 등에서 이루어지는 대부분의 프레젠테이션에서 볼 수 있는 것들 중 하나는 목차를 하나하나 열거하는 것인데, 목차를 오프닝에서 말하는 것은 오프닝의 중요성을 잘 모르거나 오프닝을 전략적으로 고려하지 않은 경우에 있을 수 있는 것이다. 따라서 굳이 오프닝에서 목차를 말하지 않도록 하자. 오프닝의 시간은 금쪽보다 더 귀중하고 값진 것이다. 따라서 소중하고 전략적으로 다루도록 하자.

6) 제발, 오프닝에서 이런 말은 하지 말자

다음은 오프닝에서 금기시하는 말이다. 쓸데없는 말을 해서 손해 보는 경우이므로 조금만 주의를 기울여도 실수를 범하지 않을 수 있으므로 꼭 기억해 두기 바란다. 다음은 이러한 말의 일부 사례이다. 참고하기 바란다.

- 자격이 없는 제가 이 자리에 서게 되어 기쁩니다. (쓸데없는 겸손)
- 이 분야에 대한 지식이 짧아서 잘은 모르지만… (쓸데없는 겸손)
- (자기는 별로 하고 싶지 않았는데) 위에서 하라는 지시를 받고…
- 저의 설명이 재미없고 지루해도 참고 들어 주시기 바랍니다.
- 저는 원래 내성적이어서 여러 사람들 앞에서 말하는 것이 서툴러서… (쓸데없는 핑계)
- 이공계에서 공부/근무하다 보니 말재주가 없어서… (불필요한 멘트)
- (실제로는 준비를 많이 해 놓고서) 시간이 없어서 준비가 부실해서… (쓸데없는 겸손)
- (종교적인 또는 성적인) 쓸데없는 농담 (불필요한 멘트)

어떠한 경우에도 위와 같은 말을 오프닝에서 하지 않도록 하자. 백해무익(百害無益)한 말이라는 사실을 기억하기 바란다.

7) 질의응답을 언제, 어떤 방식으로 할 것인지 말하자

끝으로 질의응답을 언제, 어떤 방식으로 할 것인지를 오프닝의 끝자락에서 분명히 말해야 한다. 가장 합리적인 질의응답 시간은 결론을 마친 후이다. 본론과 결론에서 에너지 넘치는 진행을 하는 도중에 청중들이 예상치 못한 질문을 해 대면 분위기가 깨질 수도 있고 진행에 방해가 될 수도 있기 때문이다. 가장 합리적인 방법은 결론을 마친 후에 질의응답 시간을 따로 갖겠다는 말을 분명히 하는 것이다.

8) 유인물을 미리 배포하지는 말자

그리고 발표 자료와 관련된 유인물은 미리 배포하지 않도록 하는 것도 전략적이다. 유인물을 미리 배포하면 청중은 발표자의 설명에 집중하지 않고 유인물에 신경을 쓰게 되어 청중이 발표자에게 집중할 수 없게 되므로 프레젠테이션 자체를 망칠 수 있다. 이러한 이유로 유인물은 프레젠테이션을 마치고 배포하는 것이 현명한 방법이다.

2. 본론

가. 논점에 일관성을 갖고 설명하자

프레젠테이션에서 본론은 핵심 내용을 다루는 부분으로 가장 중요한 부분이다. 프레젠테이션에서 본론이 중요하다는 사실을 거론하는 자체가 어색할 정도로 당연한 것이다. 앞서 서론의 오프닝에서 발표자는 청중에게 본 프레젠테이션의 주제는 물론 결론까지도 이미 설명해 준 바 있어서 청중은 이에 대한 내용을 파악하고 있는 상태이다. 따라서 본론의 내용을 체계적이고 앞뒤 상호 연관 관계를 유지하면서 논점에 일관성을 갖고 설명해야 한다.

나. 논점들의 전후 상호 연계 관계를 고려하여 설명하자

만약 논점들이 여러 종류의 이슈로 존재하되 분산된 양상을 보일 경우, 기획 단계에서 이 논점들의 인과 관계를 찾아서 전후 상호 연계를 분명히 체계화한 상태에서 하나의 주제로 수렴하도록 정리한 내용을 가지고 설명을 해야 한다. 이러한 체계를 바탕으로 한 설명이라야 논리적인 것으로 인정받고 동시에 청중과의 교감과 공감대 형성이 차질 없이 차곡차곡 이루어지는 것이다.

다. 논점은 심플하고 실질적인 설명을 하자

연구개발 결과나 신상품의 소개 또는 사업계획의 내용이 프레젠테이션의 주제인 경우 논점은 심플하게 하나 정도로 한정하는 것이 효과적일 뿐만 아니라 청중으로부터 환영받을 수 있음을 명심하도록 하자.

또한 본론은 프레젠테이션의 핵심 부분이니 만큼 주가 되는 이슈를 설명함에 있어 논리적인 면이나 실질적인 응용 면이나 설명을 전개해 나가는 데 자신감이 없는 언급을 하거나, 논리의 설명이 빈약하여 모순된 점이 있어서는 프레젠테이션이 성공할 수 없다. 쉽게 말하자면, 서론에서 청중의 관심과 호기심을 유도해 내는 데 성공했다면 본론에서는 본격적으로 발표자가 설득하고자 하는 내용을 논리적이고 현실적으로 설명을 전개해 나가야 한다는 말이다.

라. 전체의 통일성을 유지하면서 설명을 전개하자

여기서 유념해야 할 사항은 프레젠테이션 전체의 통일성을 유지하면서 설명을 전개하는 것이다. 주제에 해당되는 이슈들 중에서도 내용의 경중(輕重) 또는 설명할 양의 많고 적음이 있기 때문에 어느 특정 내용에 치우지지 않도록 합리적으로 배분하여 전체적으로 균형감이 있도록 조절하여 설명이 이루어져야 한다.

어느 특정 내용의 설명에 다른 내용들에 비해서 지나치게 많은 시간을 할애하면, 전체적인 설명의 균형이 깨질 수 있어 프레젠테이션 전체가 어색하게 변질될 수도 있음을 유념하기 바란다.

본론에서 제일 민감하게 경계해야 할 사항은 논리의 비약이나 주제에서 벗어난 설명을 하는 것이다. 어떤 논리나 설명을 계속하는 과정에서 자칫 발표자 자신이 자신의 설명에 취해서 주제에서 벗어나는 설명을 계속하다가 시간 낭비, 노력 낭비만 하고 좋지 못한 수렁으로 빠지는 상황에 빠질 수도 있다.

마. 청중의 입장에서 알고 싶어 하는 내용을 설명하자

청중과의 교감을 이루고, 공감대를 형성하여 설득하고, 종래에는 발표자가 원하는 행위를 하도록 하기 위해서는 발표자가 자신의 입장만을 고려하여 일방적으로 설명하고 싶은 내용을 설명하는 것이 아니라, 청중의 입장에서 분석해 봤을 때 청중이 알고 싶어 하는 내용으로 각색하여 설명하는 것이 바람직하다. 이때 주의를 기울여야 할 사항은 내용을 청중의 눈높이에 맞추어 해당 분야의 초보자나 문외한(門外漢)도 쉽고 확실하게 이해할 수 있는 수준으로 각색한 스토리로 설명할 수 있도록 해야 한다. 다시 말하자면 청중이 궁금해하거나 어렵게 생각할 수 있는 내용들을 미리 쉬운 논리로 풀어서 설명하는 아량을 베풀어야 한다는 뜻이다.

3. 결론

결론 부분은, 서론의 오프닝에서 전략적으로 소개하고, 본론에서 일관된 논리로 설명한 내용을 간단 · 명료하게 요약하는 요약정리 부분과 오프닝에서 이미 소개한 결론을 다시 한 번 강력한 감성적으로 자극하는 클로징 부분으로 이루어진다.

가. 요약정리

프레젠테이션의 결론에서는 서론의 오프닝에서 전략적으로 소개하고, 본론에서 일관된 논리로 설명한 내용을 간단 · 명료하게 요약한다.

또한 참석자들의 설득을 목적으로 하는 프레젠테이션에서는 참석자들에게 발표자가 원하는 어떤 행동을 해 줄 것을 정중하게 요청하는 내용의 협조를 마지막으로 할 수도 있다.

서론에서 간략하게 소개하고, 본론에서 꾸준히 설명하고, 주장해 온 논점들을 총괄하여 마무리를 짓는 단계가 바로 결론이다. 여기서 참석자들은 발표자의 설명이나 주장에 은연중에 공감하게 되거나 저절로 발표자의 뜻에 동조하게 되는 것이다. 이러한 이유로 결론에서는 좀 더 감성을 자극하고 박진감이 넘치는 스토리텔링으로 발표자의 주장을 명확하게 요약해야 한다.

마무리 요약 단계에서는 발표자가 마지막으로 자신이 준비한 메시지들을 전달할 수 있는 기회이므로 최대한으로 이용해야 한다. 이를 위해서는 에너지 넘치는 프레젠테이션에 다시 한 번 불을 지펴서 확신과 진정성을 가지고 열정적으로 설명을 해야 한다.

또한 프레젠테이션을 마무리하는 과정에서 꼭 지켜야 할 사항은 다름 아닌 일관성이다. 앞에서 했던 설명이나 주장에 일관성이 있어야 된다는 말이다.

결론에서 주의할 사항은 발표자가 중언무언해서는 안 되고, 본론에서 설명하지 않은 중요한 내용을 이제 와서 추가해서는 안 된다는 점이다.

마지막으로 필수적으로 지켜야 할 사항은 주어진 시간 내에 프레젠테이션을 마치는 것이다. 우리나라 사람들은 말할 것도 없고 전 세계 어느 누구도 싫어하는 것은 중언부언하면서 시간을 끄는 것이다. 따라서 주어진 시간 내에 프레젠테이션을 마칠 수 있도록 리허설 단계에서 시간엄수 전략을 수립해야 한다. 어떠한 상황에서도 시간엄수는 선택이 아니고 필수이다.

나. 클로징

위에서 요약정리가 일단락되었으면, 곧이어서 클로징 멘트로 마무리 짓는다.

오프닝에서 이미 소개한 결론을 다시 한 번 강력하게 감성적으로 자극하는 방식이 프레젠테이션을 성공으로 이끄는 지름길이다. 그러니까 마지막으로 참석자들의 기억에 남을 만한 클로징 멘트를 하자는 뜻이다. 클로징 멘트를 즉흥적으로 하다가 자칫 실수를 할 수도 있으므로 오프닝과 마찬가지로 기획 단계에서 클로징 멘트를 준비하여 슬라이드와 원고로 작성해야 한다.

클로징 멘트는 심리적인 면을 감안하여 감성적인 자극이 될 수 있도록 마련해야 성공할 수 있다. 그러니까 오프닝에서 전략적으로 소개했던 내용에 대응되는 내용을 참석자들이 다시 한 번 상기할 수 있도록 전략적으로 준비하자는 말이다.

또한 클로징 멘트의 내용은 어디까지나 간단 · 명료하게 요약된 것이어야 하고 확신을 줄 수 있도록 디자인되어야 한다. 그리고 그 형태는 "~합시다!"와 같은 청유형으로 정중하고 짜임새 있게 준비된 강력하고 멋진 메시지라야 한다.

멋지고 감동적인 클로징 멘트는 프레젠테이션에 있어서 가장 중요한 전략적인 포인트이면서도 참석자들에게 깊은 인상을 심어 주게 되는 중요한 것이라는 사실을 기억하도록 하자.

시간 배분 전략

프레젠테이션에 참석한 사람들이 주어진 시간 동안 꼼짝하지 않고 앉아서 하는 일은 뻔하다. 그들이 볼 수 있는 것은 발표자, 스크린, 그리고 똑같은 처지로 앉아 있는 사람들이다. 그리고 그들이 들을 수 있는 소리도 발표자의 말소리와 어쩌다 PC나 노트북에서 흘러나오는 사운드이다.

그래서 이들이 행동으로 보일 수 있는 것은 딱 두 가지 중 하나다. 발표자의 설명에 집중하는 것이거나 딴청을 부리다가 졸음에 빠지는 것이다.

이렇듯 갑갑하고 답답한 상황에 놓여 있다 보니 조금만 이상한 일이 일어나도 민감할 수밖에 없는 노릇이다. 그래서 청중은 발표자의 일거수일투족에 민감하게 반응하는 것이다.

발표자가 어떤 메시지를 설명하는 데 시간을 질질 끌고 있다는 느낌이 들면 청중의 반응은 당장에 좋지 않기 마련이다. 우리 속담에 "듣기 좋은 노래도 석 자리 반이다."라는 속담이 있듯이 동일한 내용이 중언부언 계속되면 청중은 참지 못한다. 그렇다고 말로 표현할 수도 없다.

이러한 점들을 고려하여 설명하는 내용들의 '패키지'들을 풀어놓고 설명하는 시간을 배분해야 하는 것이다. 즉 서론, 본론, 결론에 해당되는 각각의 '패키지'들을 설명하는 데 쓰이게 될 시간을 배분할 필요가 있다는 말이다.

문제는 적절한 시간의 배분이다.

각각의 패키지들에 시간을 배분하는 문제는 아주 중요하다. 그러나 어려운 점은 다름 아니고 이들 각각의 패키지들에 배분하는 시간이다. 어떻게 배분하는 것이 가장 합리적일까? 우선 몇 가지 예를 들어 보고 합리적인 방법을 생각해 보자.

예를 들면, 서두에 설명하는 시간이 너무 길면, "처음부터 말이 너무 많다."라고 하고, 또 결론 부분에서 설명하는 시간이 너무 짧으면 "뭐가 바빠서 저렇게 결론을 짧게 말하지?"라고 불평할 수 있다.

또는 발표자가 어느 부분에서 필요 이상으로 시간을 너무 길게 사용한 결과 끝부분에 가서는 시간에 쫓긴 나머지 본론의 중요한 뒷부분은 말할 것 없고, 결론 부분마저도 미처 마무리 짓지 못하고 강연대를 내려오는 경우도 있다. 이러한 '불상사'는 미리 기획 단계에서 시간 배분을 다루지 않았거나, 시간 배분이 돼 있다 하더라도 리허설이 부족하여 발표 내용 전체를 완전히 소화하지 못한 상태에서 청중 앞에 선 데서 비롯될 수 있다.

일상생활의 대화에서도 흔히 겪는 사례는 말하는 도중에 설명하는 사람이 자기 말에 취하거나 설명 도중에 옆길로 빠져서 한참 동안 말하다가 어디까지 말했는지를 잃어버리는 경우이다.

이러한 경우들은 프레젠테이션에서도 간혹 목격되는 현상이다. 이를 예방하고 청중으로부터 좋은 반응을 얻으려면 기획 초기 단계에서 프레젠테이션의 특성과 목적에 따라 시간 배분을 신중하게 다루어야 한다.

프레젠테이션에서 가장 중요한 부분은 시작되는 서론 부분이다. 이 부분을 프레젠테이션에서는 '오프닝'이라고 하여 아주 중요하게 간주하고 있다. 이 부분에 대해서는 스티브 잡스(Steve Jobs)나 톰 피터스(Tom Peters) 또는 빌 게이츠(Bill Gates) 등의 프레젠테이션 대가들도 아주 신중하게 그리고 아주 전략적으로 다루고 있다.

발표자는 프레젠테이션의 시작 5분 안에 청중을 자기의 프레젠테이션 안으로 끌어들여야 한다. 청중의 눈을 번쩍 뜨게 하고, 관심을 최상의 수준으로 고조시킬 수 있도록 기획 단계에서 철저하게 준비해야 한다. 그렇다고 너무 길면 오히려 역효과가 날 수도 있다.

또한 결론 부분도 중요하다. 물론 서론 부분과 똑같은 강도로 중요한 것은 아

표 12.3 시간 배분 사례

구분	설명 내용	시간 배분	비고
서론	목표, 개요, 동기유발	10분	목표와 결론에 역점을 두어 청중의 관심과 동기유발에 집중
본론	핵심내용, 주요 비전 및 메시지	35분	
결론	요약정리, 최종 메시지, 질의응답	15분	목표를 반복, 핵심내용의 요약 강조

니지만 중요하게 매듭짓는다는 차원에서 중요한 것은 사실이다.

결론 부분도 '클로징'이라고 하여 중요하게 다루고 있다. 이 부분에서는 본론 부분에서 설명한 내용을 다시 요약 · 정리하고 강조되어야 할 내용은 다시 강조한다. 또한 발표자가 빠뜨려서 안 되는 점은 청중이 발표자가 설명한 메시지를 확실하게 수용하여 행동으로 옮길 수 있도록 마무리를 하고 질의응답을 성공적으로 마치는 것이다. 따라서 결론 부분을 너무 길거나 또는 너무 짧게 잡아도 안 된다.

다음의 예는 패키지별로 시간을 배분한 경우이다. 앞에서 기술한 바와 같이 시간 배분은 프레젠테이션의 특성과 목적에 따라 똑같을 수는 없다.

[표 12.3]은 전체 프레젠테이션 시간을 60분으로 간주하고 서론, 본론, 결론 각각에 시간을 배분한 예이다. 이 표에서 보는 바와 같이 서론에 10분, 본론에 35분, 결론에 15분을 각각 배분한다.

최근의 프레젠테이션은 그 패턴에 약간의 변화가 왔다. 종래의 서론 → 본론 → 결론의 전형적인 순서가 [표 12.3]의 '비고'에서 보는 바와 같이 서두에 결론을 꺼냄으로써 순서를 결론 → 본론 → 결론의 순으로 바뀐 양상을 보이게 된 것이다. 그러니까 오프닝에서 바로 목표와 함께 결론을 말함으로써 서론이 사라진 셈이다.

그 이유는 여러 가지가 있을 수 있겠으나 프레젠테이션이 지니고 있는 본래의 목적을 비즈니스 분야에서 초반부터 '단도직입적(單刀直入的)'으로 아주 강렬하고 열정적으로 몰고 감으로써 목표 달성에 '올인'하는 양상을 보이게 된 것이다.

다시 말해서 프레젠테이션 초반부터 청중을 확실하게 사로잡지 못한다면 성공하기 어렵다는 강박관념 때문이라고도 할 것이다. 위의 예에서 배분한 바와 같이 10분이 배분된 서론에서 초반에 역점을 두어 강조하는 설명은 단 5분여 동안에 혼신을 다한 다음, 마무리 단계에서 다시 한 번 강조하는 패턴이 최근 미국이나 영국의 프레젠테이션에서 인기를 끌고 있다. 아는 곧 바쁘게 돌아가는 세상의 시류를 반영하는 방법이라고 할 것이다.

다음에는 본론과 결론 각 부분의 주요 내용들에 대한 시간 배분 전략에 관한 사항이다. 앞에서 각 부분에 대한 총괄적인 시간을 배분하였다.

이어서 각 부분의 주요 내용들을 내용의 중요도와 설명해야 할 분량을 감안하여 발표자가 설명할 구체적인 시간을 정한다. 여기서는 당연히 프레젠테이션의 목적과 목표를 감안하고 전략적으로 어떠한 세부 내용에 임팩트를 줄 것인지를 동시에 감안하여 설명 시간을 배분한다.

다음의 [그림 12.6]은 시간 배분의 사례이다.

[그림 12.6]에서, 서론에는 두 가지의 설명 내용들이 있고, 본론에는 일곱 가지의 설명 내용들이 있으며, 본론에는 두 가지의 설명 내용들이 있다고 하자.

서론에서는 C_{11}과 C_{12}에 각각 5분씩 배분하고, 본론에서는 C_{21}과 C_{22}에 각각 5분씩, C_{23}에 7분, C_{24}에 3분, C_{25}에 6분, C_{26}에 4분, C_{27}에 5분을 각각 배분한다. 결론에서는 C_{31}과 C_{32}에 각각 5분씩 배분을 배분한다.

여기서 C_{11}, C_{12}, …, C_{32}는 각각 서로 다른 내용으로 이들 각각에는 슬라이드의 컷트 수가 적게는 하나에서 많게는 5~6개 이상이 된다.

이렇게 시간 배분이 결정되면, 발표자는 태스크포스 팀원들 앞에서 리허설을

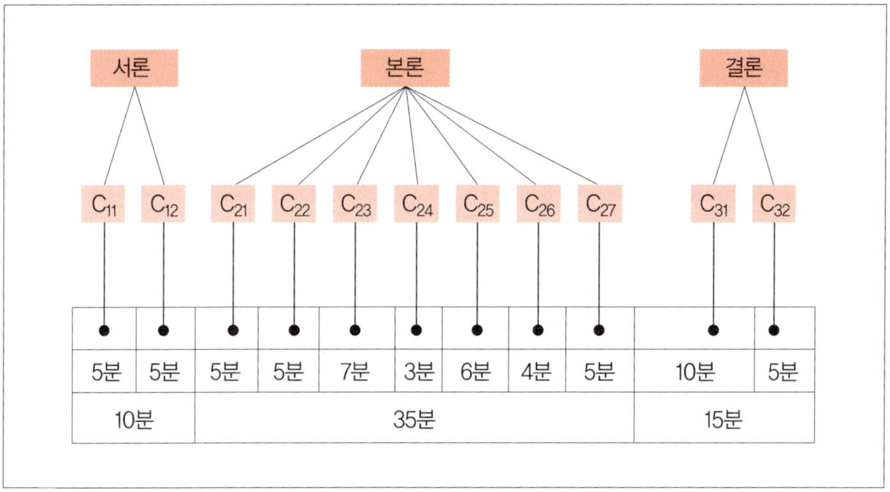

그림 12.6 시간 배분의 사례

하여 각각의 설명 내용들에 배분된 시간이 적절한지 검토하여, 그 결과를 가지고 시간 배분에 문제점이 발견된 내용들에 대해서는 시간 배분을 다시 해야 한다. 이러한 과정을 반복하여 시간 배분이 완벽할 때까지 계속 하는 것이 좋다.

이때 [표 12.4]의 '시간 배분 점검 체크리스트'를 활용하는 것이 실수나 시행착오를 방지하는 데 좋다. 이 '시간 배분 점검 체크리스트'를 활용하여 서론, 본론, 결론 각각을 설명하는 데 소요되는 시간과 각 부분의 내용들을 설명하는 데 소요되는 시간들이 당초 기획 단계에서 배분된 시간들과 어느 정도 차이가 있는지를 점검한다.

[표 12.4]의 '실제 소요시간' 란에는 각각의 내용을 설명할 때 실제로 소요되는 시간을 기입한다. 그리고 '비고' 란에는 소요 시간과 관련하여 발표자가 설명한 내용에서 특기 사항이 있으면 기록하여 수정 · 보완할 때 자료로 활용한다.

시간 배분이 완전히 검증된 후에는 반복적인 충분한 리허설을 통해서 각각의 내용에 배정된 설명 시간을 엄수하도록 노력해야 한다. 그러니까 각본대로 실행해야 한다는 말이다. 그래야만 일차적인 성공을 보장할 수 있기 때문이다.

표 12.4 시간 배분 점검 체크리스트

구분	내용	시간(분)	실제 소요시간(분)	비고
서론	C11	5		
	C12	5		
본론	C21	5		
	C22	5		
	C23	7		
	C24	3		
	C25	6		
	C26	4		
	C27	5		
결론	C31	10		
	C32	5		

| 제13장 |

슬라이드 디자인 전략

제2부

제13장 슬라이드 디자인 전략

프레젠테이션을 준비하면서 누구나 겪는 경험이 하나 있다. 동료나 선배 또는 선임자로부터 얻은 파워포인트 파일(.ppt file 또는 .pptx file), 혹은 본인이 예전에 썼던 파일을 약간만 수정하여 프레젠테이션에 사용하는 것이다. 과연 이것이 좋은 방법인지 생각해 본 적이 있는가?

당연히 그렇게 하는 것이지 달리 무슨 방법이 있느냐고 도리어 저자에게 반문하고 싶은 사람이 있을지도 모르겠다. 어쨌든 간에 이에 대한 대답은 "처음부터 새롭게 시작하자."이다.

이전에 사용한 슬라이드를 수정하여 사용하면, 창조적인 프레젠테이션은 물론이고, 차별화된 프레젠테이션은 불가능할 수도 있다. 다른 발표자들의 슬라이드와 비슷비슷한 유형에서 크게 벗어나지 않는 슬라이드는 임팩트가 거의 없을 뿐만 아니라 기억에도 남지 않는 문제점이 있다. 차별화되지 않고 독창성도 없는 슬라이드로 프레젠테이션을 할 경우 심각한 문제가 될 수도 있다.

'프레젠테이션' 하면, 파워포인트로 슬라이드를 잘 만드는 것이 전부라고 생각하는 사람들이 아직도 많은 것 같다. 앞에서 여러 번에 걸쳐 슬라이드는 어디까지나 프레젠테이션의 보조 수단에 불과하다는 사실을 강조한 바 있다.

그러나 프레젠테이션의 성공을 위해서는 보조 수단인 슬라이드도 잘 만들어져야 한다. 슬라이드에 담아야 할 내용은 앞 장에서 이미 전략적으로 어떻게 준비해야 하는지에 대해서 충분히 설명했다. 따라서 이 장에서는 보조 수단인 슬라이드를 디자인하는 기본 전략에 대해서 기술한다.

슬라이드 디자인의 기본 원칙

1. 슬라이드 디자인의 기본 원칙은 쉬움, 간단함, 명료함

프레젠테이션의 슬라이드 디자인의 기본 원칙은 쉬움, 간단함, 명료함의 세 가지이다.

이 세 가지 원칙에 의해서 작성된 슬라이드만이 청중의 관심을 사로잡을 수 있다. 왜냐하면 프레젠테이션에 참석하는 대부분의 청중들은 조금이라도 어려운 것을 싫어하고, 복잡한 것을 싫어하고, 이것인지 저것인지 불명료한 것을 싫어하기 때문이다.

보기에 멋있고 휘황찬란하게 만들어진 슬라이드를 처음 대면할 때는 청중이 감탄할지라도 슬라이드 구성물들이 복잡하고, 이해가 쉽지 않고, 확실한 메시지가 아닐 경우에는 금방 짜증으로 돌변할 수 있다.

그래서 슬라이드 디자인 단계에서 신중하게 고려해야 하는 사항은 참석할 청중의 지식수준이다. 슬라이드 내용이 청중의 지식수준보다 높아서 이해가 어려운 경우에는 청중이 쉽게 외면할 수 있다. 이러한 이유로 슬라이드 내용을 기획할 때는 반드시 청중의 지식수준 등을 충분히 고려하여 그들의 입장에서 쉽게 이해될 수 있도록 디자인해야 한다.

파워포인트 소프트웨어가 등장하기 전, 전지의 활용에 이어 OHP 프레젠테이션 시대의 답답했던 순간들이 지나가고 휘황찬란한 비디오와 쿵쿵거리는 오디오까지 구사되는 파워포인트 초창기 시절에는 슬라이드에 시각화와 청각화가 프레젠테이션의 전부인 것처럼 대단한 존재로 인식되었다. 그래서 파워포인트 소프트웨어를 잘 다룰 줄 아는 파워포인트 기술자들은 직장에서 추앙받는 대상이 되기도 했었다. 그러나 파워포인트를 배우는 곳이 우후죽순처럼 늘고 또 파워포인트 자체가 버전 업을 계속하면서 다루기가 쉬워짐에 따라 최근 몇 년 전부터는 잘 만들어진 멋진 슬라이드가 아니라 설득력을 높일 수 있는 오럴 프레젠테이션에 무게가 실리는 패러다임의 변화를 보이게 되었다. 결국 슬라이드 디자인의 기본 원칙은 쉬움, 간단함, 명료함으로 귀결되기에 이른 것이다.

2. 하나의 슬라이드에 하나의 핵심 내용

하나의 슬라이드에는 하나의 메시지만 담아야 한다. 슬라이드 한 장에는 하나의 핵심 내용만 담아야 하는데 여러 가지 내용들이 혼재되어 있는 슬라이드는 전달하는 메시지가 분산되기 쉽다. 따라서 당장에 복잡한 느낌을 줄 수 있기 때문에 청중의 호응을 기대하기가 쉽지 않은 것이다. 하나의 슬라이드에 하나의 핵심 메시지에 대한 표준 모범 사례는 애플사의 전(前) CEO인 스티브 잡스의 슬라이드일 것이다. 그의 슬라이드에는 철저하게 이 원칙이 고수되고 있다.

하나의 슬라이드에 보기에 아주 멋있고 여러 가지 내용이 포함된 다이어그램을 대하는 대부분의 청중들은 처음에는 감탄을 하지만 곧장 초점이 흐려지고 어수선해질 수 있는 것이다. 여기에 발표자의 설명이 중언부언 길어지면 청중의 반응은 짜증으로 바뀌게 된다. 이런 경우에는 다이어그램을 몇 개로 분리하여 몇 장의 슬라이드로 분산시켜 작성하고 설명도 분산시킴으로써 청중으로부터 좋은 반응을 얻을 수 있을 것이다.

그래서 하나의 슬라이드로 설명하는 평균 시간을 정한 상태에서 프레젠테이션을 진행해야 주어진 시간을 맞출 수 있는 것이다. 하나의 슬라이드에 소비하는 평균 시간이 프레젠테이션 전문가에 따라서 제각각이지만 저자는 1분 30초를 평균 시간으로 정한 상태에서 슬라이드 컷의 수를 작성한다.

예를 들면 60분짜리 프레젠테이션의 경우에는 40장의 슬라이드를 작성하여 한 장의 슬라이드에 1분 30초를 평균 시간으로 정한 상태에서 프레젠테이션을 해 왔다.

3. 전문용어와 약어

슬라이드에 전문용어나 약어를 많이들 담는다. 프레젠테이션 관련 전문분야의 사람들이 청중의 주를 이루거나 이해관계나 지식수준이 비슷한 집단의 프레젠테이션의 경우에는 전문용어나 약어를 사용해도 큰 무리는 없을 수 있다.

슬라이드에 전문용어나 약어가 많이 수록되어 있으면 발표자의 전문성이 좀 높아 보이는 효과가 있을지는 모르겠다. 하지만 참석자들 중 일부가 이 분야에 문외한인 경우에는 체면상 발표자에게 일일이 묻기도 어렵다. 이런 참석자들은 결국 슬라이드에 전문용어나 약어가 나타날 때마다 속앓이와 더불어 한숨만 짓기 마련이다.

때로는 전문가조차도 알아듣기 어려운 전문용어나 약어를 쓴다든가 어려운 영어 단어를 사용하여 참석자들의 기분을 상하게 하는 경우가 종종 목격된다.

이러한 경우 전문용어나 약어가 있는 어느 대목에서부터 청중은 생각이 멈추는 상태에 놓일 수 있다. 결국 공감대나 설득은 고사하고 프레젠테이션의 위기에 직면할 수 있다.

이러한 불상사를 미연에 방지하기 위해서는 참석자들의 프레젠테이션 관련 지식수준이 어느 정도인지를 기획 단계에서 미리 파악하여 적절한 수준의 용어를 사용하도록 하자.

4. 슬라이드를 꽉 채우는 것은 금물

앞에서 기술한 슬라이드 디자인의 기본 원칙은 간단·명료함이다. 그러나 이 원칙이 제대로 지켜지지 않은 사례를 많이도 목격한 바 있다.

대부분의 슬라이드는 여백이 거의 없을 정도로 빽빽하게 채워졌다. 이는 분명 원칙을 무시한 것이다.

원칙을 아랑곳하지 않고 슬라이드를 꽉 채우는 데는 별로 아름답지 못한 추억이 도사리고 있는 것 같다. 과거 60년대와 70년대 우리나라는 낮은 소득 때문에 가정형편이 어려운 사람들이 많았다. 그래서 고등학생과 대학생은 말할 필요도 없고 심지어 초등학생도 공부할 때 연습장을 함부로 쓰지 않고 연필로 앞뒤 빽빽하게 쓴 후에 그 위에 다시 잉크나 볼펜으로 다시 빽빽하게 쓴 다음에 버릴 정도로 종이를 아껴 썼다. 이는 곧 물자절약의 아름다운 마음에서 우러나온 행태였다.

이러한 물자절약 정신이 지금도 남아 있어서 그러는 것인지는 모르나 슬라이드를 작성하는 사람들 대부분이 슬라이드를 빽빽하게 채워야만 직성(直星)이 풀리는 모양이다. 이렇게 슬라이드를 빽빽하게 채우는 것은 절대로 물자절약이 아니어서 안타깝기까지 하다. 여러 장의 슬라이드에 내용을 분산하여도 절대로 물자낭비가 아니라는 사실을 기억하기 바란다.

슬라이드는 75% 정도만 채우고, 나머지 25%는 여백으로 남겨 두어야 심리적으로도 안정감이 있고, 해득력도 좋다는 연구결과가 소개된 바 있다. 이제부터 슬라이드를 기획할 때는 반드시 이 원칙을 준수하기 바란다.

5. 스텝 바이 스텝으로

슬라이드를 스크린에 비출 때 한 장의 슬라이드 내용 전체를 한 번에 비추지 말고, 논리나 설명의 진화 과정에 부합되도록 비추면서 설명하는 것이 가장 바람직한 프레젠테이션 방법이다. 슬라이드 내용을 스텝 바이 스텝(step by step) 방식으로 스크린에 비추면서 설명을 하자는 뜻이다.

이는 파워포인트의 애니메이션 기능을 활용하면 가능하다. 클릭할 때마다 슬라이드의 내용을 스크린에 비추는 방법이다. 스크린에 비춘 슬라이드 상에 없던 텍스트나 다이어그램의 일부분 또는 차트의 일부분이나 사진 등이 클릭할 때마다 스크린에 나타나게 하는 것이 애니메이션 기능으로 인하여 가능하다. 변화를 통하여 청중의 집중을 이끌어 낼 뿐만 아니라 지속적으로 청중의 관심을 유도할 수 있는 효과적인 방법이다. 이렇게 함으로써 발표자의 설명 진도와 청중의 이해 진도가 동일한 속도로 나아갈 수 있는 것이다. 차곡차곡 쌓아 나가다 보면 어느새 공감대가 형성될 수 있는 것이다. 이러한 방식을 취해서 합리적인 설명을 하는 것이 바로 고객중심의 프레젠테이션이다.

그러나 대부분의 프레젠테이션을 보면 발표자들이 이러한 방식을 취하지 않고 한 번에 한 장의 슬라이드를 스크린에 비추고 설명한다. 만약 내용이 가득 채워져 있는 슬라이드를 스크린에 비추게 되면, 발표자의 설명과 청중의 시선 사이에는 일체감이 없어진다. 왜냐하면 청중의 시선이 슬라이드 내용을 읽는 속도가 발표자의 설명 속도보다 평균 4배나 빠르기 때문에 발표자가 슬라이드의 한 두 줄을 설명하는 사이에 청중은 이미 다 읽어 버리고 발표자에게 시선을 주는 것이 아니고 엉뚱한 짓을 할 수도 있는 것이다.

결국 발표자와 청중 간에 엇박자가 이루어지고 이것이 계속되면 청중은 프레젠테이션 자체에 흥미를 잃을 수도 있다.

이에 대한 원인은 심리학에서 찾을 수 있다. 인간 두뇌의 지각 시스템은 한 번에 한 가지만을 수행할 수 있기 때문이다. 다시 말해서 내용이 가득 채워져 있는 슬라이드를 스크린에 비추게 되면 청중은 무의식적으로 이를 가능한 빠른 속도로 읽어 나가는 것이다. 이 순간에 발표자가 설명을 하여도 무슨 말인지 두뇌가 이해하지 못하는 것이다. 왜냐하면 스크린에 비친 빠른 속도로 읽어 나가고 있기 때문에 발표자의 설명하는 말이 들리지 않기 때문이다. 결국 청중의 집중력은 분산되는 꼴이 되고 만다는 뜻이다.

6. 지나친 애니메이션은 역효과 초래 가능

무엇을 하든 그때그때 필요로 하는 것이 있다. 무엇이 필요할 때 쓰면 약이 되고 효과도 있기 마련이다. 그러나 어떤 것이 필요하다고 해서 자꾸만 계속해서 쓰면 여러 가지 이유로 인하여 문제가 발생할 수 있는 것이다.

프레젠테이션에서 애니메이션이 바로 여기에 해당된다. 애니메이션 효과는 꼭 필요한 곳에 한 번 활용하는 것이 효과적이다.

애니메이션이 너무 번쩍번쩍 빛나거나 혼란스러울 정도로 움직이면 그 효과는 오히려 뚝 떨어진다. 과도한 애니메이션 효과는 프레젠테이션 분위기를 산만하게 만들 뿐만 아니라 내용이 아닌 애니메이션에 치중하게 되면 청중들의 짜증을 유발시킬 수도 있다.

애니메이션 효과는 청중의 관심을 끌어들일 뿐만 아니라 발표사가 전략적으로 중요한 내용을 강조하기 위한 수단으로 사용할 때 성공적이라는 사실을 기억하도록 하자.

7. 너무 현란한 슬라이드는 역효과 초래 가능

파워포인트는 중 · 고등학생들도 훌륭하게 사용하기에 이르렀다. 그만큼 파워포인트의 사용이 일반화, 보편화되어 슬라이드를 작성하는 스킬도 괄목할 정도로 향상되었다. 이제 웬만큼 슬라이드를 작성하여도 "뭐, 별론데…!"라고 반응할 정도가 돼 버렸다.

사실 슬라이드의 작성 목적은 프레젠테이션을 성공적으로 이끌기 위한 것이지 슬라이드의 작성 자체가 목적은 아니다. 그러나 점점 슬라이드가 현란한 시각 자료로 채워지고 있는 추세이다. 프레젠테이션의 목적이 메시지의 전달에 의한 공감대 형성과 나아가서는 설득이지, 현란한 슬라이드의 제공은 아닌데도 불구하고 현란한 슬라이드 작성에 '올인'하는 추세여서 안타깝다. 분명 주객이 바뀐 것이다.

너무 현란한 그래픽과 효과는 청중의 집중을 분산시켜 산만하게 할 뿐만 아니라 청중이 발표자의 메시지가 아닌 그래픽에 흠뻑 빠지게 하는 결과를 초래할 수도 있는 것이다. 결국 파워포인트로 작성한 화려한 슬라이드에 치여 발표자가 가려져 버리는 어리석은 짓을 저지르지 않도록 주의해야 할 것 같다.

8. 이공계 연구 발표에 대한 주의 사항

이공계의 연구 개발 결과를 발표하는 프레젠테이션은 다른 계열의 그것과 다른 경우가 많다. 이공계의 연구 개발 결과 자체가 대부분 한두 마디로 설명되는 것이 아니고 대부분이 복잡한 수식이 수반되거나 복잡한 절차가 수반되기 마련이다. 이 분야의 연구 개발 과정은 인문사회계나 예술계의 그것과 사뭇 다른 경우가 많다.

애플사의 전(前) CEO인 스티브 잡스가 매년 제품설명회에서 세상을 놀라게 하는 프레젠테이션은 그 내용이 이공계의 그것과도 상당히 다른 양상을 보이곤 한다. 그림이나 숫자 하나를 슬라이드에 담아서 설명하는 등 대부분의 슬라이드의 내용이 파격적이고 독창적이다. 그래서 온 세상 사람들이 찬사를 보내고 잘 한다고 칭찬이 끊이지 않는 것이다.

그렇다고 이공계의 연구 개발 결과의 발표 슬라이드를 스티브 잡스의 그것과 같은 형식이나 아니면 비슷하게 작성할 수는 없을 것이다. 결국 분야와 발표 내용의 특성에 따라서 천편일률적으로 무조건 스티브 잡스 방식의 슬라이드를 고집하는 것은 문제가 있다. 다만 그의 방식을 가능한 범위 내에서 수용하는 것이 현명한 것이 아닐까?

청중의 집중력 유지를 위한 슬라이드 디자인 전략

미국 워싱턴대학교 생명공학과의 존 메디나(John Medina) 교수는 그의 저서 『두뇌의 법칙(Brain Rules)』이라는 책에서 다음과 같은 사실을 밝혔다. 프레젠테이션에 참석한 청중은 10분이 경과하면 집중력이 급격하게 떨어진다는 것이다. 그는 프레젠테이션에 참석한 관찰자들을 대상으로 여러 대의 몰래 카메라를 여러 각도에 설치해 놓고 참석자들의 행동을 관찰하는 실험을 하였다.

이 실험에서 발견된 사실은 참석자들이 10분이 지나니까 손목시계를 본다든지, 하품을 한다든지, 앉은 자세를 바꾼다든지, 창밖을 본다든지 등의 행동 을 보이면서 프레젠테이션에 싫증을 나타내면서 집중력이 떨어지는 현상을 보이기 시작했다는 것이다.

이윽고 시간이 지남에 따라서 집중력은 급격하게 떨어져 [그림 13.1]의 우측에서 보는 바와 같이 어떤 참석자들은 졸거나 잠자기까지 하는 등 노골적으로 싫증을 보였다는 것이다.

[그림 13.1]의 그래프에서 보는 바와 같이, 파선은 시간이 지남에 따른 집중력의 변화를 나타내는 것이다. 이 선에서 보는 바와 같이 10분이 경과한 후 집중력이 급격하게 떨어지기 시작하다가 시간이 경과함에 따라 집중력이 거의 10%이하대로 떨어진 상태로 계속되는 것을 알 수 있을 것이다.

이러한 현상은 프레젠테이션의 내용이나 발표자의 프레젠테이션 방법 등에 문제가 있을수록 심각하게 나타난다.

이를 대비해서 [그림 13.1]의 그래프의 실선에서 보이는 것처럼, 프레젠테이션이 시작된 지 10분이 지나 매 10분 간격으로 발표자가 프레젠테이션 방법을

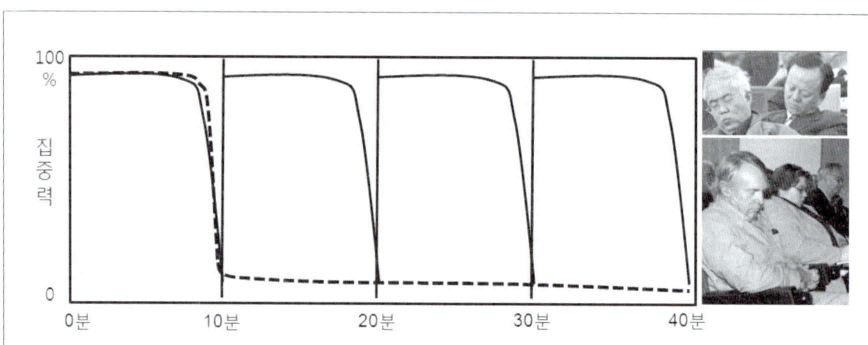

그림 13.1 집중력의 변화

바꾸거나, 청중의 관심과 흥미를 끌어서 프레젠테이션에 집중할 수 있는 것으로 슬라이드의 내용을 꾸며서 사전 슬라이드 기획 단계에서 철저히 대비하고 리허설 단계에서 충분히 점검할 수 있도록 해야 한다.

시각화

1. 시각화

청중에게 전달하고자 하는 메시지의 수준이 청중의 지식수준에 비해 높아 청중의 이해가 어려운 경우, 발표자가 엄선된 어휘를 총동원하여 제아무리 열변을 토하며 설명해도 추상적인 내용으로 들릴 뿐 청중에게는 우이독경처럼 들리기 마련이다. 이런 경우 추상적인 설명은 어쩔 수 없이 청중에게는 답답할 수밖에 없는 한계가 있다. 여기서 심리적인 측면을 고려할 때 합리적인 방식이 바로 시각화(visualization)를 통한 메시지의 구체화이다.

이는 추상적인 어휘의 한계를 뛰어넘을 수 있는 처방이다. 설명하려는 내용에 부합된 표, 그래프, 차트, 다이어그램, 사진, 그림 등을 동원하여 시각적인 설명을 하는 것이다. 메시지를 시각적으로 구체화하여 설명의 말을 곁들여 설득함으로써 청중에게 시각적인 자극과 청각적인 자극을 동시에 하면, 쉽게 이해할 수 있을 뿐만 아니라 기억력도 획기적으로 증가하는 것이다.

텍스트는 다이어그램이나 사진 또는 그림 등으로 바꾸고, 숫자는 그래프나 차트 또는 표로 변환하는 것이 시각화이다. 시각화는 청중의 시각과 청각을 동시에 자극함으로써 이미지가 말과 함께 전달되어 강력한 영상으로 두뇌에 오랫동안 기억으로 자리 잡게 만드는 역할을 한다. 결국 시각과 청각을 동시에 자극하는 것이다. 청중이 보고 있는 것을 말로 설명하여 청각을 자극해 줌으로써 시각과 청각을 일치시킴으로써 메시지의 이해와 설득을 하자는 뜻이다.

따라서 슬라이드 기획 단계에서 시각화를 잘 디자인하면 프레젠테이션의 절반은 성공했다고 말해도 과언이 아닐 것이다.

Kodak사의 연구결과에 의하면, 프레젠테이션의 내용을 시각화하면 시각화하지 않은 내용보다 설득력은 43%가 증가하고, 기억력은 5배가 증가하며, 설명시간은 28% 정도가 절약된다고 한다.

따라서 시각화된 설명 자료는 말로 길게 설명해야 할 내용을 한눈에 알아볼 수 있도록 함축시켜 주는 역할을 할 뿐만 아니라 청중의 시선도 집중시키는 역할을 한다. 기획 단계에서 합리적으로 디자인한다면 시각화된 설명 자료는 천 마디의 말보다 더 큰 위력과 효력을 가지게 되는 것이다.

시각화도 아무렇게나 하면 큰 위력과 효력을 기대할 수 없다. 시각화에도 지켜야 할 원칙이 있다는 뜻이다. 첫째, 시각화는 단순해야 효과적이다. 둘째, 숫자는 표나 그래프 또는 차트로 만들고, 텍스트는 다이어그램으로 도형화한다. 셋째, 시각화 자료와 텍스트는 같이 작성한다. 넷째, 하나의 시각화 자료는 하나의 개념으로 작성한다.

시각화를 디자인하는 과정에서 주의를 요하는 사항은 시각화를 하되 복잡하지 않게 하라는 것이다. 표, 그래프, 차트, 다이어그램, 사진, 그림 등을 디자인할 때 복잡하지 않고 가능하면 간단·명료하게 하라는 뜻이다. 시각화된 자료가 복잡하여 이해하기가 어려우면 오히려 역효과가 될 수도 있기 때문이다.

2. 다이어그램화

시각화 디자인 과정에서 필수적으로 통과해야 하는 과정이 바로 다이어그램(diagram)화(化)이다. 다이어그램화는 '아이디어나 계획을 그림이나 도형으로 정리해서 알기 쉽게 표현하는 것'을 의미한다. 다이어그램을 활용하면, 말이나 글로 설명하는 것보다 어떤 문제의 전체적인 구조나 각 부분들 간의 관계를 분명하고 이해하기 쉽게 설명할 수 있다.

다이어그램은 그림이나 도형을 의미하는 말로서 정보를 조율, 묘사, 상징화하여 2차원 기하학 모델로 시각화하는 기술이다.

발표 자료인 슬라이드에 주요 키워드들을 열거해 놓았다고 해서 청중들이 쉽게 이해하는 것은 아니다. 다이어그램화를 해야 하는 근본적인 이유는 청중이 이해하기 쉽도록 표현하기 위해서이다. 다이어그램화는 잘 기획된 프레젠테이션 슬라이드가 되기 위한 가장 핵심적인 과정이다.

파워포인트의 슬라이드를 디자인할 때 메시지를 단순하게 텍스트 위주로 작성하여 설명하는 것보다는 메시지를 다이어그램화하여 설명함으로써 청중이 쉽게 이해하여 공감대가 형성되고 나아가서 설득이 될 수 있는 것이다.

다이어그램화할 때 스토리가 내재된 사진을 활용하는 것도 좋은 방법이 될 수 있다. 다이어그램을 통해서 전달하려는 의미와 의지 나아가서는 목적이 스토리에 충분히 담겨 있는 사진을 잘 활용하면 어렵고 힘든 다이어그램화보다 작업이 쉽고, 청중에게는 훨씬 이해가 쉬워서 메시지 전달이 성공적일 수가 있다.

일본에서는 다이어그램을 도해(圖解)라고 하며, 다이어그램화는 도해화(圖解化)라고 한다. 일본의 유명한 도해 전문가인 히사츠네 게이이치에 의하면, 텍스트 중심의 커뮤니케이션은 또박또박 글자 하나하나를 좇지 않으면 의미를 알기가 어렵다는 것이다. 왜냐하면 눈에 들어온 어휘 하나하나를 뇌 속에서 의식적으로 처리하여 이해하기 때문이라는 것이다.

그러나 도해는 [그림 13.2]에서 보는 바와 같이, 먼저 우뇌가 이해 I단계에서 도해 전체의 정보를 한눈에 받아들여서 잽싸게 전체 형태를 이해한다. 이윽고 좌뇌가 작동되어 이해 II단계에서 부분 형상을 이해하고 이들 부분 간의 관계를

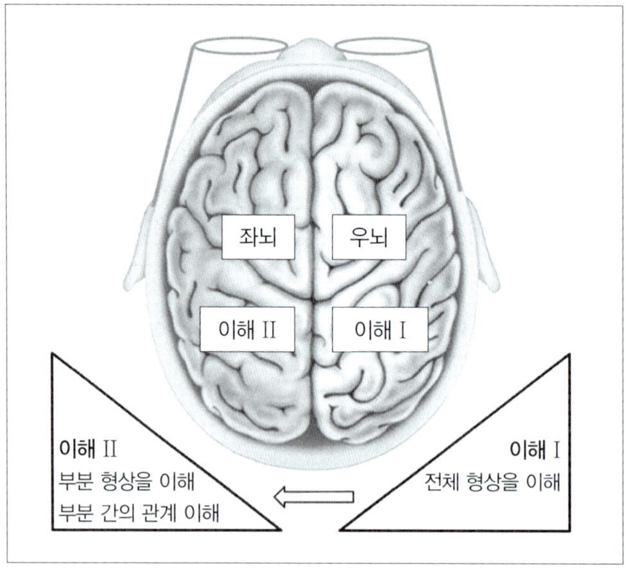

그림 13.2 좌뇌 · 우뇌의 도해 이해 개념도

이해하게 된다는 것이다. 이렇게 도해는 이해 I단계와 이해 II단계의 이중으로 빠르게 처리하므로 텍스트에 비해서 이해가 훨씬 빠르다는 것이다.

또한 히사츠네 게이이치는 도해화의 장점을 첫째, 한눈에 의미 전달이 가능하다는 점, 둘째, 복잡하고 난해하여 이해하기 힘든 내용을 쉽게 이해할 수 있게 한다는 점, 셋째, 많은 분량의 텍스트로 표현될 내용을 그림이나 도형들로 표현할 수 있다는 점, 넷째, 내용을 객관적으로 전달하여 청중으로부터 신뢰를 얻을 수 있어 프레젠테이션을 활성화할 수 있다는 점 등으로 요약하였다.

그러나 문제는 다이어그램화가 생각보다는 그렇게 호락호락 쉽지 않다는 데 있다. 여기에는 다분히 수많은 시행착오에 의한 체험과 오랜 세월에 걸친 경험이 큰 몫을 차지하게 되므로 너무 조급하게 생각할 필요는 없다. 처음에는 다 미숙하고 힘든 법이니까.

바탕화면

슬라이드 디자인에서 바탕화면의 색(色) 디자인은 가장 많은 시간을 할애할 정도로 신중하게 이루어져야 한다. 왜냐하면 바탕화면의 색 디자인에 따라 텍스트와 그래프, 차트, 다이어그램 등의 시각 자료의 색이 결정되기 때문이다.

바탕화면의 색을 디자인할 때 고려해야 할 사항은 다음과 같다.

첫째, 발표장의 실내조명을 고려하여 색을 결정해야 한다.

이 경우에는 실내조명의 명암을 고려해야 한다.

먼저 실내조명이 어두운 경우이다. 만약 실내조명이 어두운 경우에는 바탕화면의 색을 흰색, 밝은 노랑, 밝은 하늘색 등의 밝은색을 사용하지 않도록 해야 한다. 왜냐하면 실내가 어두운데 바탕화면의 색이 흰색과 같은 아주 밝은색을 사용하면, 스크린에 비친 거대한 바탕화면이 대형 플래시 전구(flashlight) 역할을 하여 프레젠테이션 시간 동안 스크린을 쳐다보는 청중들의 눈에 피로감을 주기 때문이다.

따라서 [그림 13.3]과 같이, 바탕화면은 짙은 초록색이나 짙은 파란색 또는 짙은 갈색이나 짙은 회색 등의 어두운 계통의 색을 사용하면 좋다.

[그림 13.3]의 (1)은 짙은 초록색으로 RGB 값이 (0, 74, 72), (2)는 짙은 파란색으로 RGB 값이 (0, 0, 142), (3)은 짙은 갈색으로 RGB 값이 (88, 44, 0), (4)는 짙은 회색으로 RGB 값이 (51, 51, 51)이다.

여기서 짙은 회색은 검은색 (0, 0, 0)과 구별되는 색으로서 컬러 과학에서는 이 색을 바탕색으로 사용하면, 이 바탕색 위에 사용되는 텍스트나 다이어그램에 사용되는 색에 가장 적은 영향을 끼치는 것으로 알려졌다. 이 짙은 회색은 가장 밝은 흰색의 명도의 20%에 해당되는 색으로서 색의 실험에서도 바탕색에 주로 사용되고 있다. 그래서 아주 고급 프레젠테이션에 사용되는 슬라이드의 바탕화

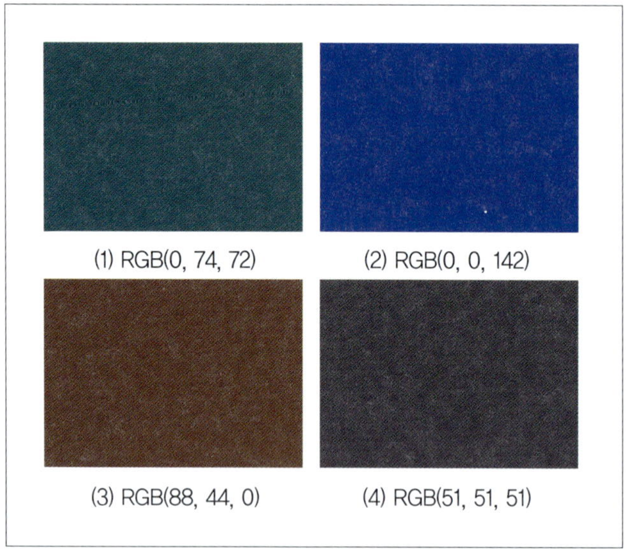

그림 13.3 바탕화면 샘플

면에는 이 짙은 회색이 자주 사용되고 있다.

[그림 13.4]의 (1)은 빌 게이츠가 제품설명회 때 사용하는 바탕화면의 색으로서 짙은 파란색이고, [그림 13.4]의 (2)는 스티브 잡스가 제품설명회 때 사용하는 바탕화면의 색으로서 남색이다.

반면에 실내조명이 밝은 경우이다. 실내조명이 밝은 경우에는 바탕화면에 흰색이나 밝은 하늘색 또는 밝은 노란색 등의 명도가 높은 밝은색을 사용해야 한다.

만약 밝은 실내에서 바탕화면을 어두운 계통의 색을 사용하면 마치 오래되어서 퇴색된 느낌을 주기 때문이다. 퇴색된 색은 생기가 없어 보이기 때문에 느낌이 좋지 않다.

그러나 이러한 현상을 모르고 실내조명이 아주 밝고 훤한 상황에서도 무조건 어두운 색들을 바탕화면의 색으로 사용하는데 이는 하나만 알고 둘은 모르는 무지에서 비롯된 것이다.

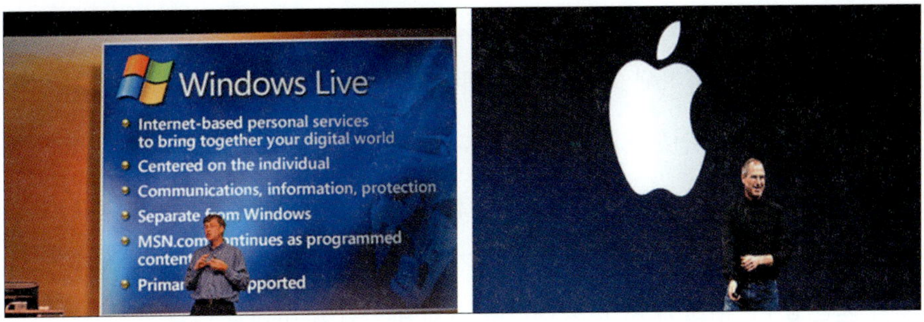

(1) 빌 게이츠의 바탕화면 (2) 스티브 잡스의 바탕화면

그림 13.4 바탕화면의 사례

둘째, 분야와 프레젠테이션의 성격을 고려하여 색을 결정해야 한다. 우리는 어느 색이 바탕화면의 색으로 좋은 것으로 알려지면 너 나 없이 분야나 프레젠테이션의 성격을 고려하지 않고, 무조건 남들이 사용하는 색을 사용하는데 이는 넌센스라고 생각한다. 예를 들면 짙은 파랑은 IT나 해양 분야, 짙은 초록은 생명공학이나 의료 또는 농업 분야, 짙은 갈색은 문화예술 분야, 짙은 회색은 디자인이나 패션 분야 등에서 바탕화면의 색으로 사용하면 적절할 것이다.

추가적으로 고려해야 할 사항은 바탕화면의 패턴이다. 바탕화면의 패턴은 복잡한 무늬나 어떤 형상의 이미지들이 어지럽게 깔려 있는 것은 시각적으로 혼란스러울 수 있으므로 단색이 좋다. [그림 13.4]의 (1)에서 빌 게이츠의 바탕화면을 보면 복잡한 무늬나 어떤 형상의 이미지가 깔려 있는데 이는 좋지 않은 사례로 꼽히고 있다. 참고하기 바란다.

경우에 따라서는 특정한 의미를 부여할 수 있는 정도의 약간의 그라데이션(gradation)을 주어도 좋다. 여기서 그라데이션이란 그래픽에서 사용되는 기법으로 어두운 데서 밝은 값으로, 큰 모양에서 작은 모양으로, 껄끄러운 결에서 매끈한 결로, 또는 한 색상에서 다른 색상으로 등과 같이 점진적이며 매끄럽게, 단계적으로 변해 가는 것을 말한다. [그림 13.4]의 (2)에서 스티브 잡스의 바탕화면을 보면 남색 바탕화면에 약간의 그라데이션이 있는데 이는 단순함을 탈피하기 위한 의도에서 디자인된 것으로 짐작된다.

또한 너무 튀는 색이 아닌지를 고려해야 한다. 바탕화면의 색을 뚜렷한 목적 없이 순수 빨강 등의 원색을 사용하면 자칫 청중들의 눈에 거슬리는 결과를 초래할 수도 있다. 따라서 이런 경우를 미연에 방지하기 위해서 너무 튀는 색을 바탕화면의 색으로 사용하지 않는 것이 좋다.

텍스트와 폰트

슬라이드에서 텍스트의 사용은 불가피한 것이다. 또 텍스트는 폰트(font)로 이루지기 때문에 텍스트의 디자인에는 그 기본 요소인 폰트를 고려하는 것이 당연하다.

1. 텍스트 디자인의 기본 원칙

가. 텍스트는 완전한 문장 형태로 작성하지 말자

슬라이드의 텍스트를 디자인할 때 가장 먼저 고려해야 할 사항은 어떻게 하면 텍스트를 간단 · 명료하게 작성할 것인가이다.

프레젠테이션의 슬라이드는 보고서나 유인물이 아니기 때문이다. 따라서 슬라이드를 문장으로 작성할 때는 '주어-술어'의 전형적인 완전한 문장 형태로 작성하지 말고 최대한으로 압축한 형태의 텍스트로 작성해야 한다. 그냥 눈에 들어오도록 작성해야 한다는 말이다. 경우에 따라서는 중요한 키워드들만을 나

열하여 개조식(個條式)으로 작성하라는 뜻이다. 여기서 개조식이란 앞에 번호나 글머리 기호 등을 붙여 가며 짧게 끊어서 중요한 요점이나 단어를 나열하는 방식을 뜻한다.

주어와 술어는 물론 토씨와 마침표까지 사용하는 경우를 종종 목격하는데 이는 프레젠테이션의 기본을 모르는 경우에 해당된다. 우리는 한글이나 영어의 문법을 배울 때 문장의 끝에는 반드시 마침표('.')를 찍어야 한다고 배웠다. 그래서 문장을 작성하면 반드시 마침표를 찍어야 직성이 풀리게 돼 있다. 제대로 배운 사람이라면 어느 누구도 문장을 작성하고 마침표를 찍지 않고 손을 떼기가 쉽지 않을 것이다. 그러나 슬라이드 작성에서는 마침표가 금기에 해당함을 기억하기 바란다.

슬라이드의 텍스트 디자인에서 중요한 사항을 하나 더 알아 두자. 슬라이드의 텍스트는 그 자체만으로는 해득이 쉽지 않도록 디자인하는 것이 원칙이다. 이 원칙에 따라 작성된 텍스트는 발표자의 설명을 곁들여만 비로소 생생한 메시지가 되어 청중에게 시원스럽게 이해가 되는 것이다. 곧이곧대로 또는 또박또박 완전한 문장을 작성하지 않도록 신경 쓰면 이 문제는 쉽게 해결될 수 있다.

나. 영문은 대문자와 소문자를 섞어 사용하자

영문의 텍스트를 사용할 경우에는 대문자와 소문자를 섞어서 사용하는 것이 해득에 좋다. 모두 대문자만 사용하면 소문자와 혼용할 때보다 글자들이 더 비슷해 보이기 때문에 빨리 해득하기가 쉽지 않다는 뜻이다.

대문자만을 사용하는 경우에는 어떤 상품의 상표나 상호로 사용할 경우가 있다. 따라서 슬라이드의 텍스트를 디자인할 때는 아주 특수한 목적이 있을 경우는 제외하고, 반드시 대문자와 소문자를 혼용하도록 하자.

다. 밑줄을 사용하지 말자

슬라이드에 작성하는 텍스트의 한글이나 영문의 어떤 글자들은 밑줄을 그으면 해득이 쉽지 않을 수가 있다.

예를 들면, 한글의 ㄴ, ㄷ, ㄹ, ㅁ, ㅌ 등이 받침으로 사용될 경우, 밑줄을 그으면 눈, 곧, 불, 금, 같과 같이 글자의 아랫부분이 글자 밑에 엉겨 붙어서 금방 구분이 잘 안 되는 경우가 있다. 영문의 경우에도 g, p, q, y 등은 밑줄을 그으면, g, p, q, y와 같이 내려 그은 획의 아랫부분이 잘리는 형태가 된다.

이러한 문제점을 예방하기 위해서는 강조하고자 하는 글자에 볼드체를 적용하거나 다른 색을 사용하는 것이 대안이 될 수 있을 것이다.

이러한 문제는 별것 아니라고 생각할 수 있겠으나, 고객 서비스 차원에서 세세한 배려는 좋은 결과와 직결된다는 사실을 명심하기 바란다.

2. 폰트의 형태

폰트는 [그림 13.5]와 같은 고딕체를 사용해야 한다. 고딕체인 폰트는 산 세리프(san serif) 폰트라고 한다. 여기서 산 세리프(san serif)란 불어로서 san은 영어로 without와 같은 뜻이고, serif란 글자의 끝부분에 붙어 있는 가느다란 선('–')을 말한다. 다시 말해서 글자의 끝부분에 붙어 있는 낚시 바늘처럼 날카로운 장식선을 연상하기 바란다.

따라서 산 세리프(san serif) 폰트는 글자의 끝부분에 붙어 있는 가느다란 선('–')이 없는 경우를 말한다. 이에 해당되는 폰트에는 [그림 13.5]와 같이 HY견고딕, 굴림체, 돋움체, 맑은고딕, HY헤드라인 M, Arial, Verdana 등이 있다. 고딕체를 사용하는 이유는 고딕체가 아닌 폰트를 텍스트로 사용하면 청중이 쉽게 알아보기 어렵기 때문이다.

그림 13.5 고딕체(san serif 폰트)

고딕체를 사용하는 가장 좋은 사례는 교통안전표지판이다. 교통안전표지판에 사용되는 글자는 모두 고딕체이다. 그 이유는 차량 운전자가 쉽게 알아볼 수 있게 하기 위함이다. 만약 운전자가 교통안전표지판에 있는 글자를 빨리 해득하지 못하면 대형 사고로 연결될 수 있기 때문이다.

고딕체가 아닌 폰트는 [그림 13.6]과 같은 세리프(serif) 폰트라고 한다. 이에 해당되는 폰트에는 HY견명조, HT궁서체, HY신명조, Times New Roman, Bodoni, Georgia 등이 있다. 이러한 폰트는 교과서나 신문 등의 작은 크기의 텍스트에 사용된다. 오랜 역사를 통해서 이러한 폰트들은 책이나 문서를 읽는데 가장 적합한 것으로 판명되어 수천 년에 걸쳐서 사용되어 온 것이다. 이러한

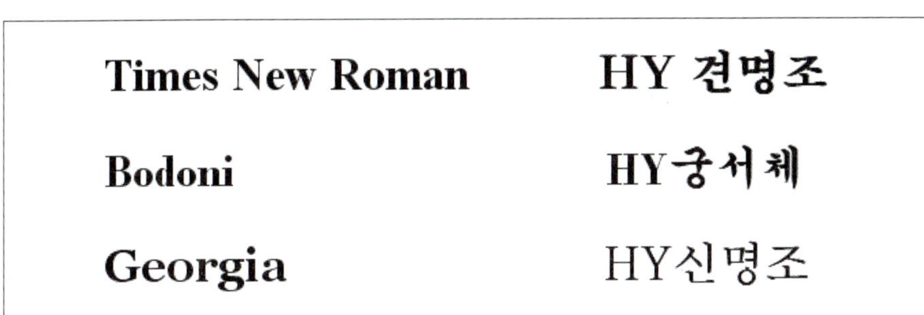

그림 13.6 세리프(serif) 폰트

폰트들은 슬라이드의 텍스트에는 사용하지 않도록 하자. 왜냐하면 해득하는 데 시간이 걸릴 수 있기 때문이다. 프레젠테이션은 그 특성상 스크린 화면에 잠시 비춰진 후에 곧장 사라지기 때문에 해득에 시간이 소요되는 폰트는 금기시되고 있다.

3. 폰트의 크기

슬라이드에 사용되는 텍스트의 폰트 크기는 발표장의 맨 뒷줄에 앉아 있는 참석자들도 또렷하게 알아볼 수 있는 크기가 기본이다. 프레젠테이션 내용이 무엇이든 간에 일단은 참석자들이 잘 볼 수 있어야 한다.

상당수의 슬라이드 자료들을 보면, 10 이하의 폰트를 사용하는 것이 자주 목격되고 있다. 발표자가 컴퓨터 모니터에서 볼 때는 잘 보이니까 이 정도의 폰트 크기면 좋겠다고 판단한 것이다. 이는 분명 실수에 해당된다.

발표장의 크기에 따라서 폰트의 크기도 달라져야 하는데 이러한 점들을 기획 단계에서 세심하게 고려하지 않으면 시간과 노력을 들인 공이 헛일이 될 수도 있는 것이다.

그러면 어떻게 폰트의 크기를 결정할 것인가?

지금까지 알려진 방법 중에서 가장 손쉽고 객관적인 방법을 소개한다. 컴퓨터 모니터로부터 약 1미터 정도 떨어진 거리에서 엄지손가락을 세워 들고 한쪽 눈으로만 모니터상의 폰트를 보았을 때, 엄지손가락 크기의 약 1/4 정도이면 가장 최소의 크기이다.

그러나 이는 어디까지나 발표장의 크기가 어느 정도인지를 모를 때 어림짐작으로 최소한의 크기를 정할 때 적용하는 방법일 뿐이다.

장소의 크기에 따라 폰트 크기를 정하는 것이 원칙이지만, 굳이 그 크기를 소개한다면, 매 슬라이드의 제목의 폰트 크기는 40~44가 적당하고, 본문의 폰트 크기는 18~35 정도이다. 이는 절대적인 수치가 아니다.

컬러의 활용 원리

프레젠테이션에서 컬러는 아주 중추적인 역할을 하고 있다. 컬러의 활용을 어떻게 하느냐에 따라서 프레젠테이션의 성패가 결정된다고 해도 과언이 아닐 것이다.

색은 그 종류만 해도 헤아릴 수 없이 많다. 그렇다면 구분이 가능한 색은 도대체 몇 종류나 될까?

미국의 저드(Deane B. Judd)라는 컬러 과학자가 발표한 자료에 의하면, 정상적인 시각을 가진 사람이 태양광 하에서 구분 가능한 색의 수는 약 천만(10,000,000)이라고 했다. 이 중에서 보통 사람들의 눈에는 거의 비슷하게 보이는 색들도 상당수가 될 것이다. 그래도 색의 수가 많은 것만은 사실이다.

프레젠테이션에서 색은 슬라이드 디자인 과정에서 가장 고심을 많이 해야만 좋은 색을 활용할 수 있을 것이다. 우리는 일상생활에서 색과 더불어 살다시피 생활하다 보니 색의 중요성은 잘 알겠는데, 막상 본인이 슬라이드 디자인에서 바탕화면의 색과 텍스트의 색 그리고 각종 그래프나 차트 또는 다이어그램의 색을 어떻게 선택하면 좋을지에 대해서는 그저 막막하고 답답한 경우가 많다. 그렇다고 누구한테 물어봐도 시원한 조언이나 답을 얻을 수도 없는 것이 현실이다.

색은 종류별로 각각 고유한 느낌을 발산한다. 또한 색은 각각 나름대로 고유한 메시지를 지니고 있다. 색이 발산하는 느낌이나 메시지를 잘 활용하면 시각적인 효과가 100% 이상 달성될 수 있는 것이다.

색의 활용 원리를 터득하기 위해서는 색에 관한 기본 사항을 알아야 하므로 아주 기본 사항에 대해서 기술하고자 한다.

1. 색의 3속성인 색상, 명도, 채도의 이해

먼저 색의 3속성이다. 색의 3속성은 색상, 명도, 채도이다. 우리가 색을 느낄 때에는 명도가 가장 우선시되고, 다음이 색상이고 그 다음이 채도이다. 이 3속성이 모여 색을 이루며, 3속성 모두 수치로써 표현되고 있다. 모든 유채색은 이 3속성을 지니고 있다. 그러나 무채색인 검정, 흰색, 회색 등은 색상과 채도는 없고 명도만 있을 뿐이다.

다음에는 색상, 명도, 채도 각각에 대해서 알아보자. 이를 알아야 디자인 활용에 눈이 떠질 수 있기 때문이다. 중 · 고등학교 시절에 알았던 것이라고 깔보지는 말자.

가. 색상

색상(色相, hue)은 빨강, 주황, 노랑, 초록, 파랑 등과 같이 색을 구별하는 그 특성을 말한다. 주로 색상환(色相環, color circle)에 의해 표현된다. 색상은 유채색에 해당되는 용어이다.

무채색에는 색상이라는 개념이 없다.

그런데 무슨 '색'을 말할 때 무슨 '색상'이라고 표현하는 경우를 자주 접하는데 이는 '색'을 잘못 사용하는 경우이다. 어떤 색을 '색상'이라고 말하는 것은 색의 3속성인 색상, 명도, 채도 중의 하나인 '색상'만을 말하는 것이므로 오류이다.

예를 들면 다음의 사례는 오류에 해당된다.

"야, 이 밝은 회색 저고리 색상이 아주 좋네!"

"이 짙은 회색을 바탕화면의 색상으로 잘 선택했어!"

슬라이드 디자인에서 가장 많이 선택되는 색은 색상을 고려한 색이다. 이에 대한 이유는 중 · 고등학교 시절의 미술 시간에 배운 지식을 바탕으로 하기 때문에 색상의 선택을 우선시하는 것 같다.

슬라이드 디자인 단계에서 색상을 고려하여 선택한 색에는 빨강, 주황, 노랑, 초록, 파랑, 남색, 보라 등이 있다.

예를 들면, 파랑을 색상으로 바탕화면의 색을 선택하였다면 텍스트는 빨강, 주황, 노랑, 초록, 남색, 보라 중에서 어떤 색상의 색을 선택하느냐가 바로 색상을 고려한 색의 선택이다.

좀 더 구체적인 활용 사례는 뒤의 색상 대비 사례에서 자세히 설명한다.

나. 명도

명도(明度, lightness)는 색의 밝고 어두움을 의미한다. 3속성 중 사람이 가장 잘 인지할 수 있는 속성이다. 자세히 설명하면 사람의 눈은 물체나 광원의 색에서 명암을 가장 빨리 그리고 잘 알아차린다는 것이다.

그 이유는 다음과 같다. 사람의 눈 속의 망막은 간상체와 추상체의 세포들로 구성되어 있으며, 간상체 세포는 명암을 감지하고, 추상체 세포는 색을 감지한다. 명암을 감지하는 간상체는 색을 감지하는 추상체보다 약 20배(간상체의 수=약 1억~1억 2천만 개, 추상체의 수=약 5~7백만 개)나 많이 분포되어 있다. 그리고 간상체가 명암에 반응하는 속도는 추상체의 약 1,000배이다. 따라서 사람의 눈은 색의 명도에 대해서 아주 민감하게 반응하는 것이다.

이러한 이유로 슬라이드의 색 디자인에서도 색의 명도, 즉 밝고 어두움을 가장 많이 응용하고 있는 것이다. 예를 들면 흰색 바탕에 검정 폰트를 사용한다거나 검정 바탕에 흰색 폰트를 사용하면, 사람의 시선을 잘 끄는 이유가 바로 여기에 있다는 뜻이다. 좀 더 구체적인 활용 사례는 뒤의 명도 대비 사례에서 자세히 설명한다.

다. 채도

채도(彩度, chroma)는 색의 순수한 정도를 나타낸다. 전혀 다른 색이 섞이지 않은 상태의 색을 채도 100%라고 한다. 채도 역시 슬라이드의 색 디자인에서 활발하게 응용되고 있다. 하나의 색상을 선택한 경우 채도를 다르게 적용하면 역시 사람의 시선을 잘 끌 수 있는 것이다.

예를 들면, 채도가 아주 높은 파랑을 선택한 후 이 파랑에서 채도가 아주 낮은 색을 적용하면 이들의 배색 또한 사람의 시선을 잘 끌 수 있다.

2. 보색 관계의 이해

다음에는 '보색(補色) 관계'이다. 보색은 서로 반대되는 색을 뜻한다. 색상환에서 중심의 정반대에 위치한 두 색을 보색 관계에 있는 색이라고 말한다. 예를 들면, 빨강의 보색은 청록, 노랑의 보색은 남색, 파랑의 보색은 주황이다. 보색 관계에 있는 두 색을 배열하면 사람의 눈에 강렬하게 작용된다. 예를 들면 빨강 바탕에 청록이나 노랑 바탕에 남색 또는 파랑 바탕에 주황의 배열은 사람의 시선을 아주 강렬하게 끄는 힘이 있다. 그러나 어떤 보색의 배열은 너무 자극적이어서 오히려 기피현상을 보이기도 한다. 이의 구체적인 활용 사례는 다음에서 상술한다.

3. 색 대비의 이해

다음은 색 대비(color contrast)이다. 색 대비는 어떤 색의 자극이 대응되는 색의 자극을 강하게 하기 위해 생기는 색채효과이다.

일반적으로 명도가 다른 두 색을 배치할 때는 밝은색이 더 밝게 느껴지고 어두운색은 더 어둡게 느껴진다. 또 채도가 높은 색과 낮은 색을 배치하면 채도가 높은 색이 더 선명하게 보이고 채도가 낮은 색이 더 흐려 보인다. 또한 보색끼리의 대비는 서로 채도를 강조하기 때문에 아주 강렬해지는 것이다.

대비는 개념적으로 다음의 수식으로 표현된다.

$$대비 = \frac{가장\ 밝은\ 색의\ 밝기}{가장\ 어두운\ 색의\ 밝기}$$

대비는 가장 밝은 색의 밝기를 가장 어두운 색의 밝기로 나눈 값이다. 대비의 가장 좋은 사례는 촬영한 지 아주 오랜 세월이 지난 빛바랜 흑백 사진이다. 빛바랜 사진을 들여다보면 우선 검정 부분이 퇴색하여 옅은 회색으로 변했고, 흰색 부분도 퇴색하여 누르스름한 옅은 회색으로 변했음을 쉽게 감지할 수 있다. 이런 경우 가장 밝은 색의 밝기 값은 원래보다 낮고, 가장 어두운 색의 밝기 값도 원래 높아 대비 값이 원래보다 작게 된다. 쉽게 말하면 빛바랜 옛날 사진은 대비 값이 낮다는 뜻이다.

다음 사항들을 기억하면 슬라이드 디자인 때 긴용하게 활용할 수 있을 것이다.

첫째, 색은 색상, 명도, 채도 중에 어느 한 가지라도 달라지면 다른 느낌을 준다.

둘째, 두 색의 차이(color difference)가 크면 클수록 다른 느낌이 커진다.

셋째, 보색 관계에 있는 색들은 서로를 강열한 느낌을 갖게 해 준다.

넷째, 대비가 큰 색들은 두드러진 느낌을 준다.

4. 색상의 대비

색상의 대비는 색상이 서로 다른 두 색이 서로 대조되어 색상차가 크게 보이는 현상이다. [그림 13.7]은 노랑 색상과 남색 색상의 대비와 주황 색상과 빨강 색상의 대비를 비교한 것이다. 이 그림의 좌측은 색상환을 나타낸 것이고 우측은 색상 대비의 그림이다.

이 두 그림에서 쉽게 알 수 있는 사항은 두 색상들이 색상환에서 서로 멀리 떨어진 위치에 존재하는 색들의 대비가 서로 가까운 위치에 존재하는 색들의 대비보다 더 크다는 것이다. [그림 13.7]의 우측 상단에 있는 노랑 바탕에 남색 텍스트의 배열과 우측 하단의 주황 바탕에 빨강의 배열을 비교하면 어느 배열이 더 사람의 시선을 잘 끌 수 있겠는가? 이에 대한 답은 당연히 노랑 바탕에 남색 텍스트의 배열이다.

따라서 색상은 가능하면 서로 멀리 떨어져 있는 색상들을 선택하여 배열하는 것이 대비 값이 훨씬 큰 결과를 얻어 사람의 시선을 잘 끌 수 있다는 것이다.

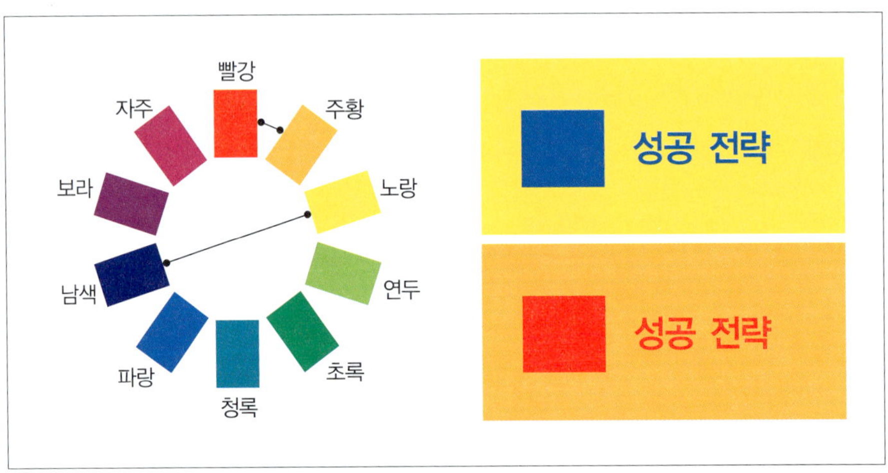

그림 13.7 색상의 대비

5. 명도의 대비

명도의 대비는 명도가 서로 다른 두 색이 서로 대조되어 명도차가 크게 보이는 현상이다.

[그림 13.8]의 좌측 맨 위쪽의 '검정 바탕에 흰색의 대비'와 [그림 13.8]의 좌측 위에서 두 번째 쪽의 '흰색 바탕에 검정의 대비'를 비교해 보자.

이 둘 중에서 맨 위쪽의 흰색이 두 번째 쪽의 검정보다 더 강력해 보임과 동시에 넓이도 더 넓어 보인다. 이 사례에서 보는 바와 같이 검정 바탕에 흰색의 텍스트가 더 두드러지게 보인다. 이에 대한 이유는 어두운색은 '후퇴 색'이라고 하여 멀리 떨어져 있는 느낌을 주고, 밝은색은 '전진 색'이라고 하여 우리 앞에 다가와 가까운 위치에 있는 느낌을 주기 때문이다.

[그림 13.8]의 위에서 가운데의 두 사례와 하단의 두 사례도 위와 비슷한 개념이다. 각각의 배열 쌍에서 어느 것이 더 사람의 시선을 잘 끌 수 있겠는가? 이에 답은 각각 위쪽이다.

그런데 대부분의 슬라이드를 보면 아래쪽의 방식을 취하고 있는데, 독자 여러분의 눈에는 어느 쪽의 배열이 더 강렬하고 눈에 띄는가?

6. 색상차보다는 명도차가 더 효과적

색상이 서로 다른 색을 배열하는 경우와 색상은 동일한데 명도가 서로 다른 색을 배열하는 경우, 어느 쪽의 배열이 사람의 시선을 더 잘 끌 수 있을까? 이 문제를 제기하는 이유는 프레젠테이션의 슬라이드 디자인 단계에서 심각하게 고려해야 하는 핵심 사항이 "사람의 시선을 어떻게 하면 더 잘 끌 수 있느냐?"이기 때문이다. 그러나 대부분의 슬라이드 디자인에서는 그저 단순하게 "어떤 색상을 선택할 것인가?"에 대해서만 고려하는 경향이 있어서, 단순함의 탈피 차원에

그림 13.8 명도 대비

서 또는 좀 더 진일보적인 방법을 제시하자는 취지에서 설명하고자 함이니 이 내용을 신경 쓰고 이해하기 바란다.

[그림 13.9]의 좌측에서 보는 바와 같이, 위쪽은 빨강 색상과 초록 색상을 배열한 것이고, 아래쪽은 빨강 색상에서 명도가 서로 다른 색을 배열한 것이다. 이 두 배열 중 어느 것이 사람의 시선을 더 잘 끌 수 있겠는가?

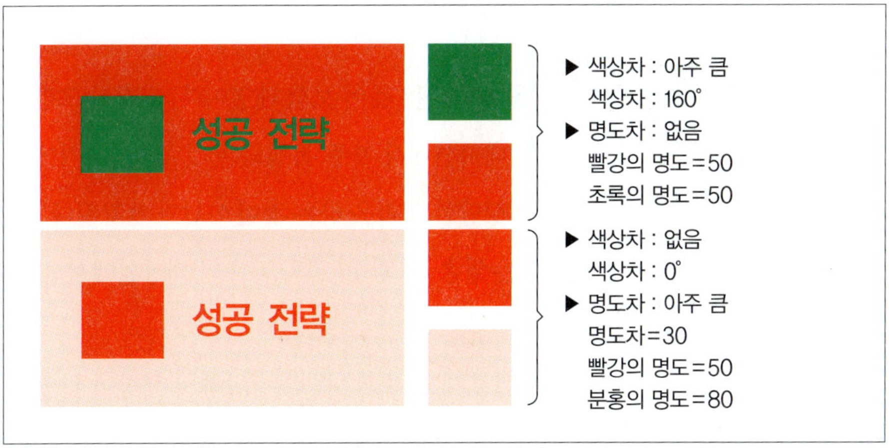

그림 13.9 색상차보다는 명도차가 더 효과적

이에 대한 답은 아래쪽이다.

이에 대한 분석이다. 먼저 위쪽의 빨강 색상과 초록 색상의 배열은 보색 대비로서 두 색을 배열함에 따라 서로 강렬함을 발산하여 보고 있으면 눈이 부시다 못해 아플 정도이다. 이러한 배열은 사람의 시선을 끌다가도 두 색이 너무 강렬하여 시선을 피하고 싶어질 것이다. 비록 색상차가 160도가 될 정도로 아주 크지만 눈에 부셔서 좋지 않다. 이러한 이유는 두 색 간의 명도차가 없는 것도 동시에 작용한 것이다.

반면에 아래쪽의 분홍 바탕의 빨강 네모와 글씨를 보자. 이는 빨강 색상과 같은 색상인 분홍의 배열이다. 이 두 색은 색상은 동일한데 명도만 다른 경우이다. 그래서 이 두 색의 색상차는 0이고 명도차만 약 30이다. 결국 사람의 망막에 압도적으로 많이 분포되고 감광도 역시 큰 간상체 세포의 작동으로 인하여 아래쪽의 배열이 사람의 시선을 잘 끌 수 있는 것이다.

7. 보색 배열의 나쁜 사례

색의 배열에서 가장 강력하게 눈을 자극하는 것이 보색 배열이다. 그래서 그런지 보색을 배열한 슬라이드가 프레젠테이션에서 자주 목격되는 것 같다. 여기에는 중 · 고등학교 시절에 배운 지식이 상당한 역할을 하는 것이 아닌가 생각된다.

어떤 두 색이 보색 관계에 있다는 말은 [그림 13.7]의 좌측의 색상환에서 각각 서로 마주 보고 있다는 말이다.

그러나 어떤 두 색이 보색 관계에 있다고 해서, 즉 다시 말해서 색상이 완연하게 다르다고 해서 이 두 색을 배열한 것이 눈에 좋다는 말은 아니다.

[그림 13.10]은 보색 배열의 아주 나쁜 사례이다. 이러한 배열의 디스플레이가 나쁘다는 말은 배열된 두 색을 배열하면 서로 너무 강렬하여 오히려 시선을

그림 13.10 보색 배열의 나쁜 사례

기피하는 결과를 초래한다. 슬라이드 전문가들은 이구동성으로 보색 배열의 문제점을 역설하는 것인데, 이유는 바로 여기에 있다.

이는 슬라이드 디자인 단계에서 꼭 참고하기 바란다.

그런데 미국의 유명한 프레젠테이션 전문가인 톰 피터스(Tom Peters)라는 사람은 그의 슬라이드에 [그림 13.10]과 같은 보색의 배열을 즐겨 쓰고 있다. 그래서 미국의 다른 프레젠테이션 전문가들의 지적 사항이 되어 자주 입방아에 오르내리는가 하면 또 나쁜 슬라이드의 사례로 자주 이용되고 있다.

8. 파워포인트에서 컬러 활용의 문제점

앞에서 유채색은 3속성인 색상, 명도, 채도를 지니고 있다고 기술한 바 있다. 이는 슬라이드 디자인 단계에서 색을 활용하는 데 아주 중요하다.

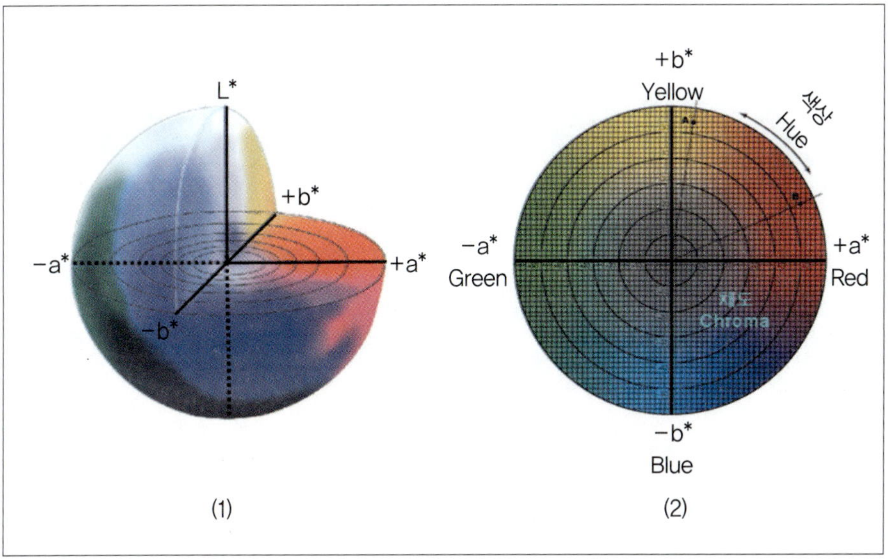

그림 13.11 표준 색공간

그래서 색을 전문적으로 다루는 국제기구인 국제조명위원회(CIE)에서는 1976년도에 표준 색공간을 국제 표준으로 발표하고 이에 대한 적극적인 사용을 권장한 바 있다. 이 국제표준 색공간은 [그림 13.11]과 같이 지구와 같은 형태를 하고 있다. 남북을 연결하는 축을 명도, 적도를 빙 둘러서 색상, 명도 축에서 멀어진 정도에 따라서 형성되는 동심원들로 나타내는 채도가 있다.

이렇게 색상, 명도, 채도를 쉽게 알 수 있게 되면 그만큼 색의 활용도 쉽고 슬라이드 디자인 때도 훨씬 손쉬워지는 것이다.

그러나 파워포인트에서의 색의 사용에는 많은 어려움이 있다는 하소연의 말을 자주 들어 온 바 있다. 사실 저자도 이러한 하소연에 전적으로 동감이다. 영국에서 이 분야의 박사 공부를 한 후 우리나라에 디지털 컬러를 처음으로 도입하여 컬러 관련 연구 개발을 20여 년 동안 지속해 온 저자 입장에서도 파워포인트에서의 색의 사용은 상당한 어려움이 있다고 생각한다.

그 이유 중의 하나는 [그림 13.12]의 파워포인트의 색상환에서 보는 바와 같이

(1) (2)

그림 13.12 파워포인트의 색상환

색상환의 기본 축에 해당되는 색들, 즉 빨강, 초록, 파랑, 시안, 마젠타, 노랑의 위치가 들쑥날쑥한 형태를 보이고 있어서 조금만 방심하면 엉뚱한 색을 선택할 수 있다는 점이다. [그림 13.12]의 (1)에서 빨강은 ①의 위치에 있고, 초록은 ②의 위치에 있고, 파랑은 ③의 위치에 있으며, 시안은 ④의 위치에 있고, 마젠타는 ⑤의 위치에 있고, 노랑은 ⑥의 위치에 있다.

사실 [그림 13.12]의 (2)와 같이 ①–⑥–②–④–③–⑤–①로 연결된 빨강, 노랑, 초록, 시안, 파랑, 마젠타, 빨강은 색역(色域)의 가장자리의 축들에 해당되는 것으로 색을 선택하는 기준점들이다. 여기서 색역이란 색들의 모든 범위를 망라한 색들의 영역을 말하는 것으로, 사람의 시각 시스템의 색역은 그 형태가 [그림 13.11]과 같이 지구와 비슷한 공 모양이고, 전자 장비들의 색역의 형태는 공 모양이 아닌 이상한 입체 모양을 하고 있다.

따라서 이 색역의 바깥에는 아무 색도 존재하지 않는 것인데, 여기 파워포인트의 색상환은 그렇지 않아서 사용자들에게 혼동을 초래하고 있다. 결국 이들 여섯 가지 색들을 연결하여 형성되는 육각형의 형태는 컬러과학에서 말하는 색역도 아니고 아무런 의미도 없다. 오히려 혼란만 초래할 뿐이다.

또 다른 파워포인트의 문제점은 색의 3속성이 분명하게 제시되지 않아서 색상, 명도, 채도의 접근이 불가능하다는 점이다.

그러나 파워포인트에서 다행인 것은 '사용자지정'이라는 항목이 있어서 RGB 값에 의한 색의 선택이나 명암의 조절이 가능하다는 점이다. 그러나 이것만으로는 색의 3속성의 접근이 용이하지 않다는 점이 있다.

슬라이드 디자인 단계에서 색의 사용이 쉽지 않은 또 다른 이유는 슬라이드를 디자인하는 사람들의 컬러과학에 대한 지식이 너무 상식 수준에 머물러 있다는 점이다. 그냥 미술에서 색을 다루는 방식의 색으로만 생각하고 있다는 데에서 초래된 것이 아닌가 하는 생각이 든다.

그러나 프레젠테이션의 슬라이드 디자인에서 색의 활용은 중요하고 또 중요한 것이다.

9. 텍스트의 색은 서너 가지 이하의 색상들을 사용하자

바탕화면의 색이 정해지면 텍스트의 색은 서너 가지 이하의 색상들을 사용하면 좋다.

텍스트에 여러 가지 많은 색상의 색들을 사용하면 보는 사람들에게 혼란을 초래할 수 있다. 이러한 현상을 피하려면 선정한 서너 가지의 색상들의 명도나 채도를 조절하여 사용하면 오히려 시각적으로 눈길을 끄는 데 효과적이다.

10. 모니터의 색과 프로젝터의 색이 똑같은지 확인하자

바탕화면의 색이 정해지고 텍스트의 색상들과 그래프, 차트, 다이어그램 등의 색이 정해져서 슬라이드 작성이 완성되면, 반드시 빔 프로젝터로 이 슬라이드를 스크린에 비춰서 모니터의 색과 프로젝터로 스크린에 비친 색이 똑같은지를 비교 · 확인하기 바란다.

왜냐하면 사용 중인 모니터의 색의 특성과 프로젝터의 색의 특성이 서로 다른 경우가 있기 때문이다. 만약에 모니터의 색과 프로젝터로 스크린에 비친 색이 두드러질 정도로 다르게 보이면 슬라이드의 색을 다른 색으로 바꿔야 한다.

이 과정은 거의 대부분의 발표자들이 신경을 쓰지 않는 경향이 있는데 자칫 엉뚱한 색이 될 수도 있으므로 슬라이드를 작성한 후 최종 단계에서 반드시 점검하도록 하자.

레이아웃 컨트롤

슬라이드 디자인에서 '레이아웃 컨트롤(layout control)'이라는 용어는 대부분의 독자들에게 생소하게 들릴 것이다.

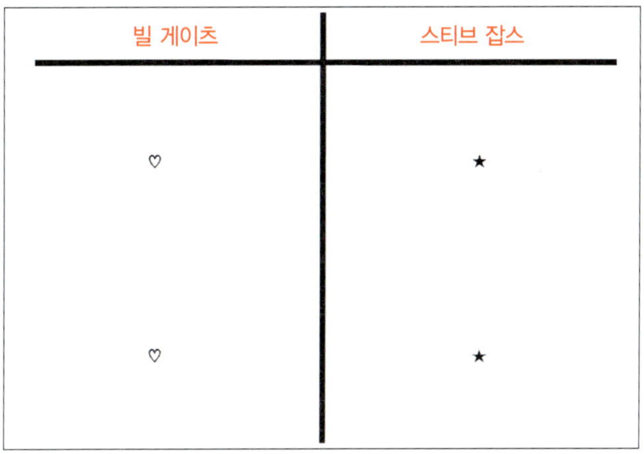

(1)

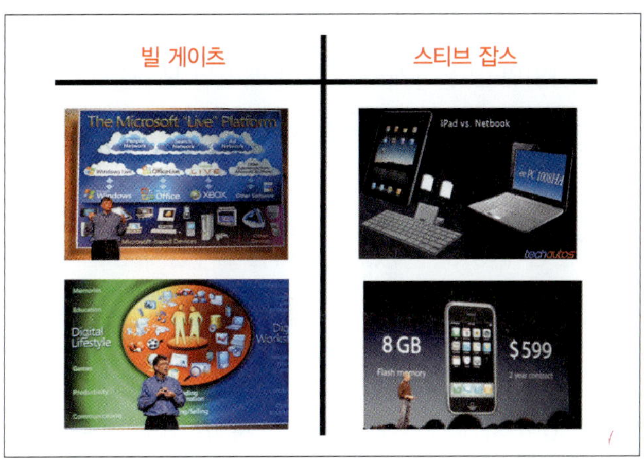

(2)

그림 13.13 레이아웃 컨트롤

프레젠테이션을 진행하는 동안 발표자는 청중 앞에서 긴장과 초조로 인해서 슬라이드의 세세한 내용을 모두 기억할 수 없는 경우가 있다. 발표자가 슬라이드 하나하나를 완벽하게 이해하여 거의 다 숙지한 상태에 있다고 하더라도 심리적으로 불안한 상태에서는 매 슬라이드에 무엇이 들어 있는지 생각이 떠오르지 않을 경우가 발생한다는 뜻이다.

더욱이 애니메이션 기능을 활용하여 스텝 바이 스텝 방식으로 설명을 진행할 경우 새롭게 등장하는 슬라이드에 무엇이 어디에 놓이며, 현 슬라이드의 끝의 위치가 어디인지 등을 순간적으로 알지 못하면, 프레젠테이션 자체가 매끄럽지 못하게 된다. 이것이 발표자에게는 흠이 될 수도 있는 것이다.

발표자가 슬라이드에 들어가는 텍스트와 오브젝트들의 위치를 프레젠테이션 순간에 세세하게 기억하지 않아도 쉽게 기억할 수 있도록 고안된 것이 바로 레이아웃 컨트롤이다.

[그림 13.13]의 (1)의 좌측에 있는 2개의 '♡'의 의미는 여기에 빌 게이츠의 2개의 슬라이드가 있다는 뜻이며, [그림 13.13]의 (1)의 우측에 있는 2개의 '★'의 의미는 여기에 스티브 잡스의 2개의 슬라이드가 있다는 뜻이다.

그리고 [그림 13.13]의 (2)는 4개의 그림이 배치된 모습을 나타낸 것이다.

이러한 방식으로 슬라이드 디자인 단계에서 ♡, ♥, ★, ♣ 등의 특수 기호를 그래프나 차트 또는 다이어그램이나 그림 등이 놓일 위치에 미리 배치하면, 발표자가 설명하는 순간에 당황하지 않고 프레젠테이션에 임할 수 있을 것이다.

이 레이아웃 컨트롤은 저자가 한국과학기술연합대학원의 석·박사 과정의 정규 강의와 그동안 "프레젠테이션 성공 전략"이라는 제목으로 연구기관과 대학교를 대상으로 30여 차례의 순회강연에서 시험한 바 있는 새로운 개념의 방법이다.

타임 컨트롤

프레젠테이션에서 무엇이 가장 중요하다고 생각하는가?

이에 대한 답은 발표자의 가치관에 따라서 다르겠지만, 일반적으로 중요시되는 것들 중 하나는 시간엄수이다. 주어진 시간 내에 프레젠테이션을 성공적으로 마치는 것이 무엇보다도 중요하다. 어느 나라를 막론하고 프레젠테이션에 참석한 청중이 가장 싫어하는 것 중 하나는 발표자가 시간을 지키지 않고 질질 끄는 것이다. 청중은 주어진 시간보다 다소 짧게 끝나는 것을 좋아하지만 대부분의 발표자들은 이러한 사실을 숙명처럼 잘 알고는 있다.

하지만 대부분의 발표자들은 설명에 몰입하다 보면 시간 가는 줄을 모르기 마련이다. 그렇다고 수시로 시계를 들여다볼 수도 없다. 왜냐하면 청중이 오해할 수도 있기 때문인데 발표자가 프레젠테이션에 자신이 없는 것으로 오해할 수도 있다. 또는 프레젠테이션에 성의가 없는 것으로 오해할 수도 있다.

또 다른 경우는 발표자가 여러 사람들 앞에 서면 긴장과 초조 때문에 시간 내에 프레젠테이션을 마쳐야 된다는 사실을 알고는 있으면서도 시간 가는 줄을 전혀 감지하지 못하고 설명을 계속하기 때문이다.

이런 경우 사회자가 시간 독촉을 하면 발표자는 프레젠테이션에 집중할 수 없게 되어 경우에 따라서는 더욱 당황하게 된다.

문제는 시간엄수를 익히 잘 알고는 있으나 제대로 실천하지 못한다는 점이다. 시간엄수에 대한 근본 대비책이 바로 타임 컨트롤이다.

이를 위한 방법은 비교적 간단하다. 먼저 슬라이드 디자인 단계에서 파워포인트의 상단에 있는 [삽입]을 클릭한 다음, [날짜 및 시간]을 클릭한 후에 시각을 나타내는 항목을 클릭하면, [그림 13.14]의 좌측 하단에 16:52와 같은 시각이 디

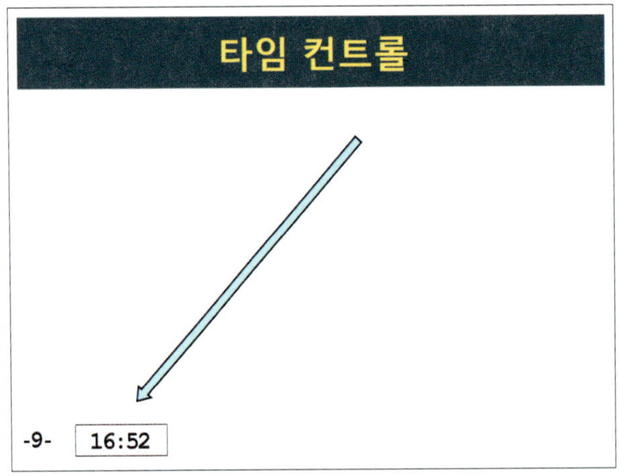

그림 13.14 타임 컨트롤

스플레이된다. 동시에 [그림 13.14]의 좌측 하단의 '−9−'와 같이 쪽 번호도 디스플레이한다. 이렇게 쪽 번호와 시각을 모든 슬라이드의 하단에 디스플레이하면 매 쪽 번호에 해당되는 현재 시각을 정확하게 알 수 있게 되므로 발표자는 아무런 부담감 없이 시각을 알아차린 상태에서 프레젠테이션을 안정적으로 진행할 수 있을 것이다.

| 제**14**장 |

연단공포증 해소 방법

제14장 연단공포증 해소 방법

연단공포증이란?

1. 연단공포증의 정의

프레젠테이션은 여러 사람들 앞에서 이루어진다. 좀 더 구체적으로 말하자면 대부분의 프레젠테이션은 여러 사람들 앞에 설치된 연단 위에서 이루어진다. 또한 대부분의 연단은 바닥면보다 약간 높게 설치되어 있다. 그리고 장소가 작으면 모르되 웬만큼 큰 규모의 장소에서는 마이크를 사용한다. 이러한 환경의 프레젠테이션에서 발표자라고 하면 누구나 겪는 것이 연단공포증이다.

특히 참석자들이 발표자보다 나이도 많고 사회적인 지위도 높을수록 발표자는 더욱 큰 심리적인 부담감을 느끼게 되어 연단공포증의 정도가 심해질 수 있

연단공포증이란?

여러 사람들을 대상으로 연단 위에서 프레젠테이션을 할 경우, 긴장하고 주눅이 들어 머릿속이 하얗게 되는 느낌에다 숨결이 가빠지고, 다리가 떨리고, 침이 마르고, 입술이 바짝 타며, 말문이 막히거나 말을 더듬거나, 청중의 눈을 바로 보지 못하는 등의 반응이 나타나는 심리적 현상을 연단공포증이라 한다.

는 것으로 알려졌다.

연단공포증이 심해지는 경우의 예를 들면, 최고경영자와 주요 간부들이 참석하는 프레젠테이션에서 발표하는 경우, 사업계획서의 심사자들 앞에서 사업의 수주를 목적으로 프레젠테이션을 하는 경우, 입사면접에서 응시자가 심사위원들 앞에서 프레젠테이션을 하는 경우 등이다.

이러한 연단공포증은 완벽함을 추구하는 성격이나 자아의식이 아주 강한 발표자일수록 심한 것으로 알려졌다. 이런 발표자의 경우 프레젠테이션 도중에 발생할 수 있는 실수나 엉뚱한 대답 등의 과도한 강박감에 사로잡혀 프레젠테이션 자체를 망칠 수 있다.

사람의 몸은, 긴장하면 몸을 활발하게 움직이는 교감신경과 이를 느긋하게 하는 부교감신경의 균형이 깨져 혈액이 상반신으로 몰리게 되는 것으로 알려졌다. 이 결과 심장박동이 빨라지고 얼굴이 화끈거리거나, 체온이 올라가 땀을 흘리게 된다는 것이다. 이런 현상은 갑작스런 위험에 즉시 대처할 수 있도록 하기 위해 야기되는 것이라고 한다. 즉 긴장감이란 몸을 지키기 위한 본능이라는 말이다. 따라서 긴장 그 자체는 지극히 자연스러운 일이며, 머리가 좋거나 신경이 예민한 발표자일수록 쉽게 긴장하는 경향이 있다고 한다.

또한 여러 사람들 앞에서 이루어지는 중요한 프레젠테이션은 물론이고, 그냥 평범한 프레젠테이션에서도 긴장된 얼굴 표정에 목소리가 떨리거나 말을 더듬는 발표자들이 많이 목격되곤 한다.

이런 발표자들이 모두 다 내성적인 성격의 소유자들만은 아니다. 이들 중에는 평상시에 아주 활발하고 서글서글한 외향적인 성격의 소유자들도 있다. 이는 곧 연단공포증이 내성적인 성격의 발표자들에게만 한정된 증상이 아니라는 말이다. 따라서 직장인으로서 한평생을 살아가는 과정에서 필연적으로 다가오는 숙명과도 같은 프레젠테이션을 회피할 수는 없는 것이다.

미국의 어느 대학교에서 조사한 바에 의하면, 대학생들 가운데 연단공포증으로 인하여 프레젠테이션을 두려워하는 학생들이 약 80% 이상을 차지하며, 일반 성인들의 경우는 이 숫자보다 훨씬 높은 거의 100%에 달하는 것으로 발표된 바 있다.

연설이나 강연 전문가들 또는 유명 가수들에게도 연단공포증이 있는 것으로 알려졌다. 이는 곧 누구나 정상적인 사람이라면 여러 사람들 앞에서는 당연히 연단공포증으로 시달리고 있다는 말이다. 따라서 프레젠테이션을 앞두고 있는 발표자가 연단공포증에 직면하는 것은 당연하고 또 당연한 것이다. 절대로 나만 유별나게 연단공포증에 직면하게 된다고 생각하지 말고, 이를 해소할 수 있는 방안에 적극적인 신경을 쓰도록 하자. 연단공포증은 병이 아니라는 말이다.

2. 연단공포증의 원인

가. 중요한 프레젠테이션에서의 준비 부족

평상시 가족이나 친구 또는 동료들과 이야기할 때는 긴장하거나 주눅 들지 않는 발표자도 여러 사람들 앞에 서서 프레젠테이션을 하면 연단공포증에 직면하게 된다.

그 원인은 바로 프레젠테이션의 중요성 때문이다. 발표자의 프레젠테이션이 얼마나 중요한지를 알면 알수록 연단공포증의 정도도 심해지기 마련이다.

이렇듯 심한 연단공포증에 시달리는 사람들의 공통점은 다음과 같다.

첫째, 청중의 규모가 크든 작든 간에 프레젠테이션의 경험이 적다는 것이다.

둘째, 사전에 충분한 시간을 갖고 철저한 리허설을 하지 않아서 불안한 마음 상태로 프레젠테이션에 임했다는 점이다.

그러니까 프레젠테이션의 중요성을 알고는 있으나, 프레젠테이션 경험이 일천하거나 미리 충분한 준비를 하지 못해서 초래되는 것이라는 말이다. 좀 더 쉬운 말로 얘기하자면 자업자득(自業自得)이라는 것이다.

나. 완벽한 프레젠테이션의 추구

연단공포증의 원인을 좀 더 다른 각도에서 얘기하면 다음과 같이 요약할 수 있을 것이다.

첫째, 발표자가 참석자들의 욕구를 시원스러운 프레젠테이션을 통해서 만족시켜 주지 못하는 부담감이다.

둘째, 발표자의 공포감이 외면으로 표출됨으로 인한 난처함이 긴장감과 공포감을 더욱 촉진시킨다는 것이다.

그러나 대부분의 발표자는 다른 발표자보다 더 똑소리 나게 프레젠테이션을 잘하고 싶지만, 막상 자기 차례가 되어 프레젠테이션을 하게 되면, 그 순간부터 머릿속이 하얗게 변하면서 몸도 마음도 무거워지고 힘이 빠지고 침이 마르면서 입이 타고 온몸이 떨리는 상태에 빠지게 된다.

그 이유는 간단하다. 프레젠테이션의 결과에 따라 성패나 흑백이 가려지게 되므로 누구나 프레젠테이션을 완벽하게 준비해야 된다는 부담감이 끊이지 않고 계속되기 때문이다. 여기서의 연단공포증의 원인은 완벽함의 추구이다. 완벽한 것은 좋으나 너무 완벽한 것은 많은 문제점을 발생시킬 수도 있다는 뜻이다.

다. VIP 대상으로 설득을 위한 프레젠테이션의 경우

여기서 VIP란 어떤 프로젝트나 사업과 직접적으로 관련이 있는 인사들을 뜻하는 것이다. 예를 들면 투자자나 심사를 맡은 평가위원 등이다. 또한 발표자가 소속된 직장의 최고경영자나 중요 간부들을 말한다.

위에서 말한 평가위원들 또는 아주 중요한 고객이나 직장의 최고경영자나 중요 간부들 앞에서 프레젠테이션을 하게 되면 '이는 곧 죽음'이라고 생각될 정도로 발표자는 심리적인 압박감에 직면할 수밖에 없는 것이다.

즉 VIP를 대상으로 한 프레젠테이션은 경험이 풍부한 노련한 발표자들도 오금이 저리고 온몸이 얼어붙는 등 초긴장의 상태에 빠지게 된다.

이런 경우의 프레젠테이션은 부담 없는 내용의 설명이나 메시지의 전달에 그치는 그런 가벼운 것이 아니고, 설득으로 결말을 보아야 한다는 점이다.

그러니까 VIP들을 대상으로 설득을 목적으로 한 프레젠테이션은 발표자라면 누구나 연단공포증을 겪게 된다는 뜻이다.

라. 기타 구체적인 원인들

좀 더 구체적으로 조목조목 연단공포증의 원인들을 기술하는 바이니 연단공포증 해소에 참고하기 바란다.

첫째, 청중들이 모두 발표자 자신만을 보고 있다고 생각하는 등 주위의 시선을 지나치게 의식하는 경우이다.

둘째, 발표자가 프레젠테이션 내용에 대한 충분한 지식이나 준비가 부족한 상태에서 연단에 올라온 경우이다.

셋째, 참석자들에게 잘 보이려는 생각이 강해짐과 동시에 발표자의 사소한 실수나 실패에 따른 비웃음을 상상하는 경우이다.

넷째, 프레젠테이션에서 발표자를 괴롭히는 연단공포증은 일반화된 상황 커뮤니케이션 불안에서 오는 것이라고 한다. 즉 누구에게나 일어날 수 있다는 말이다. 예를 들어, 체격이 아주 건장하고 아무리 배짱이 센 사람이나 활발한 성격의 외향적인 성격의 사람이라 하더라도 여러 사람들 앞에서 프레젠테이션을 해야 하는 상황이나, 텔레비전 방송에서 카메라 앞에서 말하는 상황이나, 면접시험에서 시험관들 앞에서 프레젠테이션을 하는 상황 등에서는 누구나 긴장하고 불안을 느낀다. 이때의 불안은 그 사람만의 탓이 아니라 상황 탓이라는 말이다.

이 외에도 여러 가지 원인이 있겠으나 연단공포증을 어떻게 해소할 것인가가 중요한 것이다. 다음에는 연단공포증의 해소 방법들을 알아보도록 하자.

일반적인 간단한 해소법

1. 늠름한 태도를 취하며 심호흡하기

여러 사람들 앞에서 프레젠테이션을 하는 발표자는 연단공포증을 해소하지 않으면, 아무리 훌륭한 자료를 준비했다 하더라도 이는 아무짝에도 쓸모없는 것이 돼 버린다.

연단공포증을 느끼며 자기 순서를 기다리는 순간 프레젠테이션을 하기도 전에 발표자는 긴장과 초조로 인하여 중심축이 흔들리는 현상에 빠지게 된다.

경우에 따라서는 긴장과 초조의 근원인 연단공포증의 예방법을 알고는 있으나 막상 실전에 임하면 어쩔 수 없는 상황에서 곤욕을 치르기 마련이다.

이렇듯 곤욕을 치르는 상황에서의 탈출은 프레젠테이션의 프로나 아마추어를 막론하고 필수적이다. 그래야만 프레젠테이션을 성공적으로 수행할 수 있기 때문이다.

먼저 간단한 방법은 늠름한 태도를 취하며 심호흡을 하는 것이다.

여러 사람들 앞에서 프레젠테이션을 할 때 연단공포증을 해소하기 위해서는 용기로 충만해 있는 것처럼 늠름한 태도를 취하며 심호흡을 하자. 실전에서 프레젠테이션을 하기 위해 강연대에 서기 직전 약 1분 동안 심호흡을 하면 산소를 두뇌에 많이 공급할 수 있게 되어 온몸에 힘이 생기고 용기가 샘솟을 것이다. 이때 가능하면 최대한의 심호흡을 하면 많은 효과를 볼 수 있을 것이다.

여기서 심호흡을 하는 방법은, 코로 천천히 가능하면 많은 숨을 들이쉰 다음에 한꺼번에 "휴~~~~~" 하고 길게 내뱉는 것이다. 이때 소리는 낼 필요 없다.

이렇게 심호흡을 반복하면서 늠름한 태도를 취하면 실제로도 마음과 몸에 변화가 올 수 있다는 것이다.

자기 순서를 기다리는 다른 발표자들이 긴장과 초조에 떨고 있을 때, 아무렇지도 않은 척하는 연습을 거듭하면 실제로 대담해지게 된다는 것이다.

최근 프레젠테이션의 중요성이 급부상되면서 프레젠테이션의 장애 요소인 연단공포증의 해소에 대한 연구가 미국이나 영국의 심리학계에서 활발하게 이루어지고 있는 것 같다.

2. 자신감과 근육이완 운동

연단공포증은 또 체계적인 훈련을 통해서 해소할 수 있다. 이 훈련의 핵심은 자신감을 갖게 하는 것이다.

'자신감'은 연단공포증을 최소화시킬 수 있는 최고의 매체이다. 자신감의 사전적 의미는 "어떤 일에 대하여 뜻한 대로 이루어 낼 수 있다고 스스로의 능력을 믿는 굳센 마음"이다. 자신감의 반의어는 좌절감이다. 좌절감의 사전적 의미는 "뜻한 바가 이루어지지 않거나 이루어질 수 없어서 생기는, 자신을 잃는 마음의 상태"이다. 심리적으로 '자신감'과 '좌절감' 사이에는 백지 한 장 두께의 차이도 없을 것이다. 왜냐하면 이 두 개념은 심리적인 것으로 마음먹기에 따라 달라지는 것이기 때문이다. 따라서 발표자가 자신감을 갖기 위해서는 발표자 자신을 스스로가 끊임없이 격려하는 것이 효과적이다. "나도 얼마든지 잘할 수 있다!"를 반복하라는 말이다.

실전에서 프레젠테이션을 하기 위해 강연대에 서기 직전 순서를 기다리며 앉아 있는 순간에도 넋을 잃은 표정으로 걱정만 하고 있는 것보다는 자그마한 노력이라도 연단공포증을 최소화시킬 수 있는 노력을 계속하는 것이 적극적인 방식일 것이다. 그래서 다음과 같이 자신감을 북돋울 수 있는 말을 앉아서 마음속으로 되뇌는 것이 좋다.

> "이 자리에 오기까지 나도 최선을 다해 준비했고, 리허설도 많이 했으니까 이번 프레젠테이션은 누구보다도 내가 잘할 수 있다!"
>
> "바로 앞의 발표자가 프레젠테이션을 하는 것을 보니까 나는 그보다 훨씬 더 잘할 수 있을 것 같다!"
>
> "이 프레젠테이션 내용에 대해서는 나는 우리 대한민국에서 최고다!"

이와 동시에 긴장되는 순간일수록 가만히 앉아서 긴장 속에 빠지지만 말고 온몸의 근육을 가볍게 풀어 주는 등 근육 이완 운동을 일정 시간 동안 계속하는 것도 연단공포증을 해소하는 데 큰 도움이 된다.

3. 실수에 너무 예민하게 반응하지 말자

또한 연단공포증을 극복하기 위해서는 의식의 변화가 필요하다. 실수를 대수롭지 않게 여기는 마음가짐이다. 그러나 대부분의 발표자들은 자기 발표 순서를 기다리며 실수를 두려워하기 마련이다.

"나는 내 앞의 발표자에 비해서 실수가 많을 거야!"
"프레젠테이션 도중에 실수하면 어떡하지?"
"내가 실수하면 상사들이 나를 멸시하겠지!"

등의 생각에 사로잡혀 괴로워하는 것은 백해무익(百害無益)하고 말도 안 되는 두려움이다.

"한 번 실수는 병가지상사다."

라는 말이 있듯이 프레젠테이션에서의 실수도 발표자라면 누구나 저지를 수 있는 평범한 것이다. 참석자들은 발표자의 실수에 대해서 별다른 관심도 없을 뿐만 아니라 설사 발표자가 실수를 저질렀다고 하더라도 특별하게 기억하지 못 한다. 물론 치명적인 실수는 기억할 수도 있겠지만….

발표자의 자잘한 실수는 발표자 자신에게만 문제를 야기하는 것이지 참석자들에게는 대수롭지 않은 문제인 경우가 대부분이다.

사실 발표자가 저지른 실수를 오랫동안 기억하는 사람은 발표자인 당사자뿐이고 대다수의 참석자들은 자기 자신과 직접적으로 관련이 없는 사소한 해프닝에 불과한 것이므로 프레젠테이션이 끝남과 동시에 잊어버리기 마련이다.

대부분의 참석자들은 순간의 해프닝으로 간주하고 다 잊어버린 일을 발표자 혼자서만 가슴 깊이 간직한 채 계속 전전긍긍한다면 다음에 있는 프레젠테이션에서도 똑같은 실수를 반복할 수도 있을 것이다.

참석자들은 발표자의 완벽함을 기대하지도 않을뿐더러 설사 완벽했다고 해도 특별한 예우를 해 주지도 않는다. 이러한 사실을 염두에 두고 발표자는 '완벽함에 대한 강박 관념'을 버리는 것이 최상의 방법이다. 대부분의 프레젠테이션 참석자들은 인정도 많고, 관용도 많고, 이해심도 많고, 아량도 많다.

경우에 따라서 참석자들 중에는 발표자가 실수하는 것을 즐기기도 한다. 발표자의 실수가 상식에 어긋나게 너무 오래 지속되거나, 부적절하거나, 불쾌하지만 않으면 참석자들은 크게 개의치 않는다는 말이다. 따라서 웬만한 실수에 대해 너무 예민하게 반응하거나 가슴에 오랫동안 담아 두지 않도록 하기 바란다.

4. 기타의 방법

누구나 열받은 일이 있거나 졸리면 으레 하는 일이 있다. 찬물로 얼굴을 씻는 것이다. 이는 찬물로 얼굴을 씻음으로써 두뇌를 자극하는 가장 손쉽고 간편한 방법이다. 그래서 이 방법은 누구든 어디서나 간편하게 시도해 볼 수 있는 일차적이면서 기본적인 것이다.

발표장에서 프레젠테이션을 하기에 앞서 기다리는 순간 대부분의 발표자들의 두뇌는 끊임없이 활발하게 움직일 것이다. 한 마디로 복잡할 것이다. 개중에는 걱정, 긴장, 초조 등이 심화되면서 점차 연단공포증으로 번지기 마련이다.

이런 경우 걱정, 긴장, 초조 등의 수렁으로 대책 없이 빠져드는 것보다는 연단공포증을 최소화하거나 해소하려는 뜻으로 뭔가를 시도해 보는 것이 옳지 않을까?

제일 먼저 찬물로 세면하는 것이다. 이는 발표 시간이 어느 정도 여유가 있을 때 시도해 봄 직한 것으로 즉시 효과가 나타날 것이다. 걱정, 긴장, 초조 등의 반복적인 생각으로부터의 단절과 동시에 정신이 번쩍 들 것이다. "나도 잘할 수 있다!"를 되뇌면서 국면 전환을 하라는 말이다.

둘째, 화장실에 다녀오는 것이다. 긴장을 푸는 방법으로 흔히 쓰는 방법이므로 한번 시도해 볼 만한 것이다.

셋째, 심호흡을 반복적으로 계속하는 것이다. 심리학 분야의 연구에 의하면 심호흡을 계속하면 자율신경에 안정을 가져올 수 있다는 것이다.

넷째, 손, 발, 다리, 허리, 목 등의 온몸을 지속적으로 움직여서 긴장과 초조를 푼다.

다섯째, 다른 발표자나 지인 또는 동료와 적당한 대화를 계속한다.

여섯째, 발표자 스스로가 지금 긴장하고 있다는 사실을 솔직하게 참석자들에게 말하는 것도 좋다. 이때 주의할 점은 어색하지 않도록 자연스럽게 말하는 것이다. 이는 일종의 고백인데 이 말을 들은 참석자들은 오히려 고개를 끄덕이며 긍정적인 반응을 보일 것이다. 왜냐하면 누구나 다 프레젠테이션에서 발표하면 긴장과 초조해지기 마련이기 때문이다.

일곱째, 미리 준비한 신경안정제를 먹는 것이다. 프레젠테이션에서 발표하면 성격상 긴장과 초조가 심해져서 연단공포증에 시달린 경험이 있는 발표자는 응급조치로 이 방법을 시도해도 좋다.

실전 경험으로 해소하는 법

1. 외향적이고 적극적인 행동 패턴으로 바꿔 보자

평소 여러 사람들이 참석하는 행사에서 나타나는 사람들의 성격은 그 유형이 크게 둘로 대별된다. 각종 행사에서 적극적으로 참여하는 외향적인 사람들이 있는가 하면, 이와는 대조적으로 소극적으로 참여하는 내성적인 사람들이 있다.

이러한 행사에서 내성적인 성격의 사람들은 자기 차례가 돼서야 겨우 입을 열 정도로 말을 아낀다. 정확하게 말하면 말을 기피한다.

"나는 천부적으로 여러 사람 앞에서는 주눅이 들어서 말을 잘 못해!"

반면에 외향적인 성격의 사람들은 수시로 자리를 박차고 일어나 마이크를 거머쥐고 가능하면 말을 많이 하려고 노력하는 듯한 인상을 풍긴다.

외향적인 성격에 이렇듯 적극적으로 참여하는 사람들은 프레젠테이션에서도 긴장과 초조를 모르고 발표를 잘한다.

반면에 내성적이고 소극적이면서도 프레젠테이션에서는 긴장과 초조를 모르고 발표를 잘하는 사람들이 있다. 그러나 대다수의 내성적이면서 소극적인 성격의 사람들은 프레젠테이션 시작 전부터 긴장과 초조 나아가서는 연단공포증에 시달린다.

이러한 성격의 소유자들은 지금부터라도 여러 사람들이 참여하는 행사에서의 행동 패턴을 바꾸는 게 좋다.

회의 주제에 대해서 사전에 충분한 자료 조사와 분석을 한 다음에 실제 회의에서는 자신의 생각이나 의견을 정확하게 표현하는 습관을 들이는 것이다. 처음 몇 번은 긴장과 초조로 인하여 말문이 잘 열리지 않아 말을 더듬는다든지 식은 땀이 나고 다리가 후들거리는 등 어색하여 제대로 표현을 잘 못할 수도 있다. 그러나 이런 기회를 반복해서 갖게 되면 자신도 모르는 사이에 뻔뻔해지는 등 의사표현이 수월해지는 것이다.

그래서 다른 회합이나 행사에 참석해서도 마이크를 힘껏 움켜쥐고 농담도 해보고 노래가 오가는 자리일 경우엔 목청껏 노래도 불러 보는 등 행동 패턴에 변화를 주면 이에 상응하는 정도 이상의 변화가 올 것이다.

이렇게 행동의 패턴을 바꾸면 누구나 가능한 일이다.

사실 곰곰이 따지고 보면 별것도 아닌데 많은 사람들이 연단공포증을 운운하는 것 같다는 생각이 들기도 한다.

문제는 내성적이면서 소극적인 성격을 하루아침에 바꿀 수는 없는 노릇이라는 것이다. 이러한 이유로 서서히 적극적인 사고방식의 외향적인 성격으로 탈바꿈을 시도해보면 언젠가는 본인도 모르는 사이에 반가운 변화가 찾아올 것이다. 지금부터라도 행동의 패턴을 바꿔 보자.

2. 실전 경험이 최고다

많은 수의 참석자들이 모인 회의나 발표장에서 떨지 않고 말을 잘할 수 있는 손쉬운 방법은 딱 하나 연단에 자주 올라가서 마이크를 쥐고 실전에 임하는 것이다. 기회가 주어질 때마다 회피하지 말고 다소 틀리는 실수를 범해도 좋으니까 자꾸 경험을 쌓도록 하자.

때로는 부담이 가는 행사장이나 쑥스럽고, 떨리고, 두려운 행사장에서 실제로 여러 사람들 앞에서 말을 더듬어도 보고, 실수를 연발해 보기도 하고, 반대로 박수갈채를 받아 짜릿한 느낌도 맛보는 등 직접 맞닥뜨려 보면 그 가운데 나 스스로의 대견함, 즉 경륜이 쌓이게 되는 것이다.

연단공포를 아주 심하게 느끼는 사람들이 제아무리 이론적으로 이에 대한 해소 방법을 훤히 암기하고 있다손 치더라도 실전에서 부딪혀 보지 않으면 아무런 효과도 변화도 없다. 혹시나 연단공포에 심각하게 시달리는 발표자들은 오히려 실전을 자주 경험하는 것이 최상의 치료법이다. 실전에서 깨지는 한이 있더라도 피하지 말고 적극적으로 대처해 나가다 보면 오히려 문제해결의 답을 빨리 볼 수 있을 것이다.

대수롭지 않은 것 같지만 크고 작은 행사에서 인사말이나 간단한 설명도 자주 해 버릇하면 좋다. 동창회나 결혼식에서 사회를 보는 것도 프레젠테이션에서 담력을 기르는 데 좋다. 이러한 행사들은 주로 친구나 친척들과 더불어 개최되는 것이어서 사소한 실수는 애교로 넘어갈 수 있고 어쩌다 자신도 모르는 중에 사회를 잘 보면 참석한 사람들이 칭찬을 아끼지 않게 된다. 이러한 순간 자신도 모르는 사이에 자신의 내면 세계에서 자신감이 급성장할 수 있는 것이다. 이는 곧 자신의 실력을 인정받는 계기가 된다는 말이다.

현장 이야기

자랑 같지만, 저자는 중학교 3학년 때 기율부장을 역임하면서 매주 월요일 운동장 조회 때 교장선생님의 훈시가 끝나면 연단에 올라가 기율부장으로서 지난주의 '생활반성'을 발표했고, 고등학교 3학년 시절엔 학생회 회장을 역임하면서 전교생이 모이는 행사에 헤일 수 없을 정도로 많이 연단에 올라서 연설을 한 적이 있다. 그리고 대학교를 졸업한 후 직장에 다닐 때는 중 · 고 · 대학의 동기생들의 결혼식 사회를 자그마치 110회 이상을 한 바 있다. 이것이 결국은 연단 경험이 되어 어떠한 성격의 프레젠테이션도 연단공포 없이 성공적으로 해낸 것 같다. 프레젠테이션의 성공은 현장 경험이 최상의 밑거름이다. 따라서 여러 사람들 앞에서 말할 기회가 생기면 회피하지 말고 적극적으로 나서는 것이 좋다. 간혹 "나댄다!"는 말을 듣더라도 한쪽 귀로 흘려 버리자.

어느 스피치 전문가가 한 말을 인용한다.

"진정한 용기란 두려워하지 않는 것이 아니라, 두렵지만 행동으로 옮기는 것이다."

리허설을 통한 해소법

직장에서 이루어지는 프레젠테이션의 준비 과정은 대부분 팀워크에 의한 공동작업이지만 프레젠테이션은 결국 발표자 혼자서 중요한 역할을 마지막까지 다 해야 한다. 따라서 프레젠테이션에서 발표자의 역할은 가장 중요한 것이다. 문제는 발표자의 역량이다. 발표자가 얼마나 확신을 갖고, 메시지를 얼마나 정확하게 전달하여 참석자들을 잘 설득할 수 있느냐는 전적으로 발표자의 역량에 달렸다. 슬라이드가 훌륭하고 휘황찬란하게 작성되었다고 해서 메시지가 저절로 참석자들에게 정확하게 전달되어 설득될 수는 없기 때문이다.

유능한 발표자라면 전하려는 메시지를 분명하게 이해하여 머리에 저장한 후 이들 메시지를 확신을 가지고 거침없이 열정적으로 전하여 참석자들을 설득해야 한다.

그러나 프레젠테이션에 익숙하지 않거나 발표 내용을 완전히 소화하지 못한 발표자들은 긴장과 초조로 인해 떨고 말을 제대로 하지 못하게 되는 것이다. 따라서 자신이 말하려고 했던 내용의 상당 부분을 누락시키거나 강조해야 할 부분을 강조하지 않은 채 넘어가 버리는 등의 실수로 인하여 결국에는 프레젠테이션 자체를 망치게 된다.

그러나 발표 준비의 상당한 시간을 내용 이해와 발표 연습에 투입하여 준비를 철저히 한 발표자는 작성된 슬라이드 내용의 일부만 봐도 설명을 유창하게 하여 자신이 전달하려는 내용을 완벽하게 전달하여 참석자들을 설득하기에 이른다.

그러나 그렇지 못한 발표자들은 긴장과 초조의 늪에 빠져 말도 제대로 한번 똑 부러지게 못하고 연단을 내려오기 마련이다.

이러한 연유에서 필수적인 요소로 부각된 것이 바로 리허설이다.

현장 이야기

프레젠테이션에서 리허설이 얼마나 중요하고, 왜 철저하게 리허설을 해야 하는지를 분명하게 보여 준 사람은 다름 아닌 애플의 전(前) CEO인 스티브 잡스이다. 미국의 프레젠테이션 전문 강사이자 칼럼리스트인 카마인 갈로(Carmine Gallo)가 에세이와 동영상 등에서 발표한 자료에 의하면, 스티브 잡스는 자사 제품의 설명회에 대비하여 한 시간의 프레젠테이션을 하기 위해서 적어도 200~300시간의 리허설을 한다고 밝힌 바 있다. 그만큼 리허설이 중요하다는 뜻이다.

이제 성공적인 프레젠테이션을 위한 리허설에 대해서 좀 더 자세하게 기술하고자 한다.

연단공포증에 빠지지 않고 똑소리 나는 프레젠테이션을 위해 충분한 시간을 갖고 연습하는 것을 리허설이라 한다.

리허설이라고 해서 대충 적당하게 연습하는 것이 아니다. 대충 적당한 방식으로 이루어지는 리허설이 수십 회 또는 수백 회 반복된다고 해도 그 효과는 미지수라는 말이다. 리허설을 하지 않는 것보다는 낫겠지만 리허설에 투입된 시간과 노력에 비하면 그 효과가 보잘것없는 것이 될 수도 있는 것이다. 어느 누구도 리허설의 효과를 보장받을 수 없다는 뜻이다.

그러면 어떻게 하면 제대로 된 리허설이 될 것인가?

첫째, 실전과 똑같은 프레젠테이션 방식으로 연습해야 한다. 이를 위해서는 기획 단계에서부터 철저한 계획을 수립하여 어느 슬라이드의 어느 대목에서 어떤 시선처리, 어떤 얼굴표정, 어떤 제스처를 할 것인지를 세세하게 디자인하여 실감나게 해야 한다. 앞서 기술한 바와 같이 스토리텔링 방식의 리허설을 하자는 것이다.

둘째, 체크리스트를 활용한 리허설을 해야 한다. (여기서 '체크리스트'란 이 책의 마지막 부분의 리허설에서 자세하게 다루었으니 참고하기 바란다.) 예비 발표자가 발표하는 동안 리허설을 관람하는 사람들이 아무런 생각 없이 관전만 하는 경우를 목격하곤 하는데 이는 리허설의 본질을 잘 몰라서 하는 실수이다. 예비 발표자의 발표 내용 하나하나를 면밀히 관찰하여 체크할 수 있도록 체크리스트에 기록하여 정확한 실상을 파악하여 검토 분석할 수 있어야 한다. 그래서 이 결과를 가지고 개선할 사항들을 발굴해 내서 다음에 이어지는 리허설에서 이 부분을 보완할 수 있어야 한다.

셋째, 캠코더를 활용하여 예비 발표자의 발표 전체를 녹화하여 리허설 평가자들과 같이 분석하고 검토하도록 한다.

넷째, 리허설은 단발에 그치지 않고 수십 차례에 걸쳐 반복해야 한다. 만약 발표자가 초보자에 해당되면 그 횟수를 늘리는 것이 좋다.

현장 이야기

최근(2011년 7월 6일) 남아프리카공화국 더반(Durban)에서 IOC가 개최한 2018년 동계올림픽개최지 선정 행사에서 대한민국 유치단이 평창을 개최지로 선정되도록 하는 데 1등 공신의 역할을 한 것은 바로 우리나라 대표팀의 성공적인 프레젠테이션인 것으로 알려졌다.
이 프레젠테이션에서 이명박 대통령, 조양호 평창올림픽유치위원장, 박용성 대한체육회장, 김연아 선수, 나승연 대변인을 비롯한 8명의 발표자들 개개인이 각각 10여 분의 프레젠테이션을 위해 약 100여 차례에 걸친 리허설을 했다는 감동적인 보도가 있었다.
특히, 조양호 평창올림픽유치위원장은 '연단울렁증'을 해소하기 위해 영국의 스피치 전문가의 레슨을 받아 가며 피땀 흘리는 각고의 연습을 했다는 언론보도에 온 국민이 감동의 박수를 아끼지 않은 바 있다. 이는 체계적이고 지속적인 리허설을 하면 확실하게 목적 달성을 할 수 있다는 좋은 사례이다. 여기서 '연단울렁증'이란 '연단공포증'과 동일한 것이다.

이미지 트레이닝을 통한 해소법

현장 이야기

몇 주 전부터 또는 몇 달 전부터 슬라이드 작성에 '올인'해 오다가 프레젠테이션 하루 전날 저녁, 드디어 발표 자료인 슬라이드가 완성되었다. 내일 중요한 발표가 있지만 걱정이 되어 밤이 이슥할 때까지 슬라이드 내용을 훑어보며 발표 연습을 한다. 소위 말하는 눈으로 '대충 훑어보는 리허설'이다.
드디어 그날이다. 프레젠테이션이 시작되자 연단에 올라 발표를 시작한다. 긴장과 초조에 갑자기 머릿속이 하얗게 되는 것 같은 느낌이다. 당황하지 않을 수 없다. 동시에 다리도 떨리고 입이 바짝 타들어 가는 등 중심을 가눌 수 없을 정도이다. 말에도 확신이 서지 않는 등 도무지 불안한 상태에서 주장에 확신이 없어 보여서 발표자가 주장하는 내용에 참석자들의 반응도 싸늘하다.

"도대체 발표자가 하는 말이 뭔지 알 수가 있어야지……?!"

이러한 상황은 누구에게나 있을 수 있는 것이다. 이러한 상황의 일차적인 대비를 목적으로 앞에서 리허설의 구체적인 방법을 제시하였다. 일단 충분한 리허설을 한 후에 프레젠테이션에 임하는 것이 정석이다.

그러나 발표자가 연단 경험이 짧은 데다 내성적인 성격의 소유자인 경우, 제아무리 리허설을 충분히 했다고 하더라도 연단공포증에 대해서는 무방비 상태일 수 있다.

이런 경우를 대비하여 심리학자들에 의해서 개발된 것이 이미지 트레이닝이다.

이미지 트레이닝이란 두뇌의 착각 시스템을 이용하여 미래를 미리 체험해 보는 것이다. 미래의 어느 순간에 이루어질 상황을 머릿속에서 생생하게 떠올려, 긍정적인 방향으로 진행하여 만족한 결과로 끝맺음하는 미래를 현실로 받아들이게 하는 일종의 실리적인 훈련이다. 이러한 이미지 트레이닝이 가능한 배경은 다음에서 좀 더 자세히 알아보자.

우리 인간의 두뇌는 현실과 상상을 구별하지 못하는 것으로 알려졌다. 두뇌는 착각 덩어리라고 한다. 무슨 말인지 이에 대한 사례를 통해서 알아보자.

파도가 잔잔하고 바다 속까지 훤히 보이는 푸른 바다, 야자수 우거진 호텔의 야외 레스토랑에서, 당신이 연모하는 사람과 마주 앉아 '미디엄 웰던(medium well-done)'으로 즉석에서 지글지글 소리를 내며 구운 최고급 스테이크를 나이프로 커팅하며 최고급 레드 와인을 곁들여 먹는 모습을 얼굴 표정과 그윽한 레드 와인 향까지 자세히 떠올려 보자. 그러면 당신의 얼굴에는 잔잔한 미소와 더불어 입에는 군침이 돌 것이다.

이러한 현상이 바로 우리 인간 두뇌의 착각이다. 심리학자들의 발표에 의하면, 우리 인간들의 두뇌는 현실과 상상을 구별하지 못한다는 것이다.

이에 대한 이유는, 지금 머릿속에서 떠올리는 것이 상상이든 현실이든 간에 동일한 신경회로를 통해서 처리되어 우리 몸속의 각 기관에 지명을 내리기 때문에 그렇다는 것이다.

맛있는 음식을 상상하면 군침이 도는 경우, 좋아하는 보석을 떠올리면 갖고 싶어서 얼굴에 호기심이 감도는 경우, 연모하는 애인의 얼굴을 떠올리면 얼굴이 발그레해지는 경우 등의 반응은 모두 두뇌의 착각에서 일어난다는 것이다.

결국 두뇌에서 이루어지는 상상은 곧 현실 체험과 직결될 수 있음을 의미한다는 것이다. 이러한 과정을 통한 이미지 트레이닝이 가능한 이유는 바로 우리 인간 두뇌의 착각에 있다는 것이다.

위의 내용을 정리해 보자. 두뇌의 착각 시스템을 활용하면, 상상 속에서 미래를 미리 체험해 볼 수 있다는 것이다. 이에 대한 방법은 원하는 미래를 머릿속에 생생하게 떠올리면 된다는 말이다. 원하는 미래를 머릿속에 진짜처럼 떠올리면 두뇌에서 착각 시스템이 작동되어 그 미래를 현실이라고 받아들이게 된다는 뜻이다.

이미지 트레이닝 방법에 대해서 좀 더 구체적으로 자세히 알아보자. 이미지 트레이닝 방법을 다른 말로는 심상화법(心上畫法)이라고도 한다. 즉 마음의 힘을 잘 활용하여 긴장감과 초조감을 풀어 연단공포를 해소한다는 것이다. 이 방법은 평상시에 꾸준히 연습해 두면 효과가 있을 뿐만 아니라 프레젠테이션하기 바로 직전에 연습하면 더 큰 효과를 볼 수 있는 것으로 알려졌다. 상황이 눈을 감아도 된다면 눈을 감고 연습하는 것이 좋다고 한다. 이때 심호흡을 병행하면 훨씬 효과적이란다. 이를 반복한 후에 상상한 대로 이루어진다고 굳게 믿으면 마음도 머리도 가뿐해지면서 자신감이 샘솟게 된다는 것이다.

호주의 사이먼 레이놀즈(Siimon Reynolds)는 "이미지 트레이닝의 중요성"에 대해서 다음과 같이 소개한 바 있다. 프레젠테이션과 직접적인 관련은 없으나 이미지 트레이닝의 효력을 이해하는 데 좋은 참고가 될 것 같다.

몇 년 전 체육연구잡지인 ≪리서치 쿼터리(Research Quarterly for Exercise and Sport)≫에, 어떤 과학자들이 세 그룹의 학생들에게 농구의 슈팅 연습 실험에 대한 보고가 실렸다.

제1그룹은 실제로 농구공을 사용하여 미리 설정한 거리에서 슛하는 연습을 20일간에 걸쳐 시켰고,

제2그룹은 전혀 연습을 시키지 않았으며,

제3그룹은 상상으로 반복해서 슛하여 성공하는 모습을 계속해서 떠올리게 했다.

그 후 이 세 그룹의 학생들을 실제로 농구 코트에서 슛을 하도록 하고 결과를 기록했다.

결과는 다음과 같았다.

제1그룹의 성공률은 24퍼센트가 개선되었다.

제2그룹은 아무런 개선도 없었다.

제3그룹은 성공률이 23퍼센트나 개선되었다.

이 결과를 분석해 보자. 제1그룹과 제3그룹의 결과는 눈여겨볼 만한 것이다.

농구공을 만지지도 않고 상상으로만 반복적인 훈련을 한 제3그룹의 학생들은 제1그룹과 거의 같은 수준의 개선을 보인 것이다.

이 결과의 이유는 다음과 같이 설명되었다. 제3그룹의 학생들은 그들이 스스로를 훌륭한 농구선수라는 가상의 사실을 상상 속에서 계속해서 입력시킨 채 계

속 머릿속으로 슈팅 연습을 했기 때문이란다. 두뇌의 착각 시스템은 실제로 자신이 직접 슛하는 경기를 하고 있다고 판단했고, 자신이 훌륭한 농구선수라고 '학습'한 두뇌는 그 레벨을 유지해서 플레이를 하도록 신체를 이끈 것이다.

이에 대한 심리학적인 논리로서 두뇌생리학자인 존 에클레스(John C. Eccles) 박사는 다음의 견해를 밝힌 바 있다.

"무엇인가를 학습할 때, 신경은 하나의 패턴이 줄지은 고리상태로 되어 두뇌 조직에 새겨 넣는다. 바로 그 고리를 두뇌가 기억하는 것이다. 무의식은 실제의 경험과 상상 속의 경험을 구별할 수 없기 때문에 이미지 트레이닝으로 만들어진 신경 고리와 실제 운동으로 만들어진 고리를 구별하지 못한다. 때문에 두뇌에 새겨진 불완전한 패턴을 실제로 경험한 것으로 바꾸거나 고친다."

이러한 사실이 발표된 후 올림픽 선수들은 좋은 결과를 위해 두뇌의 착각 시스템을 활용한 이미지 트레이닝을 실시하여 실제로 좋은 성적을 올렸다는 것이다.

프레젠테이션 발표자인 여러분도 얼마든지 이러한 방법, 즉 이미지 트레이닝을 통해 원하는 것을 이루어 내기 바란다.

프레젠테이션을 앞두고 이미지 트레이닝을 하는 방법은 크게 둘로 나눌 수 있다. 첫째, 슬라이드의 작성이 완료되고 리허설을 하는 과정에서 프레젠테이션 당일 발표하는 자신의 모습을 떠올려서 발표를 잘하는 자신의 모습을 떠올리고, 자신의 발표에 감동받은 청중들로부터 박수갈채를 받는 자신의 모습을 떠올리는 것을 반복하는 것이다.

둘째, 프레젠테이션 바로 직전에 발표 순서를 기다리는 순간에 발표를 잘하는 자신의 모습을 떠올리고, 자신의 발표에 감동받은 청중들로부터 박수갈채를 받는 자신의 모습을 떠올리는 것을 반복하는 것이다.

이러한 방식으로 이미지 트레이닝을 하면 두뇌의 착각 시스템이 작동되어 긍정적인 미래를 체험하게 됨에 따라 연단공포증을 날려 버릴 수 있을 것이다.

다음은 이미지 트레이닝 과정에서 되뇌면 좋은 문구들이다. 부담 없이 기억해 두었다가 요긴하게 활용해 보기 바란다.

- 나는 이 프레젠테이션이 아주 즐겁다.
- 나는 반드시 프레젠테이션을 잘할 수 있다.
- 나는 어려움에 처했을 때 오히려 열정적인 힘이 샘솟는다.
- 나는 이미 상당한 프레젠테이션 실력을 겸비했다.
- 나는 큰 행사의 프레젠테이션일수록 차분하게 잘할 자신이 있다.

| 제3부 |

프레젠테이션 발표

| 제**15**장 |

구두발표

제3부

제15장 구두발표

현대인과 구두발표

1. 구두발표의 정의

▶ 구두발표(口頭發表)는 'oral presentation'의 우리말 표기이다. '오럴 프레젠테이션'은 구두발표보다 보편적으로 널리 사용되어 왔으며, 이제는 외래어로 정착되었다. 따라서 이 책에서는 '구두발표'와 '오럴 프레젠테이션' (또는 '프레젠테이션')을 혼용한다.

▶ 구두발표란 발표자가 원하는 목표를 달성하기 위하여 정해진 시간 내에 전달하려는 사실이나 정보, 자신의 주장이나 의견, 아이디어 등을 시청각 매체를 통하여 명확하게 설명하여 청중을 이해시키고, 자신이 의도한 결과를 이끌어 내도록 유도하는 커뮤니케이션 활동을 말한다.

핵심 포인트

- 프레젠테이션 하면, 파워포인트를 활용하여 텍스트, 사운드, 그래프, 그림 등을 보기 좋게 작성하여 보여 주는 것이라고만 생각한 나머지 작업팀까지 구성하여 몇 날 며칠 밤낮으로 작성하는 데 온갖 노력을 쏟아붓는다.
  그러나 정작 청중을 감동시키기 위한 구두발표는 준비 미흡과 발표자의 능력 부족으로 인해 만족할 만한 결실을 거두지 못하는 경우가 잦아졌다.
- 문제는 사회 전반에서 능력 있는 구두발표에 대한 수요는 날로 증가하는 반면, 공급인 교육은 턱없이 부족한 양상을 보이고 있다는 점이다. 그렇다고 아무런 대비책 없이 손 놓고 방치할 수는 없다.
  이러한 시대적, 사회적 수요에 시기적절하게 대비하는 차원에서 이 책이 기획되었다.

구두발표, 어떻게 할 것인가?

1. 구두발표의 중요성

▸ 현대사회에서 구두발표는 단순한 발표를 넘어서 개인이나 단체 또는 기업이나 기관의 능력을 평가하는 잣대로도 활용되고 있다.

▸ 또한 구두발표는 개인과 개인 간의 경쟁, 단체 · 기업 · 기관들 사이에 경쟁의 도구로 활용되는 일이 많아졌다. 이러한 이유로 학생들은 물론 직장인들에게는 구두발표 능력이 경쟁사회에서 이길 수 있는 필수 요건으로 자리를 잡았다.

▸ 대학의 강의나 세미나, 국내 및 국제 학회나 심포지엄 또는 워크숍, 기업이나 정부 또는 공공기관이나 연구소 등의 각종 회의나 심의 또는 심사, 면접 등에서 구두발표는 필수적인 존재가 되었다. 왜냐하면 기본적으로 상대를 설득해야 하기 때문이다.

▸ 내가 알고 있는 것, 생각하고 있는 것, 알아낸 것, 발견한 것, 의도하는 것 등

을 파워포인트 슬라이드를 활용하여 여러 사람들에게 명확하게 전달하는 것은 올바른 프레젠테이션 방법을 통해서만 가능하다.

- 프레젠테이션은 동서고금을 통해 중요시되어 왔고, 앞으로는 더욱 중요해질 것이다. 이를 다른 사람들보다 더욱 효과적이고 성공적으로 실행한 사람이 성공하였고, 앞으로는 더더욱 그럴 전망이다. 이는 어느 분야를 막론하고 공통적이다.
- 연구소, 기업, 정부, 정부기관 등의 비즈니스 세계에서는 지식, 기술, 경험, 조직력 등 다양한 능력이 필요하지만, 최근 들어서는 무엇보다도 프레젠테이션을 통한 커뮤니케이션 능력이 중요시되고 있다. 얼마나 효과적인 프레젠테이션을 하느냐에 따라 신뢰감의 형성과 성공의 달성이 달라지기 때문이다.
- 특히 비즈니스 커뮤니케이션의 꽃이라 불리는 프레젠테이션은 단순히 말만 유창하게 잘하는 것이 아니고, 시청각 시스템을 활용하여 청중에게 확실한 메시지를 전달하여 원하는 목적을 달성하는 것이다.
- 최근 대다수의 기업 최고경영자들이 일선에서 직접 기업을 소개 · 설명하거나 프로젝트를 발표하는 사례가 늘고 있다. 이 같은 활동이 곧 최고경영자의 능력으로 평가받기도 한다.
- 프레젠테이션 능력은 현대인이면 누구나 갖춰야 할 필수 요건임에도 불구하고 여전히 취약하다. 이에 대한 원인에는 내성적인 민족성과 주입식 교육과정 등 다양한 장애요인이 있다. 하지만 무엇보다 프레젠테이션에 대한 적극적인 자세와 노력 부족이 핵심 원인이다.
- 고등학교까지의 교육은 암기위주의 교육이어서 말할 필요도 없고, 대학에서도 일부 학과를 제외하고는 여러 사람들 앞에서 파워포인트를 이용한 구두발표 방법을 교과목으로 개설하지 않아 학생들은 배울 길이 거의 없는 실정이다.
- 오럴 프레젠테이션은 현대사회의 필수 요건인 커뮤니케이션의 꽃이라 불리는 것으로, 발표자가 의도하는 메시지를 파워포인트와 시청각 매체를 활용하여

청중에게 효과적으로 전달하는 것이다.

따라서 단순히 파워포인트를 이용하여 발표 자료만 잘 만들거나, 또는 말만 유창하게 잘한다고 해서 성공하는 것이 아니다.

▶ 현대사회에서 오럴 프레젠테이션은 누구나 할 수 있고, 누구에게나 기회가 주어진다. 따라서 이를 체계적으로 잘하기 위한 방법이 무엇인지를 정확하게 알아야 한다. 그러나 구두발표 방법을 제대로 배우고 터득한 사람은 극소수이다. 대부분의 사람들은 주변에서 대충 주워들은 단편적인 지식이나 현장의 시행착오를 통해 방법을 터득할 뿐이다.

▶ 비즈니스가 아니더라도 체계적이고 효과적인 오럴 프레젠테이션이 필요한 경우는 얼마든지 많다. 교육, 심사, 면접, 협상, 토론, 회의, 설명회 등 자신의 메시지를 확실하게 전하고 상대를 설득하는 자리는 모두 우수한 프레젠테이션 기량을 필요로 한다.

▶ 이 책의 핵심 내용은 파워포인트 슬라이드를 활용한 구두발표 방법이다. 파워포인트로 작성된 슬라이드는 훌륭한데, 구두발표가 신통치 않아서 상대를 설득하는 데 실패한다면 그 실패를 돌이킬 수 없는 경우가 대부분이다. 결국 공들여 만든 발표 자료에 쏟은 시간과 노력을 보상받을 수 없게 된다면, 이는 상처로 남아 두고두고 후회스러운 경우가 되고 말 것이다.

▶ 독자가 현대생활에서 진정으로 프레젠테이션의 성공을 갈망한다면, 이 책을 정독하고 철저히 이해하여 자신감 넘치는 유창한 구두발표 방법이 몸에 배도록 숙지하는 것이 오럴 프레젠테이션을 성공으로 이끌 수 있는 지름길이다.

핵심 포인트

- 특정 분야의 전문지식이 많아서 전문가 또는 대가(大家)로 존경받는 인사라고 해서 오럴 프레젠테이션을 다 잘하는 것은 아니다.
  또는 나는 전문가나 대가이니까 오럴 프레젠테이션 따위는 대충 적당히 해도 된다는 쓸데없는 생각을 과감하게 털어 버리고, 이 책을 철저히 공부하여 반복적인 연습으로 자신감을 쌓으면, 실질적인 전문가 또는 대가가 될 수 있다.
- 오럴 프레젠테이션을 '똑소리 나게' 잘하여 청중을 나의 지지자들로 만들고 싶은데 어디서부터 손을 댈지 모르겠다는 독자들을 위해 이 책이 집필되었다. 사전 지식이나 경험이 없어도 좋으니, 이 책의 내용 하나하나를 익히고 몸에 배도록 연습하고 체험하면 여러분도 유능한 발표자가 될 수 있다.

| 제**16**장 |

시작 단계

제3부

제**16**장

시작 단계

발표장의 실내조명

1. 발표장을 칠흑같이 어둡게 만들지 말자

슬라이드에 담긴 프레젠테이션 내용이 투영되는 스크린 주변은 어둡게 하되, 발표장 뒤쪽으로 절반 정도는 조명을 켜서 밝게 해야 한다.

▸ 발표장이 칠흑같이 어두우면 청중은 발표자를 볼 수 없고, 발표자는 청중을 볼 수 없게 된다. 이런 상태에서는 발표자와 청중 사이에 커뮤니케이션이 어려워질 수 있다.

▸ 발표자의 얼굴표정, 제스처, 청중들의 순간순간의 반응 등이 어둠 속에 묻히면 발표자와 청중 사이의 상호교감 및 상호작용(interaction)이 불가능해진다. 따라서 생동감이 넘치는 프레젠테이션은 고사하고 발표자가 의도한 내용조차도

정확하게 전달될 수 없는 상황에 빠지게 된다.

▶ 더욱 심각한 문제는 청중들이 쉽게 졸음에 빠질 수 있다는 점이다. 점심식사 후에는 이런 현상이 더더욱 심해진다.

발표자의 위치 선정

프레젠테이션을 할 때 발표자는 어디에 서는 것이 가장 효과적일까?

스크린을 사용하는 프레젠테이션에서 발표자는 스크린의 오른쪽과 왼쪽 중 어느 쪽에 서는 것이 효과적일까?

핵심 포인트

대다수의 발표자들은 다른 발표자들이 서서 발표했던 바로 그 자리에서, 위치에 관해서는 아무런 생각 없이 프레젠테이션을 한다. 그래서 굳이 오른쪽과 왼쪽을 생각할 필요조차도 느끼지 못한다.

그러나 발표자의 위치 선정은 효과적인 프레젠테이션을 수행하는 데 가장 우선적으로 꼽을 수 있는 중요한 사항이다.

스크린을 사용할 경우

1. 발표자는 스크린의 정면에 서지 말자

▶ 어떠한 경우에도 발표자는 스크린을 가리고 서지 말자.

만약 발표자가 스크린의 정면에 서서 스크린을 가리고 선다면, 청중들은 아주 답답함을 느끼게 될 것이다. 왜냐하면 스크린에 비춰진 내용이 발표자에 의해서 가려질 수 있기 때문이다.

2. 발표자는 스크린 옆에 바짝 붙자

[그림 16.1]의 (1)과 같이, 발표자는 스크린 옆에 바짝 붙어 서야 한다. 그러나 [그림 16.1]의 (2)와 같이 강연대에 서서 이루어지는 프레젠테이션의 경우 청중의 시선이 발표자와 스크린을 오가기 때문에 청중의 집중력은 분산된다. 청중의 집중력이 분산되면 발표자가 발표하는 내용을 따라잡지 못하고 놓치기 마련이다.

3. 오른손잡이인 경우

가. 마이크를 사용하는 경우

▶ 발표자는 스크린을 향해 봤을 때, 스크린의 오른쪽에 서자.

왼손에는 마이크, 오른손에는 리모컨이나 지시봉을 잡고 스크린에 비친 발표 자료를 가리키는 경우, [그림 16.2]의 (1)과 같이, 발표자는 스크린을 향해 봤을 때 스크린의 오른쪽에 서자.

(1) 발표자가 스크린 옆에 바짝 붙어 서 있는 경우

(2) 발표자가 스크린에서 멀리 떨어져 서 있는 경우

그림 16.1 발표자와 스크린 간의 거리

핵심 포인트

오른손잡이가 스크린을 향해 오른쪽에 서서 프레젠테이션을 하는 경우, 발표자의 왼손에 마이크가 쥐어지고, 오른손으로 스크린을 가리키게 된다. 이때 발표자는 스크린을 향해 오른쪽으로 몸을 조금만 틀어도 된다. 이렇게 되면 청중에게 등을 보이지 않게 되고, 또한 오른팔이 발표자의 몸을 가리지도 않게 된다.

따라서 발표자와 청중 간의 상호작용은 자연스럽게 이루어지며, 오른손에 의한 포인팅이나 제스처도 발표자가 뜻하는 대로 자연스럽게 이루어질 것이다.

그러나 위와는 대조적으로, 오른손잡이가 스크린을 향해 왼쪽에 서서 발표를 한다면, [그림 16.2]의 (2)와 같이 왼손에 마이크가 쥐어지고, 오른손으로 스크린을 가리키게 된다. 이런 경우 발표자가 오른손을 스크린 쪽으로 뻗기 위해서는 오른쪽 어깨를 스크린 쪽으로 틀어야만 한다. 결국 오른쪽 어깨가 스크린 쪽으로 회전하면서 발표자의 몸은 상당 부분이 가려지고 등은 청중을 향하게 되어 발표자와 청중 간의 상호작용은 부자연스럽게 된다.

이와 같은 이유로 오른손잡이가 스크린의 왼쪽에 서서 발표하면 인간공학적인 측면에서 봤을 때 비합리적이기 때문에, 오른쪽에 서서 발표하도록 하자.

이러한 경우, 제스처를 해야 할 땐 오른손에 쥔 포인터나 지시봉을 호주머니에 잠시 넣어 두면 오른손이 자유롭게 되어 제스처를 힘차고 자연스럽게 할 수 있다.

나. 무선 부착 마이크를 사용할 경우 스크린의 오른쪽에 서자

왼손에는 아무것도 없는 상태에서, 오른손으로 스크린에 비친 발표 자료를 가리키는 경우, 발표자는 스크린을 향해 봤을 때 스크린의 오른쪽에 서자. 이것이 인간공학적인 측면을 고려해 봤을 때 합리적이다.

여기서 청중과의 보다 완벽한 커뮤니케이션을 위해서는 포인터나 지시봉을 호주머니에 잠시 넣어 두고, 두 손으로 제스처를 하면 훨씬 힘차고 자연스러워질 것이다.

(1) 오른손잡이가 스크린의 오른쪽에 서서, 마이크를 왼손에 쥐고 오른손으로 스크린을 가리키는 경우(O)

(2) 오른손잡이가 스크린의 왼쪽에 서서, 마이크를 왼손에 쥐고 오른손으로 스크린을 가리키는 경우(X)

그림 16.2 스크린 앞에서의 발표자 위치

(3) 왼손잡이가 스크린의 왼쪽에 서서, 마이크를 오른손에 쥐고
왼손으로 스크린을 가리키는 경우(O)

(4) 왼손잡이가 스크린의 오른쪽에 서서, 마이크를 오른손에 쥐고
왼손으로 스크린을 가리키는 경우(X)

그림 16.2 스크린 앞에서의 발표자 위치(계속)

4. 왼손잡이인 경우

가. 마이크를 사용하는 경우

▶ 발표자는 스크린을 향해 봤을 때, 스크린의 왼쪽에 서자.

이 경우는 앞의 오른손의 경우와 대조적이긴 하나 기본원리는 같다.

오른손에는 마이크, 왼손에는 리모컨이나 지시봉을 잡고, 스크린에 비친 발표 자료를 가리키는 경우, [그림 16.2]의 (3)과 같이 발표자는 스크린을 향해 봤을 때 스크린의 왼쪽에 서자.

핵심 포인트

왼손잡이가 스크린을 향해 왼쪽에 서서 프레젠테이션을 하는 경우, 발표자의 오른손에 마이크가 쥐어지고, 왼손으로 스크린을 가리키게 된다. 이때 발표자는 스크린을 향해 왼쪽으로 몸을 조금만 틀어도 된다. 이렇게 되면 청중에게 등을 보이지 않게 되고, 또한 왼팔이 발표자의 몸을 가리지 않게 되는 것이다.

따라서 발표자와 청중 간의 상호작용은 자연스럽게 이루어지며, 왼손에 의한 포인팅이나 제스처도 발표자가 뜻하는 대로 자연스럽게 이루어질 것이다.

그러나 위와는 대조적으로, 왼손잡이가 스크린을 향해 오른쪽에 서서 발표를 한다면, [그림 16.2]의 (4)와 같이 오른손에 마이크가 쥐어지고, 왼손으로 스크린을 가리키게 된다. 이런 경우 발표자가 왼손을 스크린 쪽으로 뻗기 위해서는 왼쪽 어깨를 스크린 쪽으로 틀어야만 한다. 결국 왼쪽 어깨가 스크린 쪽으로 회전하면서 발표자의 몸은 상당 부분이 가려지고 등은 청중을 향하게 되어 발표자와 청중 간의 상호작용은 부자연스럽게 된다.

이와 같은 이유로 왼손잡이가 스크린의 오른쪽에 서서 발표하면 인간공학적인 측면에서 봤을 때 비합리적이기 때문에, 왼쪽에 서서 발표하도록 하자.

이러한 경우, 제스처를 해야 할 땐 왼손에 쥔 포인터나 지시봉을 호주머니에 잠시 넣어 두면 왼손이 자유롭게 되어 제스처를 힘차고 자연스럽게 할 수 있게 된다.

나. 무선 부착 마이크를 사용할 경우 스크린의 왼쪽에 서자

오른손에는 아무것도 없는 상태에서, 왼손으로 스크린에 비친 발표 자료를 가리키는 경우, 발표자는 스크린을 향해 봤을 때 스크린의 왼쪽에 서자. 이것이 인간공학적인 측면을 고려해 봤을 때 합리적이다.

여기서 청중과의 보다 완벽한 커뮤니케이션을 위해서는 포인터나 지시봉을 호주머니에 잠시 넣어 두고, 두 손으로 제스처를 취하면 훨씬 힘차고 자연스러워질 것이다.

스크린을 사용하지 않을 경우

빔 프로젝터를 사용하지 않을 때, 발표자는 어디에 서는 것이 좋을까?

1. 스크린이 없을 땐 당연히 연단의 중앙이다

스크린을 사용하지 않는 프레젠테이션에서는 발표자의 위치는 연단의 중앙이다. 최근에는 발표 내용을 빔 프로젝터를 이용하여 스크린에 투영하지 않고 프레젠테이션을 하는 경우는 사실 극히 드물다. 이런 경우 발표자의 가장 좋은 위치는 연단의 중앙이다.

강연대의 활용 방법

프레젠테이션을 할 때, 강연대는 마이크나 노트북 또는 메모한 것을 놓을 수 있

(1) 왼손잡이는 그대로 강연대 쪽으로 가자

(2) 오른손잡이는 마이크를 들고 강연대의 반대편인 오른쪽으로 가자

그림 16.3 강연대의 위치에 따른 발표자의 위치 선정

(3) 오른손잡이는 그대로 강연대 쪽으로 가자

(4) 왼손잡이는 마이크를 들고 강연대의 반대편인 왼쪽으로 가자

그림 16.3 강연대의 위치에 따른 발표자의 위치 선정(계속)

도록 만들어진 것으로 스크린을 중심으로 연단의 오른쪽이나 왼쪽에 놓인다.

강연대가 프레젠테이션의 걸림돌이 되지 않도록 각별히 신경을 써서 합리적으로 대처해야 한다. 프레젠테이션 장소에 설치된 강연대는 프레젠테이션에서 사용되는 것이 아니라는 사실을 명심하고 다음의 강연대 활용법을 숙지하기 바란다.

1. 강연대의 위치에 얽매이지 말자

⦿ 무조건 강연대에 서서 발표해야 한다는 고정 관념을 버리자.

⦿ 강연대를 옮길 수 없으면 당신이 움직여라.

가. 강연대가 스크린을 향해 스크린의 왼쪽에 설치된 경우

▶ 왼손잡이는 그대로 강연대 쪽으로 가자.

강연대의 위치가 스크린을 봤을 때 스크린의 왼쪽에 놓인 경우 왼손잡이는 곧장 강연대로 가자([그림 16.3]의 (1) 참조).

▶ 오른손잡이는 마이크를 들고 강연대의 반대편인 오른쪽으로 가자.

강연대의 위치가 스크린을 봤을 때 스크린의 왼쪽에 놓인 경우, 오른손잡이는 강연대에서 마이크를 뽑아 들고 강연대의 맞은편인 스크린의 오른쪽으로 가자. 왜냐하면 오른손으로 스크린의 발표 내용을 가리키는 데 가장 합리적이고, 발표자의 앞면이 청중 쪽을 향할 수 있기 때문이다.

[그림 16.3]의 (2)와 같이 스크린의 오른쪽에 서서 발표함으로써 청중과의 상호작용을 활발하게 할 수 있다.

나. 강연대가 스크린의 오른쪽에 설치된 경우

▶ 오른손잡이는 그대로 강연대 쪽으로 가자.

강연대의 위치가 스크린을 봤을 때 스크린의 오른쪽에 놓인 경우 오른손잡이는 곧장 강연대로 가자([그림 16.3]의 (3) 참조).

▶ 왼손잡이는 마이크를 들고 강연대의 반대편인 왼쪽으로 가자.

강연대의 위치가 스크린을 봤을 때 스크린의 오른쪽에 놓인 경우, 왼손잡이는 강연대에서 마이크를 뽑아 들고 강연대의 맞은편인 스크린의 왼쪽으로 가자. 왜냐하면 왼손으로 스크린의 발표 내용을 가리키는 데 가장 합리적이고, 청중에게 등을 보이지 않고 앞면이 청중 쪽을 향할 수 있기 때문이다.

[그림 16.3]의 (4)와 같이 스크린의 왼쪽에 서서 발표함으로써 청중과의 상호작용을 활발하게 할 수 있다.

2. 무조건, 다른 발표자처럼 강연대에 서지 말자

바로 앞순서에서 발표한 발표자를 따라서 놓인 강연대에 아무런 생각 없이 무조건 서지 않도록 하자.

많은 사람들을 대상으로 이루어지는 프레젠테이션의 경우, 바로 앞순서의 발표자가 서서 발표한 강연대에 아무런 생각 없이 서서 발표하는 발표자를 자주 볼 수 있는데, 연단에 오르기 전에 강연대의 위치가 자기에게 맞는지를 검토하고 정확하게 대처하도록 하자.

핵심 포인트

세미나, 워크숍, 학회, 심포지엄 등에서 프레젠테이션을 할 경우 다른 발표자들이 고정된 강연대에서 발표하더라도, 여러분은 스크린의 오른쪽이나 왼쪽 중에서 자기에게 맞는 위치를 선정하여 서도록 하자. 이는 사소한 문제가 아니므로 고정관념을 깨서 차별화된 발표자가 되기 바란다.

3. 시종일관 강연대에만 붙어 있지 말자

상황에 따라서는 강연대에 서지 않고 발표를 진행할 수도 있지만, 강연대에서 발표를 해야 할 경우, 강연대에서 효과적으로 취해야 할 다음의 행동 요령을 숙지하기 바란다.

가. 시종일관 강연대에 꼼짝 않고 바짝 붙어 서서 발표하지 않도록 하자

어떠한 목적의 프레젠테이션이건 간에 시종일관 강연대에 꼼짝하지 않고 바짝 붙어 서서 발표하는 것은 청중에게 지루한 느낌을 줄 수 있다.

나. 특정 내용을 약간 강조할 땐 강연대에서 두세 발자국 움직이자

중요한 내용을 말할 때나 약간 강한 인상을 주고자 할 때는 앞으로 또는 옆으로 두세 발자국 움직이면 청중의 시선을 끌 수 있다.

이때 청중은 순간적으로 커다란 변화를 느끼게 되는 것이다. 발표 과정에서 이러한 돌발행동을 적재적시에 연출하면 청중의 시선을 끌게 되고, 그 순간의 발표 내용도 자연스럽게 청중의 뇌리에 파고들게 되는 것이다.

다. 중요한 메시지를 강렬하게 각인시키고자 할 땐 청중 속으로 들어가자

발표자라고 해서 항상 강단이나 강연대 뒤에 있으라는 법은 없다. 중요한 메시지를 청중에게 확실하게 각인시키려 할 때는 강단에서 내려와 청중들 바로 앞까지 바짝 다가가서 청중들의 눈을 보면서 설명하거나, 청중들 사이로 들어가서 설명하면 효과적일 수가 있다.

4. 강연대에 놓인 PC나 노트북은 다른 사람이 작동하게 하자

발표자는 발표에만 전념하는 것이 최상의 프레젠테이션이다. 발표자의 두 손이 자유로울 때 완벽한 제스처를 구사할 수 있기 때문이다. 파워포인트 리모컨인 프리젠터를 사용하지 않을 때는 호주머니에 잠시 넣어 두도록 하자.

여기서 '리모컨'이란 파워포인트 슬라이드를 전후로 이동시키는 기능과 레이저포인팅 기능으로 구성된 보조기구이다.

핵심 포인트

파워포인트 리모컨이 없을 경우

빔 프로젝터와 연결된 PC나 노트북을 조작하거나, 파워포인트 슬라이드를 넘기는 일은 발표자가 아닌 다른 사람이 맡는 것이 효과적이다.

발표자는 발표에만 몰입하라. 이것이 프레젠테이션을 성공적으로 수행하는 가장 좋은 방법이다.

핵심 포인트

파워포인트 리모컨의 사용이 불가능할 경우

발표자와 보조 간에 호흡이 맞도록 충분히 연습하자. 특히 파워포인트의 '애니메이션'에서 '사용자지정애니메이션' 기능을 활용하여 '애니메이션'을 작동시킬 때, 작동 버튼의 누름은 발표자와 신호가 일치된 상태에서 이루어져야 설명이 제대로 이루어진다. 발표자와 보조자 간에 신호가 일치되지 않고 보조자 마음대로 작동하면 발표자가 설명을 하는 데 차질이 생겨 당황한 나머지 말을 빨리 하게 되는 경우가 자주 목격된다. 보조자가 마음대로 슬라이드나 일부 발표내용을 다음으로 넘기는 오류를 범하지 않도록 리허설 단계에서 충분히 호흡을 맞추도록 해야 한다.

5. 강연대에서 금하는 행동

가. 강연대에 몸을 의지하지 말자

시종일관 강연대에 몸을 의지하면서 발표하면 청중들에게 우유부단하다는 느낌을 줄 수 있다. 이는 습관이거나 무대공포증 때문이므로 자기도 모르게 취해지는 행동이다. 좋지 않으니 삼가자.

나. 강연대를 짓누르거나 붙잡지 말자

발표 도중에 강연대를 짓누르거나 붙잡는 행동을 하지 말고, 양 가장자리를 움켜쥐는 행동도 피하자. 강연대를 손이나 팔꿈치로 짓누르는 행동은 청중에게 거만하다는 느낌을 줄 수 있으니 삼가자. 이런 행동도 무의식중에 취하는 행동일 수 있으나 금하도록 하자.

다. 목석처럼 서 있지만 말자

프레젠테이션 시작부터 끝날 때까지 계속 깎아 놓은 목석처럼 차려 자세로 서서 발표하지 않도록 명심하자. 이런 자세는 청중을 쉽사리 지루하게 만들 수 있기 때문이다.

라. 강연대가 발표자 몸의 상당 부분을 가리지 않게 하자

발표자 몸의 상당 부분이 강연대에 가려지지 않도록 하자. 청중과의 시선 교환이 이루어지지 않으면 청중은 답답하게 생각한다.

마이크 다루는 방법

마이크는 생활필수품이 아니므로 대다수의 사람들은 마이크를 다루는 데 서투르다. 그러나 프레젠테이션에서는 필수품이다. 노래방의 대중화에 따라 마이크 사용 기회도 많아졌으나, 여러 사람 앞에서의 마이크 사용은 여전히 어색하고 서투른 편이다.

문제는 정규 교육과정에 여러 사람 앞에서 발표할 때 마이크를 사용하는 방법에 대한 교육이 없지만 프레젠테이션에서는 필수 요소라는 점이다. 따라서 프레젠테이션에서 올바른 마이크 사용법을 숙지하는 것은 대단히 중요하다.

1. 봉마이크를 쥐는 방법

봉마이크는 [그림 16.4]와 같이 머리 부분이 둥글게 생긴 것으로서 유선과 무선이 있다.

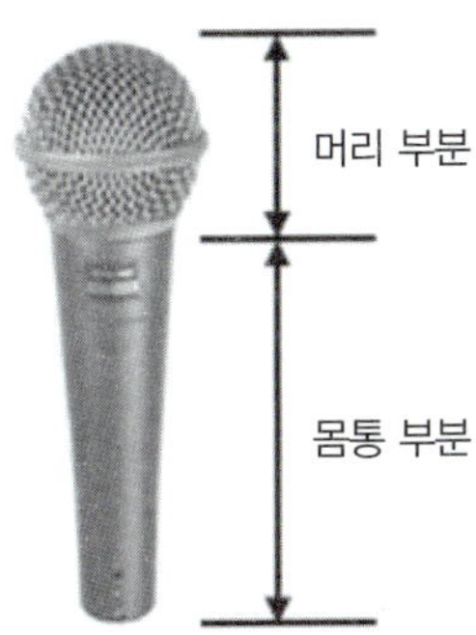

그림 16.4 봉마이크

핵심 포인트

오른손잡이는 오른손이 편하므로 오른손으로 리모컨이나 지시봉을 쥐거나 제스처를 하도록 하는 게 좋다. 따라서 왼손은 봉마이크를 쥐는 것이 합리적이다.
왼손잡이는 이와 반대로 왼손으로 리모컨이나 지시봉을 쥐거나 제스처를 하도록 하는 것이 좋고 오른손은 봉마이크를 쥐는 것이 합리적이다.

▶ 오른손잡이는 왼손에, 왼손잡이는 오른손에 마이크를 쥐도록 하자.

프레젠테이션에서 한 손은 봉마이크를 쥐고 다른 한 손은 리모컨이나 지시봉을 쥐거나 제스처를 하는 데 사용된다. 리모컨이나 지시봉을 쥐거나 제스처를 하는 데 사용되는 손은 봉마이크를 쥐는 손보다 더 편해야 한다.

▶ 봉마이크의 몸통 부분을 쥐자.

봉마이크가 머리 부분과 몸통 부분으로 구분될 때([그림 16.4] 참조), 머리 부분을 쥐지 말고 몸통 부분을 쥐어야 한다. 왜냐하면 봉마이크의 머리 부분은 모든 부분에서 음을 흡수하기 때문이다. 멋있게 보이려고 봉마이크 머리 부분을 쥐면 많은 음들이 죽게 된다.

▶ 봉마이크를 입에 너무 가까이 대지 말자.

봉마이크를 입에 지나치게 가까이 대고 사용하면 발음이 튀거나 호흡소리가 들려서 청중들이 언짢아할 수 있다. 또 너무 멀리 들고 사용하면 들리지 않기 때문에 산만해진다. 입과 봉마이크 사이는 주먹 하나가 들어갈 정도의 거리를 유지하면 가장 좋은 소리가 난다.

마이크와 입과의 거리는 어느 정도가 좋은지에 대해서는 단정 지을 수 없다. 왜냐하면 확성기의 볼륨 크기와 마이크의 성능과 관련이 있기 때문이다.

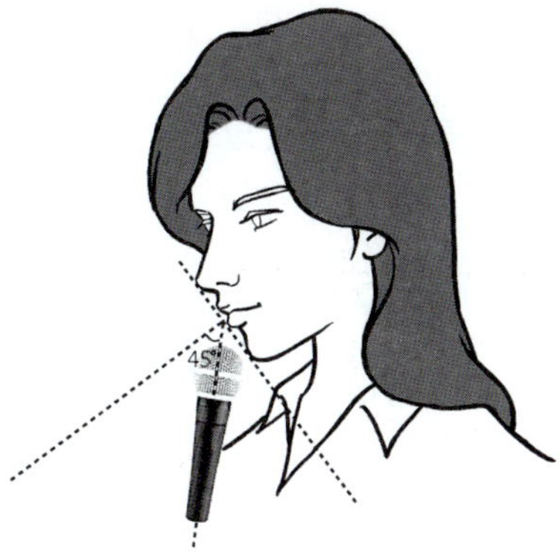

그림 16.5 봉마이크와 입의 각도

마이크를 얼굴 정면에 바싹 대고 말하지 않도록 하자. 마이크가 발표자의 얼굴을 가리면 청중과의 교감에 지장이 초래되기 때문이다.

▶ 봉마이크의 몸통과 입과의 각도는 45도 정도가 좋다.

봉마이크와 입은 45도 정도를 유지하는 것이 좋다. 마이크가 입술과 똑바로 위치한 상태에서 말할 경우 가장 정확한 소리가 입력되며, 기울수록 주변의 소리와 혼합되어 탁한 소리가 난다. 여기서 유념해야 할 점은 마이크가 입을 가리지 않도록 각도를 유지해야 한다는 점이다.

2. 핀 마이크

▶ 핀 마이크는 옷에 부착하거나 목에 거는 것으로서 유선과 무선이 있다.

핀 마이크 사용의 큰 장점은 두 손이 자유로워서 두 손으로 제스처를 마음껏 취할 수 있다는 것과 마이크와 입과의 거리에 신경 쓸 필요가 없다는 것이다.

3. 강연대에 설치된 마이크 사용 시 유의할 점

▶ 강연대에 설치된 마이크를 사용해야 될 경우, 발표 시작 전에 높이를 조절하도록 하자.

마이크의 높이를 발표자의 키에 맞게 조절하자. 키보다 마이크가 낮게 설치되었을 경우 몸을 굽혀야 하므로 프레젠테이션 동안 계속 꾸부정한 자세로 서 있어야 하는 불편함이 있다. 반대로 키보다 높게 설치된 경우에는 마이크가 얼굴을 가리지 않게 낮춰야 한다.

핵심 포인트

마이크 점검 방법

마이크를 켜고 끄는 방법을 익혀 두라. 마이크를 시험할 때 "아~, 아~" 하며 고함을 지르지 말고 마이크 끝 부분을 그냥 톡톡 두드리도록 하자. 마이크가 정상적으로 작동하면 "텅~, 텅~" 하는 금속음이 들린다.

올바른 포인팅 방법

스크린에 투영된 발표 자료의 어느 한 부분을 가리키는 수단에는 레이저 포인터, 지시봉, 손 등 세 가지가 있다.

스크린에 바짝 붙어 서 있을 경우에는 손으로 가리키는 것도 좋다.

스크린에서 약간 떨어져 있는 경우나 발표 자료의 세밀한 곳을 가리킬 때는 지시봉을 사용한다.

스크린에서 멀리 떨어져 있는 경우에는 레이저 포인터를 사용한다.

1. 레이저 포인터

레이저 포인터는 붉은 빛줄기를 스크린에 방사하는 소형 플래시(flash)([그림 16.6] (1) 참조)와 같은 도구이다. 레이저 포인터는 스크린에 투영된 발표 자료의 특정 부분을 가리키면 그 표면에 밝게 빛나는 작은 빨간 점이 생긴다. 이 점의 형태는 둥근 것과 약간 길쭉한 것으로 나뉜다.

가. 레이저 포인터의 올바른 사용법

▶ 꼭 필요할 때, 즉 스크린에 투영된 발표 자료의 특정 부분을 가리킬 때만 사용하자.

레이저 포인터는 적재적시에 사용하는 것이 효과적이다. 스크린에 투영된 발표 자료를 가리키지 않을 경우에는 호주머니에 넣거나 강연대에 놓도록 하자. 그리하여 가능하면 두 손을 빈손인 상태로 두어, 제스처가 필요한 경우에는 지체 없이 실행할 수 있도록 하자. 제스처는 타이밍에 맞게 이루어져야 효과적이

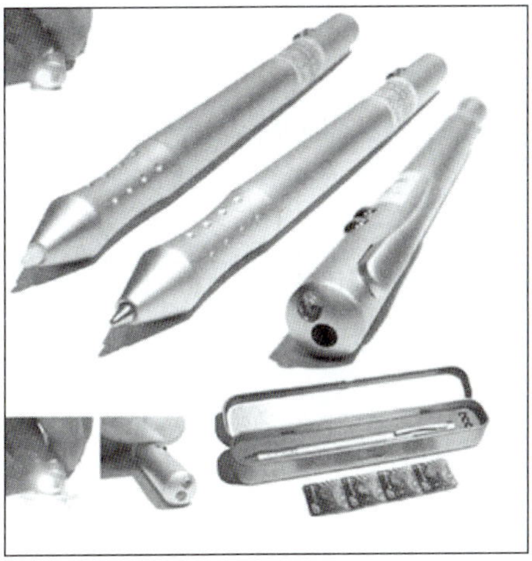

(1) 레이저 포인터

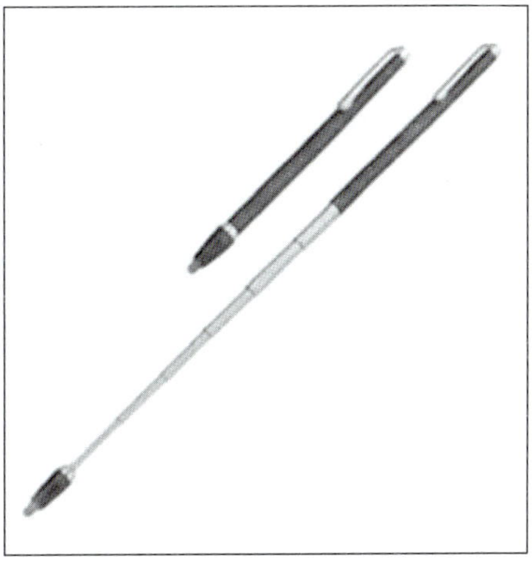

(2) 지시봉

그림 16.6 포인팅에 쓰이는 레이저 포인터와 지시봉

기 때문이다.

▶ 레이저 포인터의 빨간 점을 스크린 위에 빙빙 돌리거나 이리저리 움직이지 말자.

레이저 포인터의 빨간 점을 스크린 위에서 빙빙 돌리거나 이리저리 깜박거리면 청중들에게 불쾌감을 주므로 주의하자.

▶ 레이저 포인터의 빨간 점이 청중 쪽으로 향하지 않게 하자.

레이저 포인터의 빨간 점이 청중 쪽으로 향하게 되면, 청중은 위협을 느끼게 되므로 각별히 조심하도록 하자.

핵심 포인트

만약 한 손에 봉마이크를 쥐고 다른 한 손에 레이저 포인터가 쥐어졌다면, 제스처를 마음대로 할 수 없게 되는 것이다. 이런 상태에서 제스처를 한다면 오히려 우스꽝스런 것이 되고 말 것이고, 이러한 제스처는 하지 않는 편이 효과적일 것이다.
제스처를 해야 할 경우에는 레이저 포인터를 호주머니에 넣거나 강연대에 놓고 제스처 동작으로 들어가는 것이 좋다.

2. 지시봉

지시봉은 [그림 16.6] (2)와 같은 모양을 한 도구로서 스크린에 투영된 발표 자료의 특정 부분을 가리키는 데 사용된다.

최근에 프레젠테이션에서 사용되는 지시봉은 그 끝에 볼펜이 붙어 있으며, 끝을 잡고 쭉 뽑으면 길게 되어 원하는 곳을 가리킬 수 있다.

가. 지시봉의 올바른 사용법

▶ 꼭 필요할 때, 즉 스크린에 투영된 발표 자료의 특정 부분을 가리킬 때만 사용하자.

지시봉도 적재적시에 사용하는 것이 효과적이다. 스크린에 투영된 발표 자료를 가리키지 않을 때는 접어서 호주머니에 넣거나 강연대에 놓도록 하자. 그리하여 가능하면 두 손을 빈손인 상태로 두어, 제스처가 필요한 경우엔 지체 없이 실행할 수 있도록 하자. 제스처는 타이밍에 맞게 이루어져야 효과적이기 때문이다.

▶ 지시봉을 가지고 장난하지 말자.

지시봉을 사용하지 않을 때에도 쥐고 있으면 무의식중에 늘였다가 접었다가 하거나, 막대처럼 잡거나 하는 나쁜 자세를 취하지 않도록 주의하자.
또 아무 뜻 없이 빙빙 돌리지 않도록 하자. 청중들이 프레젠테이션에 집중하는 데 방해될 수가 있다.

3. 손

스크린에 투영된 발표 자료의 특정 부분을 가리키는 데 사용할 레이저 포인터나 지시봉이 준비되지 않았을 경우에는 부득이 손을 사용해야 한다. 손으로 가리키는 동작은 청중에게 유연하면서도 공손한 인상을 줄 수 있다. 손도 적재적시에 사용하는 것이 효과적이다.

가. 손의 올바른 사용법

▶ 손가락들을 서로 붙인 상태에서 손바닥과 팔을 쭉 펴서 가리켜야 한다. 이때 손바닥은 청중을 향하도록 하자.

손가락들을 서로 붙인 상태에서 손바닥과 팔을 쭉 펴서 스크린에 투영된 발표 자료의 특정 부분을 가리킨다. 이때 주의해야 할 점은 [그림 16.7]의 (1)과 (3) 같이 손바닥이 청중을 향하도록 하는 것이다.

(1) 왼손잡이가 왼쪽에 서서 왼손으로 가리킬 때(O)

(2) 왼손잡이가 오른쪽에 서서 왼손으로 가리킬 때(X)

그림 16.7 손바닥의 방향

(3) 오른손잡이가 오른쪽에 서서 오른손으로 가리킬 때(O)

(4) 오른손잡이가 왼쪽에 서서 오른손으로 가리킬 때(X)

그림 16.7 손바닥의 방향(계속)

▶ 오른손잡이는 오른손을 왼손잡이는 왼손을 사용하자.

[그림 16.7]의 (3)과 같이, 오른손잡이는 스크린의 오른쪽에 선 상태에서 오른손으로, [그림 16.7]의 (1)과 같이, 왼손잡이는 왼쪽에 선 상태에서 왼손을 사용하여 스크린을 가리키면, 손바닥이 청중을 향하게 됨과 동시에 손의 동작도 어색하지 않고 자연스럽기 때문이다.

핵심 포인트

오른손잡이는 오른손을, 왼손잡이는 왼손을 사용해야 하는 이유

오른손잡이가 스크린의 왼쪽에 서서 오른손으로 가리키면([그림 16.7]의 (4) 참조), 손등이 청중을 향하게 되고, 동시에 오른쪽 어깨를 스크린 쪽으로 틀어야만 되므로 청중에게 등을 보이는 상태가 된다.
또한 [그림 16.7]의 (2)와 같이, 왼손잡이가 스크린의 오른쪽에 서서 왼손으로 가리키면, 동시에 왼쪽 어깨를 스크린 쪽으로 틀어야만 되므로 청중에게 등을 보이는 상태가 된다.
이러한 이유로 손으로 스크린의 특정 부분을 가리킬 경우에는 위치 선정을 잘한 상태에서 손바닥이 청중을 향하도록 하는 것이 가장 효과적이다.

▶ 손가락만을 사용하여 가리키지 않도록 하자.

손바닥이 아닌 손가락만으로 가리키는 행동은 정중하지 않게 보이므로 주의하자. 또한 이러한 행동은 청중에게 거부감을 줄 수 있다.

자신감을 갖고 시작하자

1. 연단에 서기까지

핵심 포인트

연단에 서기까지는 누구나 긴장한다. 연단 경험이 많은 원로 과학기술자나 교수, 기업인, 연예인들도 같은 사람이다 보니 마찬가지로 긴장한다. 여러 사람 앞에 서면 프레젠테이션의 초보자는 물론 전문가도 긴장한다는 사실을 명심하고 순간을 극복하도록 노력하자.

프레젠테이션의 성공을 위해서 연단에 서기까지 긴장을 풀어야 한다. 긴장이 심한 경우에는 손발과 다리, 심지어는 온몸이 떨리기 마련이다. 이는 심리적인 문제로서 한두 마디의 지침으로는 해결될 수 없는 것이나, 여기서 소개하는 내용은 긴장감을 다소나마 억제하는 데 도움이 될 것이다.

2. 긴장을 해소하는 방법

핵심 포인트

- 자신감을 갖도록 스스로 최면을 걸자.
- 두 주먹을 불끈 쥐며 "나는 잘할 수 있어!"를 반복하자.
- 나는 청중들보다 더 많이 알 뿐만 아니라, 그들은 내 발표 내용을 듣기 위해 모였으므로 자신감을 갖자.
- 청중이 눈치채지 않도록 길게 심호흡하자.
- 연단 위를 걸을 때도 너무 서둘러 걷지 말자.
- 프레젠테이션 자료나 마이크 등을 점검하면서 긴장을 풀자.

3. 시작하기

핵심 포인트

- 시작 인사, 자기소개를 할 때는 얼굴에 밝은 웃음을 띤다.
- 물을 마신다.
- 미소 띤 얼굴로 청중들과 골고루 눈을 맞춘다.
- 또박또박 큰 목소리로 천천히 말을 시작한다.

가. 시작할 때 금기시하는 말

▶ "여러 사람들 앞에서 말하는 것에 익숙지 않아서…"

▶ "저는 원래 말 재주가 없어서…"

▶ "할 말도 별로 없는데 하라고 해서…"

▶ "…때문에 준비한 것이 별로 없어서…"

▶ "이 분야에 대해 별로 아는 게 없어서…"

▶ "여러분의 귀중한 시간을 뺏어서…"

길면 1시간, 아니면 30분짜리 프레젠테이션을 위해 몇 날 며칠을 밤낮으로 최선을 다해 준비해 놓고, 막상 연단에 올라가서는 이 같은 말투로 겸손한 체하는 발표자가 자주 목격된다. 이런 경우 청중들의 반응은 의외로 차갑다.

"발표자의 성의가 부족하구나!"

"발표자가 별 볼 일 없는 사람이구나!"

"들어 봤자겠구나!"

"그럼 무엇 하러 올라왔지?"

위와 같은 말로 시작하면, 발표자 스스로가 초라해 보여 자신감이 땅 밑으로 곤두박질치게 마련이다. 그러니 설령 준비가 소홀하거나 미흡하더라도 청중 앞에서는 당당한 모습, 자신감 넘치는 표정과 자세로 시작하도록 하자. 그러면 청중의 반응도 뜨거워지는 법이다.

| 제17장 |

말하기

제3부

제**17**장
말하기

프레젠테이션에서 말의 중요성은 아무리 강조해도 지나치지 않은 것이다. 프레젠테이션에서 말은 믿음을 주고받는 가장 중요한 매체다. 반면 파급력이 아주 크기 때문에 무서운 존재이기도 하다.

이 장에서 '말하기'란 프레젠테이션 자료를 스크린에 투영한 상태에서 말하기를 통한 발표를 통해 청중에게 전하고자 하는 메시지를 효과적으로 전달하는 것을 말한다.

또한 이 책에서 다루는 '말하기'는 웅변이나 연설에서 이루어지는 스피치와는 차별화된 개념이다. 따라서 이 책의 구두발표(oral presentation)에서는 웅변이나 연설에서 흔히 보는 화술은 필요하지 않다.

그렇다고 해서 발표 자료를 줄줄이 읽어 내려가는 것은 결코 아니라는 사실을 분명히 해 둔다.

여러 사람들 앞에서 유창하게 말을 잘하는 사람을 보면 말 잘하는 능력은 천부적으로 타고나는 것으로 알고 있다. 그러나 사실은 그렇지 않다. 말 잘하는 능력은 평소 부단히 공부하고 연구하면서 갈고 닦음으로써 형성되는 것이다.

평상시 사람들은 말을 잘하든 잘 못하든 간에 말하기에 대해서 별 문제를 못 느끼고 생활한다. 그러나 정작 여러 사람들 앞에서 프레젠테이션을 하면 주눅이 들고 자신감을 잃은 나머지 하려던 말이나 반드시 해야 할 말도 제대로 표현하지 못하는 경우를 흔히 보게 된다.

이 장에서는 좋은 프레젠테이션을 하기 위해서 말의 완급, 강약, 고저, 장단, 쉬기, 강조 등에 변화를 주는 방법을 제시한다.

핵심 포인트

몇 날 며칠 파워포인트를 활용하여 정성 들여 준비한 프레젠테이션의 내용도 중요하지만, 중요한 내용을 어떤 방법으로 어떻게 전달하느냐가 더 중요한 것이다. 같은 내용을 가지고 말하더라도 열정이 넘치고 생동감 있는 발표를 할 수 있는 사람이 있는 반면, 그렇지 못한 사람도 있다.
프레젠테이션에서 말할 때 유념해야 할 사항은 단조로움을 피하는 것이다.
제아무리 발음이 정확하고, 목소리 크기와 말의 속도가 적절하더라도 단조로운 어조와 억양으로 발표가 계속된다면 청중은 지루해지기 마련이다. 급기야 청중은 졸음에 빠지게 된다.
말할 때 단조로움을 피하는 방법에는 여러 가지가 있다. 말을 느리게 하거나 빠르게 할 수도 있고, 강하거나 약하게 할 수도 있고, 목소리를 높게 하거나 낮게 할 수도 있다.

말하기의 기본 원칙

1. 자연스럽게 말하자

어휘력을 활용한 발표에 역점을 두지 말고 일상생활에서 쓰는 용어로 대화를 나누듯 표현하되 명확하게 말하자.

장황하거나 애매모호한 단어를 사용하여 청중이 내용을 추측하는 일이 없도록 자연스럽고 명확하게 말하자.

핵심 포인트

청중 앞에서 발표할 때, 일상생활의 대화에서 말하던 것처럼 목소리를 자연스럽게 해야 청중도 편안한 분위기에서 발표 내용에 몰두할 수 있다.
발표자의 목소리가 자연스럽고 명확하면 그만큼 믿음이 가는 것이다. 반면, 억지로 꾸민 목소리로 말하면 듣는 사람도 어색하게 느끼기 마련이다. 큰소리를 치면 오히려 역효과가 발생될 수 있다.

2. 천천히 말하자

청중 앞에 서면 누구나 떨린다. 불안하거나 긴장되면 말이 빨라지기 마련이다. 아무리 발표 내용이 훌륭할지라도 긴장, 초조, 불안 때문에 말의 속도가 빨라지면 제아무리 내용이 훌륭해도 소용이 없다. 청중이 쉽게 이해할 수 없기 때문이다.

이러한 이유로 일상생활에서 대화하는 속도보다 약간 천천히 말하도록 하자.

그러나 시종일관 일정한 속도로 말하면 단조로워지므로 말하는 속도에 변화를 주어야 한다. 중요한 포인트를 말할 때는 속도를 조금 떨어뜨려 천천히 머리에 새겨 넣듯이 말하면 효과적이다. 반면, 보충 설명을 할 때는 말하는 속도를 조금 빠르게 하는 것이 좋다.

핵심 포인트

프레젠테이션에서 말하는 속도는 일상생활의 대화하는 속도보다 약간 천천히 말하는 것이 좋다. 너무 빠르면 알아듣기가 힘들고 너무 느리면 답답한 느낌을 준다. 프레젠테이션에서 가장 바람직한 말의 속도는 1분에 100단어에서 150단어이다.

3. 목소리는 기본적으로 크게 하자

힘이 넘치는 활기찬 발표는 청중의 마음을 움직인다. 발표자가 시종일관 모기소리처럼 가느다란 목소리로 말한다면 청중은 듣고 싶은 생각이 사라질 것이다. 재미없거나 졸음이 오는 등 발표가 끝날 때까지 자리에 앉아 있는 것 자체가 고통일 수가 있다.

따라서 발표자의 목소리는 청중의 귀에 잘 들려야 한다. 그렇다고 계속 큰 목소리로만 말하면 지루해질 수 있다. 노래가 고음으로만 이어진다면 이는 곧 소음이 되어 불쾌감을 주듯이, 목소리도 단조롭지 않게 큰 소리와 작은 소리가 섞여야 좋은 느낌으로 전달된다.

일단 목소리에 힘을 실어 활기찬 프레젠테이션이 되도록 하자.

핵심 포인트

목소리에 활력이 넘치는 프레젠테이션을 하자. 발표자의 목소리 크기는 강의실 맨 뒤에 있는 사람들이 잘 들을 수 있을 정도면 좋다. 그보다 크거나 작으면 듣기에 불편함을 느끼게 된다.

4. 쉬운 말을 사용하자

어려운 전문용어나 약어를 사용하지 말고 쉬운 말을 사용하자. 청중이 쉽게 알아차리지 못하면 당장 역효과를 초래하고, 거부감과 거리감을 느끼게 된다.

이런 현상은 연구기관의 연구원이나 대학 교수들 사이에서 자주 목격되곤 한다. 프레젠테이션에서 전문용어나 약어를 사용하지 않을 수는 없겠지만, 약어를 사용할 경우에는 모든 사람들이 그 뜻을 이해하고 있을 것이라고 짐작하면 안 된다.

특히 청중이 비전문가들인 경우, 과도한 외래어 사용도 자제하며 전문용어는 반드시 일상적인 용어로 바꾸어 설명하자.

핵심 포인트

만약 전문용어를 사용해야 할 경우에는 풀어서 쉬운 우리말로 바꾸어 말하도록 하라. 그래도 청중의 반응이 좋지 않다고 느껴지면 더 쉬운 말로 천천히 자상하게 말하도록 하라.
또한, 부득이 약어를 사용해야 할 상황이면 원어를 말하고 난 후에 약어를 쓰도록 하자. 앞에서 이미 약어를 원어와 같이 썼다고 하더라도 단지 약어만을 쓰지 않도록 하자. 청중은 단순해서 앞에서 이미 언급된 사항을 상세하게 기억하려 하지 않는 경우가 많다.

5. 틀에 박힌 말투를 피하자

청중이 가장 싫어하는 발표는 틀에 박힌 투로 말하는 것이다. 청중의 반응은 전혀 개의치 않은 채 초등학생이 여러 사람들 앞에서 책을 읽는 것처럼 말하면 청중은 금방 싫증을 내거나 외면하게 된다.

핵심 포인트

미리 써 온 원고를 송두리째 암기하여 기계적으로 읽어 내려가는 틀에 박힌 발표가 아니고, 마음속에서 우러나오고 감정의 기복이 표현되는 살아 있는 즉흥적인 말투로 말하자.

6. 음성에 변화를 주자

발표자의 억양이 처음부터 계속 똑같고 변화가 없다면, 청중은 어떤 느낌을 받게 될까? 얼마나 재미없겠는가?

발표자의 말의 억양은 프레젠테이션을 보다 역동적으로 한다든가, 중요한 내용을 강조한다든가 하는 데 필요하다. 적절한 억양을 구사함으로써 발표의 단조로움을 없앨 수 있도록 신경을 쓰도록 하자.

말의 속도가 너무 느리거나 빠르거나, 또는 말을 강하게 하거나 아님 약하게 하거나 등 한쪽에 치우친 단조로운 어조보다는 상황에 따라서 목소리를 높게 하거나 낮게 하여 억양에 변화를 주도록 하자.

중요한 내용일 경우에는 속도를 떨어뜨려 천천히 말을 해야 인상적이며, 보충 설명을 할 경우에는 조금 빠르게 말을 하는 것이 좋다.

유능한 발표자가 되려면 청중의 반응을 심리적으로 파악하여 적재적시에 적절한 억양으로 말할 수 있어야 한다.

핵심 포인트

프레젠테이션에서 발표자의 단조로운 어조는 치명적인 문제를 야기한다. 이럴 때 청중의 반응은 기피현상으로 나타난다. 여기서 말하는 청중의 기피현상이란 한눈을 판다든지 눈을 감고 존다든지 옆 사람과 속삭이는 등의 행동을 말한다.

7. 정확한 발음으로 말하자

발표자의 말이 들리기는 하는데 도무지 무슨 말을 하는 것인지 알기 어려운 경우를 자주 접하게 된다. 이런 경우가 계속되면 청중은 곧장 지루함을 느끼고 딴짓을 하게 된다. 발표자의 우물거리는 투의 발음으로는 청중에게 믿음을 주지 못할 수도 있다.

발표자가 발표할 때는 일상생활에서의 대화 때보다 더욱 분명하게 발음해야 한다. 입안에 무엇인가를 가득 넣고 말하는 것처럼 우물거리는 투의 발음은 청중에게 좋지 않은 느낌을 준다. 특히 헷갈리는 쉬운 단어 등은 의도적으로라도 정확하게 발음하도록 하자.

핵심 포인트

발표자는 명확한 의미의 전달을 위해서 목소리를 명확하게 구사해야 한다. 초조한 나머지 말을 더듬는다든가, 우물우물 발음하면 전달되는 말의 정확성이 떨어지게 되므로 주의를 기울여야 한다. 발음이 명료하지 않은 발표자는 혀와 입술을 잘 훈련하여 발음이 분명해지도록 노력하기 바란다.

8. 확신에 찬 표현을 하자

'그렇게 알고 있어요.', '그런 것 같은데요.', '그럴지 모르겠어요.', '…해야 할 것 같아요.', '아마 그럴 겁니다.' 등의 말투와 같이 불확실하거나 미확정적인 표현 또는 추측에 의한 표현은 청중에게 믿음을 주지 못한다.

따라서 '그렇습니다.', '…해야 합니다.', '확실히 그렇습니다.' 등의 말투로 확신에 찬 표현을 해야만 청중에게 믿음을 줄 수 있다.

불확실, 미확정적 또는 추측적인 표현	확신에 찬 표현
'그렇게 알고 있어요.'	'그렇습니다.'
'그런 것 같은데요.'	'그렇습니다.'
'그럴지도 모르겠어요.'	'그렇습니다.'
'…해야 할 것 같아요.'	'…해야 합니다.'
'아마 그럴 겁니다.'	'확실히 그렇습니다.'
'…일지도 모릅니다.'	'…입니다.'
'…일 수도 있습니다.'	'…입니다.'
'…라고 생각합니다.'	'…입니다.'

'제 생각에는', '제가 추측컨대', '일종의' 등과 같은 애매한 표현과 '즉각', '일단', '어쨌지', '요컨대', '요는' 등과 같은 신뢰감을 잃게 하거나 흐리멍텅한 표

현은 사용하지 않는 것이 좋다.

핵심 포인트

불확실하거나 미확정적인 표현 또는 추측에 의한 표현을 삼가고 확정적인 말로 확신을 갖고 말하자.

9. 반복을 통해 강조하자

중요한 메시지를 청중에게 명확하게 전달하여 분명하게 각인시키기 위한 방법 중 하나로 반복을 통한 강조 기법이 있다. 프레젠테이션 진행 도중에 중요한 메시지를 평범한 말로 그냥 스치듯이 말하면 청중도 별다른 관심을 두지 않은 채 그냥 넘어가기 마련이다.

그러나 말의 속도를 바꾸거나, 성량과 억양에 변화를 주면서 반복하여 강조하면 청중은 순간 집중하게 된다. 중요한 메시지를 반복하여 강조한 후, 청중의 표정을 살핀 다음, 그래도 아무 반응이 없으면 적절한 제스처를 취하면서 다시 한 번 반복하도록 하자.

핵심 포인트

발표 도중에 청중이 반드시 기억해야 하거나 또는 이것만은 꼭 강조되어야 하는 중요한 메시지가 있을 경우, 평범한 말로 그냥 스쳐 지나가지 말고, 반복을 통한 강조 기법을 활용하여 명확하게 강조하도록 하자.
상황에 따라 어조, 성량, 말의 속도 등을 조절하여 다양한 방법으로 반복한다. 최소한 3회 이상 반복하되 과감하게 큰 제스처를 구사하면 확실하게 강조될 수 있다.

10. 말의 속도를 조절하자

보통 속도로 말하거나, 빠르게 또는 느리게 말함으로써 말의 속도를 조절할 수 있다.

만약 발표자가 초등학생이 책 읽는 것처럼 똑같은 속도로 말하면 청중의 반응은 어떨까? 청중은 쉽사리 지루함을 느낀 나머지 발표 내용 자체에 대해서 흥미를 상실하게 될 것이다.

프레젠테이션의 달인이 아닌 대다수의 일반인은 청중 앞에 서면 긴장하기 마련이다. 불안하거나 긴장하면 말의 속도가 빨라지게 된다. 문제는 이러한 상황이 쉽사리 통제되지 않는다는 점이다. 긴장감 때문에 너무 빠른 속도로 말해 버린다면 제아무리 내용이 좋다고 한들 아무 소용이 없다.

핵심 포인트

중요한 내용을 말할 때는 되도록 천천히 신중하게 말하는 것이 효과적이고, 내용이 비교적 중요하지 않을 경우에는 말의 속도를 빨리 하는 것이 좋다. 그러니까 발표 내용의 중요한 정도에 따라 말의 속도를 조절하는 것이 좋다.

11. 순간 말 멈춤을 하자

순간 말 멈춤이란 말하는 도중에 잠깐씩 말을 멈추는 것을 말한다.

음악에는 중간 중간에 쉼표들이 있다. 음악에 이러한 쉼표들이 존재함으로써 멜로디가 듣기 좋게 되는 것처럼, 프레젠테이션에서 말을 할 때도 쉼표가 필요한 것이다. 이 쉼표가 바로 순간 말 멈춤(temporary speaking stop)이다.

말하는 중간 중간에 순간적으로 멈추면 청중은 발표자가 말한 내용을 음미할 수 있는 시간을 가질 수 있어서 좋다. 그러나 프레젠테이션에 자신이 없는 발표자들은 긴장한 나머지 평소 대화할 때보다 짧게 멈추고 급하게 말하는 경향이 있는데, 이런 경우 청중은 발표하는 내용을 충분이 따라잡을 수 없게 된다. 이러한 소화불량 상태에 빠지면 청중은 프레젠테이션 자체가 싫어질 수 있다.

발표 내용도 중요하지만 그 중요한 내용을 어떻게 전달하느냐에 따라 효과가 달라지게 마련이다.

핵심 포인트

발표자가 쉬지 않고 계속 말하면 청중은 그 내용을 다 소화할 수 없다. 순간순간 말을 잠시 멈추면서 청중에게도 들은 내용을 이해할 시간을 주도록 하자.
단어와 단어 사이, 구와 구 사이, 절과 절 사이, 문장과 문장 사이에서 잠시 멈추도록 하자. 그리고 도입과 전개, 전개와 종결 사이에서도 잠시 멈추는 것이 좋다. 또한 강조하려는 내용이나 청중에게 생각을 유도할 때에도 잠시 멈추도록 하자.
단어와 단어 사이는 짧게, 구나 절 사이는 그 길이에 따라 멈추는 시간을 짧거나 길게 잡는 것이 좋다.

예 (1): "우리 인생에서 가장 소중한 것은 사랑과 믿음입니다."라는 말에서 강조해야 할 부분이 '사랑과 믿음'이라면, '사랑' 바로 앞에서 멈춘 다음, '믿음' 앞에서도 멈추면 '사랑'과 '믿음'이 강조된다.

"우리 인생에서 가장 소중한 것은 ✓사랑과 ✓믿음입니다."

예 (2): "사람의 눈으로 구별이 가능한 색의 종류는 천만 가지입니다."라는 말에서 강조해야 할 부분이 '천만 가지'라면, '천만 가지' 앞에서도 멈추면 '천만 가지'가 강조되어 청중의 기억에 각인된다.

"사람의 눈으로 구별이 가능한 색의 종류는 ✓천만 가지입니다."

예 (3): "우리가 잘 사는 길은 과학기술을 발전시키는 것입니다."라는 말에서 강조해야 할 부분이 '과학기술을 발전시키는 것입니다'라면, '과학기술' 앞에서는 약간 길게 멈추면 '과학기술을 발전시키는 것입니다'가 강조되어 청중의 기억에 각인된다.

"우리가 잘 사는 길은 ✓✓과학기술을 발전시키는 것입니다."

아울러 발표 내용의 한 단락이 끝날 때, 발표 내용이 새로운 단락으로 들어갈 때, 중요한 내용을 말하기 전과 후, 슬라이드를 넘긴 직후, 청중을 한번 둘러볼 때, 청중에게 질문을 던졌거나 과제를 제시했을 때 등에도 순간 말 멈춤을 하는 것이 좋다.

12. 습관적인 의미 없는 말을 반복하지 말자

습관적인 의미 없는 말이란 발표자가 발표 도중에 습관적으로 반복하는 불필요한 말이다. 예를 들면

'아~', '어~', '음~',

'에~', '에또~', '또~',

'마~', '그~', '저~',

'이른바~!', '아시다시피', '말하자면',

'오케이', '굿~',

'실제로', '말이야~', '예컨대~',

'솔직하게 말하면', '다시 말하자면', '쉽게 말하자면', '말하려는 것은' 등이 있다.

이는 의미 없이 반복되는 말로서, 자신감 부족에서 시작되어 은연중에 버릇처럼 굳어진 것이다. 이미 이러한 말버릇이 몸에 밴 사람은 녹음을 통한 철저한 연습으로 고치도록 하자. 이는 결코 못 고치는 병이 아니므로 신경을 써서 노력하면 얼마든지 고칠 수 있다.

핵심 포인트

프레젠테이션 중에 습관적인 의미 없는 말을 반복하지 말자.
청중은 의미 없이 습관적으로 하는 말을 반복적으로 계속 듣게 되면, 내용보다는 말의 표면적 특징에 신경을 쓰게 되어 쉽사리 지루함을 느끼게 되어 나아가 집중력이 감소된다.

13. 고운 말과 표준어를 사용하자

"가는 말이 고와야 오는 말이 곱다."는 속담은 일상생활에만 국한된 것이 아니다. 프레젠테이션에서도 청중이 듣기 좋은 고운 말과 표준말로 설명해야 반응이 좋은 법이다.

유치원생들이 청중일지라도 존댓말, 고운 말, 표준어를 사용해야 한다. 교수들 중에서도 존경받는 교수님들은 학교 강의에서도 존댓말과 고운 말을 사용한다.

발표자들 중에는 은어, 저속어, 쌍소리나 토속적인 사투리를 구사하면서도 스스로 만족해하는 경우가 간혹 목격된다. 어떤 발표자는 청중에게 친근감을 주려는 뜻이라고도 한다. 이런 발표자들은 어딘가 부족한 면이 있는 몰상식한 부류에 속하는 사람들이다.

고운 말과 표준말이 아닌 말을 구사하면 당장 언짢게 생각하거나 소외감을 느끼는 사람들이 있을 수 있음을 명심하자.

핵심 포인트

청중 앞에서는 은어, 저속어, 쌍소리나 거친 말투를 사용하지 말자.
나보다 나이가 적거나 직급이 낮은 사람들이라고 하여 함부로 말을 하지 않도록 하자. 또한 청중 앞에서는 언제 어디서나 존댓말, 고운 말, 표준말을 써야만 한다는 사실을 명심하자.

14. 감정을 표현하자

발표자가 감정을 제대로 살리지 못하고 마치 원고를 읽듯이 밋밋하게 말하면 청중은 쉽사리 지루함을 느낀다. 감정이 없는 말은 청중에게 어떠한 영향력도 발휘할 수 없다.

프레젠테이션에서는 메시지에다 감정을 듬뿍 실어 전달해야 한다. 발표자의 목소리에는 내용에 합당한 감정이 담겨서 전달되어야 충분한 효과가 있는 법이다. 감정을 제대로 싣지 못하면 발표는 지루하고 밋밋해진다. 이런 식으로는 청중에게 영향력을 발휘할 수 없다.

핵심 포인트

발표 내용에 따라 기쁨, 노여움, 슬픔, 즐거움의 희로애락 감정과 놀라움, 불쾌함 등의 감정을 정확하게 표현하도록 하자. 청중도 감정을 가진 사람들이므로 발표자가 감정을 실어 설명하는 내용에 쉽게 마음이 움직이고 동화될 수 있는 것이다.

따라서 발표자는 설명하려는 내용을 머릿속에 미리 상상하여 상황에 적절한 감정이 담긴 다양한 목소리로 표현하도록 하자. 그래야만 말의 전달 효과를 높일 수 있다.

| 제18장 |

보디랭귀지

제3부

제18장 보디랭귀지

1. 보디랭귀지란 무엇인가?

핵심 포인트

보디랭귀지(body language)란 언어에 의하지 않고, 얼굴 표정, 시선, 몸짓, 손짓, 자세, 태도 등 직접적인 신체의 동작으로 의사나 감정을 표현 또는 전달하는 행위를 말한다.

▸ 청중은 발표자의 발표 내용에서 어느 부분이 중요한 내용이고 어느 부분이 덜 중요한 내용인지 알아내기가 쉽지 않다. 또한 청중은 길고 지루한 프레젠테이션 내용을 모두 기억할 수 없다. 그러므로 발표자는 핵심적인 내용을 전달할 때는 반드시 보디랭귀지를 통해 효과적으로 표현함으로써 청중이 쉽게 이해할 수 있도록 해야 한다.

▸ 보디랭귀지는 프레젠테이션 내용을 비추고 있는 스크린 다음으로 청중에게 전달력이 큰 요소이다. 보디랭귀지는 청중의 집중력과 이해력을 높일 수 있으

므로 효과적인 보디랭귀지의 사용은 발표자가 꼭 익혀야 하는 프레젠테이션 기술이다.

▸ 발표자가 제아무리 말을 유창하게 잘해도 보디랭귀지를 적절하게 활용하지 못하면 청중 설득에 실패할 가능성이 높다. 이러한 이유로 보디랭귀지는 오럴 프레젠테이션에서 중요하고 또 중요한 존재이다.

▸ 보디랭귀지는 성공적인 오럴 프레젠테이션의 필수 기본 요소에 해당된다는 사실을 굳이 강조하지 않더라도, 발표자라면 반드시 철저히 이해하고 숙지하여 실전에서 활용해야 한다.

2. 보디랭귀지의 종류

프레젠테이션에서 발표자가 청중에게 메시지를 전달하는 효과적인 방법으로 사용되는 보디랭귀지에는 다음의 네 가지가 있다.

1. 자세
2. 눈맞춤
3. 얼굴 표정
4. 제스처

3. 보디랭귀지의 효과

핵심 포인트

프레젠테이션의 내용에 따라 적재적시에 적절한 보디랭귀지를 활용한다면, 발표 자체가 훨씬 더 생동감이 넘칠 것이며 전하려는 메시지가 완벽하게 전달될 것이다.

▸ 청중 앞에 서서 차려 자세로 말만 계속 한다면 얼마나 딱딱하고 지루하겠는

가. 발표 내용에 따라 적절한 보디랭귀지를 곁들인다면 발표 자체가 훨씬 더 자연스러워질 것이며 발표 당사자도 훨씬 자신감을 갖게 될 것이다. 따라서 강연대가 있는 경우에도 신체언어는 반드시 필요하다.

▸ 보디랭귀지를 적절히 구사하면 오럴 프레젠테이션의 효과를 몇 배로 향상시킬 수 있지만, 반대로 잘못 구사하는 경우에는 그 효과를 크게 떨어뜨릴 수 있음을 명심하자.

▸ 보디랭귀지를 전혀 구사하지 않는 것도 문제시되겠지만, 절제되지 않고 함부로 구사되는 보디랭귀지는 더욱 심각한 문제이다. 이는 프레젠테이션의 질적인 수준과 발표자의 전문성 그리고 핵심 메시지의 전달에 좋지 않은 영향을 주게 된다.

자세

자세의 사전적 의미는 신체를 유지하는 모양이며, 정적인 모양이 아니라 동적인 것을 말한다. 또 다른 의미는 1) 몸을 움직이거나 가누는 모양, 즉 몸자세, 2) 사물을 대할 때 가지는 마음가짐이나 태도를 말한다.

여러분은 지금까지 수많은 프레젠테이션에서 발표자들이 취하는 자세를 보면서 다음 중 어느 하나의 느낌이 들었을 것이다.

▸ 발표자가 너무 긴장하여 자세가 굳은 데다 쓸데없는 동작을 반복하여 산만한 느낌이다.

▸ 상사나 높은 사람들 앞에서 너무 주눅 든 나머지 양손을 앞에서 맞잡고 읍소하는 자세를 취하며 조심하다 보니 발표자가 메시지를 충분히 전달하지

못한 느낌이다.

- ▶ 발표자의 자세가 거만하고 건방져 프레젠테이션 내내 기분이 좋지 않았다.
- ▶ 발표자가 너무 초보자인 데다 자세마저 불안정하여 발표 내용에 믿음이 가지 않는다.
- ▶ 발표자가 호주머니에 손을 넣고 한쪽 다리를 떠는 것이 조직폭력배를 대하는 느낌이다.
- ▶ 발표자가 초보자이지만 자세가 당당하고 미소 띤 얼굴엔 자신감이 넘쳐 발표 내용에 믿음이 간다.

프레젠테이션이 중요하든 그렇지 않든 간에 발표자의 자세와 동작은 청중들에게 커다란 영향을 미친다. 발표자의 자세와 동작에 따라 프레젠테이션의 효과가 좌우된다는 말이다. 여러분이 프레젠테이션의 발표자가 된다면 위의 예들 중에서 어느 경우가 되는 것이 좋겠는가?

이 절에서는 발표자가 취해야 할 좋은 자세와 발표자가 피해야 할 나쁜 자세를 집중적으로 살펴보자. 여기서 동작도 추가적으로 알아보자. 자세와 동작은 상호 불가분의 관계에 있다.

1. 자연스런 차려 자세를 취하자

핵심 포인트

프레젠테이션에서 발표자의 가장 좋은 자세는 [그림 18.1]과 같이 늠름하게 똑바로 선 자연스런 차려 자세를 유지하는 것이다.

- 두 발을 어깨 넓이로 벌리고 발과 다리에 힘을 준 상태에서, 가슴을 펴고 등을 곧게 펴고 안정감 있게 서는 자연스런 자세를 유지하자.
- 두 손은 계란을 쥐듯이 가볍게 쥔 상태에서 두 팔을 곧게 펴서 바지 옆선 위에 두자.

이런 차려 자세에서 자연스럽고 당당한 위상을 유지하면서 프레젠테이션을 하는 것이 프레젠테이션의 기본자세다. 이런 자세를 취하면 자신감도 생겨날 뿐만 아니라 청중도 신뢰감을 느낄 수 있게 된다.

그림 18.1 자연스런 차려 자세

현장 이야기

발표자가 자연스런 차려 자세를 유지하는 것은 프레젠테이션의 기본이다. 이 자세를 취하는 것은 복잡하지도 어렵지도 않고 지극히 간단하면서도 쉬운 것이다.

그러나 프레젠테이션의 현장에서는 이렇듯 간단하고 쉬운 자세가 청중 앞에 서는 순간 긴장된 나머지 뜻과 마음처럼 쉽게 이루어지는 것이 아니라는 데 문제가 있다.

프레젠테이션 경험이 많은 박사나 교수 또는 지위가 높은 인사들 중에는 자연스런 차려 자세를 취하면 권위에 손상이라도 미치지 않을까 하는 오만스런 착각에서 의도적으로 이러한 기본자세를 기피하는 현상도 자주 목격된다.

2. 두 손을 앞에서 맞잡고 읍소하는 자세를 취하지 말자

핵심 포인트

청중 앞에서 [그림 18.2]와 같이 두 손을 앞에서 맞잡고 공손히 읍소하는 것 같은 자세를 취하지 말자.

제아무리 중대하고 어려운 프레젠테이션이라 하더라도 발표자가 두 손을 앞에서 맞잡는 자세를 취한다고 공손하고 겸손한 사람이라고 평가하지는 않는다.

청중이 기대하는 프레젠테이션은 발표자가 겸손한 척하는 게 아니라 발랄하고 원기에 찬 프레젠테이션을 역동적으로 함으로써 전하고자 하는 메시지를 분명하게 전달하는 것이다.

그림 18.2 두 손을 앞에서 맞잡고 읍소하는 자세

현장 이야기

두 손을 앞에서 맞잡고 읍소하는 자세는 지위가 높은 사람들이나 면접위원들 또는 각종 평가 및 심의위원들 앞에서 이루어지는 중요하고 어려운 프레젠테이션에서 흔히 목격되는 자세이다.

발표자가 이런 자세를 취하면 예절 바르고 겸손한 사람으로 인식될 것이라는 생각을 할 것이다. 그러나 이런 자세로 인해 프레젠테이션 자체가 활기 없는 것이 되고 만다. 여기에다 시종일관 아무런 제스처도 취하지 않고 이런 자세를 취하면 청중은 지루함과 짜증을 느끼게 된다.

또한 청중에 따라서는 발표자를 소심하고 미숙하여 자신감이 부족하거나 우유부단한 사람으로 오인할 수도 있다.

3. 호주머니에 손을 넣지 말자

핵심 포인트

한 손 또는 두 손을 호주머니에 넣거나 주머니 속의 소지품을 짤랑대지 말자.

청중 앞에서 자신도 모르는 사이에 취하는 좋지 않은 버릇 중에서, 한 손이나 두 손을 호주머니에 넣는 자세나, 호주머니에 손을 넣었다 뺐다 반복하는 동작, 또는 호주머니 속에서 동전이나 열쇠꾸러미를 짤랑대는 동작은 청중에게 산만한 느낌을 주므로 하지 말자.

이러한 자세나 동작은 자신감이 부족하거나 거만하다는 인상을 줄 수도 있다. 이에 대한 원인은 다음의 두 가지를 들 수 있다.

첫째는 청중 앞에 서면 어색하고 자신이 없어 손이 떨리기 때문에 손을 호주머니에 넣음으로써 조금이나마 진정시키려는 심리적인 순간 모면책이라는 것이다.

둘째는 청중들에게 무관심하고 냉담하거나, 청중을 은연중에 깔보고 거들먹거리려는 자만심의 심리적 표출이라는 것이다.

원인이 위의 둘 중 어느 쪽이든 간에 호주머니에 손을 넣고 프레젠테이션을 하는 경우가 없도록 하자.

그림 18.3 호주머니에 손을 넣은 자세

현장 이야기

평상시에는 아무렇지 않다가도 청중 앞에 서면 자신도 모르는 사이에 호주머니에 손이 들어가는 경우가 현장에서 자주 목격된다. 발표자에 따라서는 한 손만 들어가는 경우, 두 손이 다 들어가는 경우, 호주머니에 손을 넣었다 뺐다 하는 경우, 또는 호주머니 속에 든 동전이나 열쇠꾸러미를 짤랑거리는 경우가 목격되곤 한다.

심각한 문제점은 호주머니에 손을 넣은 다음 제스처까지 생략하는 경우이다.

이런 경우는 초보자 티를 갓 벗은 중견 직장인이나 교수 또는 박사 과정 학생층에서 자주 목격된다. 이러한 자세나 동작은 청중에게 지루함과 짜증을 준다는 사실을 명심하고 사전에 충분한 시간을 갖고 꾸준히 연습하여 삼가도록 하자.

4. 팔짱을 끼지 말자

핵심 포인트

청중 앞에서 프레젠테이션을 할 때 [그림 18.4]와 같이 팔짱을 끼지 말자.

팔짱이란 두 팔을 굽힌 상태에서 서로 엇걸어 가슴 위에 두는 형태의 자세를 말하는 것으로 건방지거나 거만하다는 느낌을 주므로 피하도록 하자.

그림 18.4 팔짱을 낀 자세

현장 이야기

팔짱을 낀 자세는 분위기에 따라서는 친근감이 느껴질 수도 있다. 그러나 청중 앞에서의 프레젠테이션에서는 발표자가 취해서는 안 되는 자세이다.

이런 자세는 고급 간부, 선생님, 교수님, 고급 장교 등 경륜이 있는 인사들이 부하 직원들이나 아랫사람들을 상대로 하는 프레젠테이션에서 자주 목격된다.

이러한 자세는 청중에게 배타적이면서 건방지거나 거만하다는 느낌을 주게 된다는 사실을 명심하고 삼가도록 하자. 문제점은 부하 직원들이나 아랫사람들은 이런 느낌을 가졌다 하더라도 외부에 표출하지 않고 속만 끓인다는 점이다.

5. 뒷짐을 지지 말자

핵심 포인트

청중 앞에서 프레젠테이션을 할 때 [그림 18.5]와 같이 뒷짐을 지지 말자.

뒷짐이란 두 손을 등 뒤로 젖혀 마주 잡는 자세를 말하는 것으로, 약간 편하게 왼발을 약간 옆으로 벌리고 두 손을 등허리에서 맞잡는 동작을 뜻하는 열중쉬어와 같은 자세이다.

이 자세도 건방지거나 거만하다는 느낌을 주므로 피하도록 하자.

청중 앞에서 자신도 모르는 사이에 취하는 좋지 않은 버릇 중 하나로서 뒷짐을 지는 자세는 옛날에 양반이나 서당의 훈장들이 습관적으로 취하는 자세이다.

이러한 자세도 거만하다는 인상을 줄 수도 있으므로 삼가자.

이 자세와는 정반대로 상반된 자세인 어깨가 앞으로 축 쳐진 자세, 즉 지나치게 이완된 자세도 좋지 않다. 왜냐하면 무기력하게 보일 뿐만 아니라 겁쟁이처럼 자신감마저 없어 보이고 뭔가를 숨기거나 감추려 하는 것처럼 보일 수 있기 때문이다.

그림 18.5 뒷짐을 진 자세

현장 이야기

평상시 뒷짐을 지는 자세는 정치인, 고급 간부, 선생님, 교수님, 고급 장교 등 경륜이 있는 인사들이 선호하는 자세이다. 이러한 자세가 마치 자신의 신분에 걸맞은 자세라고 착각할 정도로 보편화되어 왔다.

이러한 자세가 프레젠테이션의 청중에게는 자신감이 없어 무기력하다는 느낌을 주게 된다는 사실을 명심하고 삼가도록 하자.

6. 한쪽 발에 체중을 싣고 서지 말자

핵심 포인트

[그림 18.6]에서 보는 바와 같이, 체중의 중심을 한쪽 다리에 두고 선 자세로 발표하지 않도록 하자.

발표자가 체중의 중심을 한쪽 다리에 두고 서는 자세는 청중에게 흐트러진 인상을 준다. 이 자세가 계속되면 청중에게 부정적인 인상을 주게 되므로 피하도록 하자([그림 18.6] 참조).

현장 이야기

일상생활의 대화에서도 체중의 중심을 한쪽 다리에 두고 서서 말하는 자세는 상대방에게 거부감을 주는 것으로 인식되고 있다. 이런 사람들은 약간 삐뚤어진 성격에 거만한 사람으로 간주되고 있다.

프레젠테이션에서 체중의 중심을 한쪽 다리에 두고 서서 발표하는 자세도 정치인, 고급 간부, 선생님, 교수님, 고급 장교 등 경륜이 있는 인사들이 선호하는 자세이다.

이러한 자세도 프레젠테이션의 청중에게는 건방지거나 거만하다는 느낌을 준다는 사실을 명심하고 삼가도록 하자.

그림 18.6 체중의 중심을 한쪽 다리에 두고 선 자세

7. 끊임없이 무엇을 비비거나 만지작거리지 말자

핵심 포인트

- 레이저 포인터나 펜 등을 만지작거리거나 손가락으로 빙빙 돌리지 말자.
- 안경을 썼다 벗었다 하거나 만지작거리지 말자.
- 머리, 목, 팔, 손 등의 신체 부위를 비비거나 뜯거나 만지작거리는 등의 불필요한 동작을 하지 말자.
- 여성 발표자는 목걸이나 반지 등의 장신구를 만지작거리지 말자.

프레젠테이션에서 발표를 계속하는 동안 레이저 포인터, 펜, 안경, 신체 부위, 장신구 등을 비비거나 만지작거리지 않도록 하자.

손톱을 뜯는다든지, 손을 씻는 것처럼 계속 두 손을 마주 비비거나, 목덜미나

머리를 긁적거리면서 계속 무엇인가를 잡아내는 사람들이 있다.

이러한 구질구질한 동작은 프레젠테이션에 도움이 안 되기 때문에 하지 않는 것이 좋다.

현장 이야기

프레젠테이션에서 발표를 하는 동안 주로 초보자나 이제 갓 초보자 티를 벗은 발표자들 중에서 자신감이 없거나 청중 앞에서 울렁증이 있는 사람들은 레이저 포인터, 펜, 안경, 신체 부위, 장신구 등을 비비거나 만지작거리는 동작을 끊임없이 계속하는 경우가 자주 목격된다.
이러한 자세를 프레젠테이션 내내 계속하면 자신감이 없는 발표자로 오해받을 수도 있다. 이는 일반적으로 범하는 실수에 해당되므로 각별한 주의를 기울이자.

눈맞춤

1. 눈맞춤이란?

프레젠테이션에서 '눈맞춤'이란 발표자가 청중에게 시선을 보내는 것을 말한다. 이에 대응되는 영어는 eye contact이며, 발표자가 청중을 보는 것을 말한다.

2. 눈맞춤이 왜 중요한가?

핵심 포인트

프레젠테이션에서 발표자가 청중에게 보내는 시선에는 진실성, 믿음성, 자신감 등이 담겨 있고, 청중이 발표자에게 보내는 시선에는 발표 내용에 대한 반응이 담겨 있다.
따라서 프레젠테이션을 진행하는 동안 발표 내용에 대한 청중의 반응은 청중의 시선을 통해서 파악하도록 하자.

현장 이야기

다음은 저자가 대덕연구개발특구에서 최근 10여 년간 관찰해 온 결과이다.
학회, 심포지엄, 과제 발표 등의 대외적인 프레젠테이션 행사에서 약 95%의 연구원들은 청중의 시선을 피한 상태에서 발표하는 것으로 조사되었다. 이들 중 대부분은 스크린만 보면서 발표하고, 어쩌다 스크린은 보지 않는 경우에는 허공이나 창문 등의 다른 곳을 보는 것으로 조사되었다. 결론적으로 약 95%의 연구원들이 청중을 똑바로 바라보지 않는 상태에서 발표를 한다는 말이다.
그러나 연구소 내부에서 이루어지는 프레젠테이션에서는 발표자의 약 50%가 듣는 사람들과 눈맞춤을 한다. 그러나 고급 간부라도 참석하면 분위기가 급격히 바뀌어 중압감 때문에 약 90% 이상의 발표자가 듣는 사람들과의 시선 교환을 외면하는 양상을 보인다.
이에 대한 직접적인 원인은 오럴 프레젠테이션에서의 청중과 눈맞춤에 대한 자신감 결여이고, 간접적인 원인은 평소 실생활의 대화에서도 상대방과의 눈맞춤을 꺼려 온 데서 비롯된 것으로 판단된다. 그리고 더욱 심각한 문제점은 어느 누구도 이러한 현상을 잘못된 문제라고 인식도 못한다는 것이다.
청중과의 시선교환이 없는 발표의 경우, 가장 큰 문제점은 자신감 결여이고, 그 다음은 듣는 이에게 신뢰감을 주지 못한다는 것이다. 따라서 초보자이거나 또는 소심하거나 내성적인 성격의 발표자는 리허설을 통해서 몸에 익히도록 하자.

▶ 아직도 우리에게 익숙하지 않은 눈맞춤

프레젠테이션 동안 눈맞춤, 즉 시선을 어디에 두고 어떻게 하면 효과적인지를 정확하게 알고 실행하는 발표자는 그리 많지 않은 것이 우리의 현실이다. 왜냐하면 초 · 중 · 고 · 대학의 정규 과정에서 한 번도 이에 대해서 정식으로 배워 본 적이 없기 때문이다.

그러나 프레젠테이션이 현대사회에서 필수 요건으로 자리매김하고 있는 이상 눈맞춤은 피할 수 없는 요소임이 틀림없다. 따라서 정확한 눈맞춤 기법을 이해한 후 익히도록 하자.

현장 이야기

대화 도중 눈맞춤에 대한 동서양의 차이

대화 도중 상호 간에 이루어지는 눈맞춤의 양상은 동양과 서양이 다른 것으로 알려졌다. 서양문화권에서는 대화 도중 상대편과 눈맞춤하는 것을 예의 바르다고 생각하는 반면, 눈맞춤을 피하는 것은 소심하거나 부정직하기 때문이라고 생각한다. 대화 때 눈맞춤하지 않으면 자기에게 무관심하고 무성의하다고 생각하며, 눈을 마주치며 대화를 해야 대화 자체가 역동적이라고 생각한다. 또한 높은 지위에 있는 사람과 대화를 나눌 때 눈맞춤하는 것은 존경의 표시로 간주된다.

반면에 한국, 중국, 일본 등의 동양문화권에서는 대화 도중에 오랫동안 눈맞춤하는 것은 예의에 어긋나는 행동으로 간주되고 있다. 특히 윗사람과 대화할 때는 그 정도가 심해서 아예 고개를 숙이거나 다른 곳을 응시한다. 이러한 현상은 지위가 낮거나 내성적인 사람들에게서 심한 편이고, 여성들이 더 심한 것으로 알려졌다.

3. 스크린만 보면서 발표하지 말자

핵심 포인트

어쩌다(10번 중 2번 꼴) 스크린을 보는 것은 좋지만 처음부터 계속 스크린만 보면서 프레젠테이션을 하지 않도록 하자. 발표자와 청중 간에 시선교환이 없는 상태에서 오로지 스크린에만 시선을 고정한 채 발표하면 프레젠테이션에 실패할 수 있음을 명심하자.

그러나 대부분의 발표자들은 청중을 외면한 채 스크린에 시선을 고정한 상태에서 고독한 발표를 한다. 초보 발표자들만 그런 것이 아니다. 스크린에 비친 내용을 청중에게 그냥 읽어 주기 때문에 청중은 금방 지루해하고 흥미를 잃게 된다. 누구나 보면 알 수 있는 내용인데 굳이 읽어 주니 짜증이 날 수밖에 없는 것이다.

문제는 청중에 등을 돌린 상태에서 스크린만 보기 때문에 청중들과의 교감이 있을 턱이 없다. 그것도 스크린에 비친 내용을 빠르게 읽어 내려가기 때문에 청중들은 발표자가 말하는 내용을 놓치기 마련이다.

결국 청중은 무슨 내용인지, 무엇이 핵심인지를 파악하지 못하는 상황에 빠지게 되어 프레젠테이션은 실패로 끝을 맺게 되는 것이다.

현장 이야기

최근 대덕연구개발특구의 모 연구소에서 개최된 회의 때 저자가 경험한 바에 의하면, 중견급의 모 박사가 그 연구소를 대표하여 발표하는데 처음부터 끝까지 스크린만 보면서 발표하는 것이었다. 발표를 하는 것이 아니라 스크린에 비친 내용을 한 자도 빠뜨리지 않고 그냥 읽기만 하는 것이었다.

회의 내용이 중요하여 분위기가 다소 무거운 감은 있었으나, 그렇게까지 엉망으로 프레젠테이션하는 데에 대해서 저자는 놀라움을 금할 수 없었다. 저자를 포함하여 불과 7~8명의 심의위원들이 참석한 회의였음에도 불구하고, 한 연구 분야를 대표한다는 중견급 박사가 이렇게 발표를 하고서도 창피한 느낌을 갖지 않는 것이 의아할 따름이었다.

스크린에 투영된 발표 자료도 겨우 식별될 정도로 작은 글씨에 스크린을 가득 채운 내용이어서 다른 심의위원들도 언짢은 표정만 지을 뿐 말이 없었다.

결국 많이 알고 있는 것과 프레젠테이션을 잘하는 것은 별개라는 사실을 깨달았다.

이는 발표 자료를 충분히 숙지하지 못한 데서 야기된 것으로 인식될 뿐만 아니라 자신감이 없음을 표출하는 것이다. 이러한 발표는 프레젠테이션에서 가장 금기시된다는 사실을 뇌리에 확실히 새겨 두기 바란다.

이런 경우 여러분이라면 어떻게 하겠는가?

4. 청중과 스크린에 시선배분 방법

핵심 포인트

프레젠테이션 도중 [스크린]과 [청중]을 보는 비율은 20 : 80이 바람직하다.

예를 들면 프레젠테이션 시간이 100분이라면, 80분은 청중과 눈맞춤하고 20분은 스크린에 투영된 파워포인트 슬라이드를 보는 것이 좋다는 말이다.

전적으로 스크린만 봐도 안 되고 청중만 보면서 프레젠테이션을 진행해도 좋지 않으므로 [청중 : 스크린]의 시선배분은 [80 : 20]이 좋다.

[청중 : 스크린]의 시선배분을 [80 : 20]으로 하기 위해서는 사전에 발표 내용을 완전히 숙지하여 발표 자료를 보지 않고서도 설명할 수 있을 정도가 되어야 한다. 그러니까 발표 내용이 부분적으로 스크린에 나타날 때마다 확인 차원에서 발표 내용을 보고 곧장 청중과 눈맞춤하라는 뜻이다.

현장 이야기

파워포인트의 '**슬라이드 쇼**' 기능을 활용하여 프레젠테이션을 할 때, 청중과 원활한 눈맞춤을 위해서는 가급적 파워포인트의 '**애니메이션**' 기능을 활용하여, 'Enter' 키를 누를 때마다, 발표 내용이 한 줄 또는 두 줄이 스크린에 투영되도록 하는 것이 좋다.

그러니까 발표자가 스크린을 보는 이유는 오로지 투영된 발표 내용이 올바른 것인지만 확인하는 것에 불과하다는 것이다. 절대로 투영된 발표 자료를 보고 읽는 것이 아니다. 다시 한 번 명심하기 바란다.

5. 청중 전체와 골고루 눈맞춤하자

핵심 포인트

프레젠테이션 시작과 동시에, 자신만만하고 친근한 미소를 머금은 표정과 함께 눈을 또렷하게 뜨고 발표장 전체를 휘휘 둘러보면서 청중 전체와 골고루 눈맞춤하자.

맨 뒷좌석이나 양쪽 끝 좌석의 사각지대에 앉아 있는 청중과 눈맞춤을 잊지 말자. 간혹 맨 뒤나 양 끝 좌석의 사각지대에 VIP가 몰래 들어와 앉아 있을 수가 있으므로 여유를 갖고 두루두루 시선을 보내도록 하자.

사각지대에 앉아 있는 청중들을 눈맞춤에서 제외시키면 당장 소외감을 느끼는 청중들이 생기게 된다. 소외감을 느끼는 청중들이 많아지면 성공적인 프레젠테이션을 보장할 수 없음을 명심하자.

청중이 50명 이하인 경우에는 [그림 18.7]의 (1)과 같이 한 사람 한 사람과 눈맞춤하는 것이 바람직하다. 그러나 프레젠테이션 장소가 넓고 청중이 수백 명인 경우에는, [그림 18.7]의 (2)에서 보는 바와 같이, 청중의 위치에 따라 청중을 10~30명 단위의 그룹으로 나누어 각 그룹의 중앙에 앉은 사람과 눈맞춤하고, 앞에서 약 다섯째 줄 이내에 앉아 있는 사람들에게는 한 사람 한 사람과 눈맞춤하는 것이 바람직하다.

프레젠테이션 장소가 넓고 청중이 수백 명인 경우, 발표자의 시선이 청중의 얼굴 전체나 몸 전체에 맞춰 줘도 청중은 자기를 보는 것으로 인지하게 된다. 또한 발표자가 멀리 떨어진 거리에서 청중 한 사람 한 사람의 눈을 본다고 해도 청중은 이를 느끼기 어렵다. 따라서 부분적으로 단위 그룹으로 나누어 시선을 골고루 보내면 된다.

이와 같은 방식으로 발표자의 시선의 이동은 [그림 18.7]의 (1)와 (2)와 같이 발표자가 청중을 향했을 때, 맨 뒤 오른쪽 구석부터 왼쪽 구석으로 직선 방향으로 옮겨서 앞줄을 향해 갈지자형으로 이동하는 것이 좋다.

6. 한 사람과 눈맞춤하자

핵심 포인트

청중과 눈맞춤을 하면서 말할 경우, 적어도 한 문장을 말하는 동안에는 한 사람의 눈을 보는 상태에서 계속되어야 한다. 어느 한 사람과 눈맞춤을 하면서 한 문장을 말하는 동안에 다른 사람의 눈으로 시선이 옮겨가지 않도록 주의해야 한다.
따라서 적어도 한 문장을 말하는 동안에는 한 사람과 시선 교환을 하자.

프레젠테이션에서 발표자의 시선이 청중 개개인에 머무는 것이 중요한 만큼 이

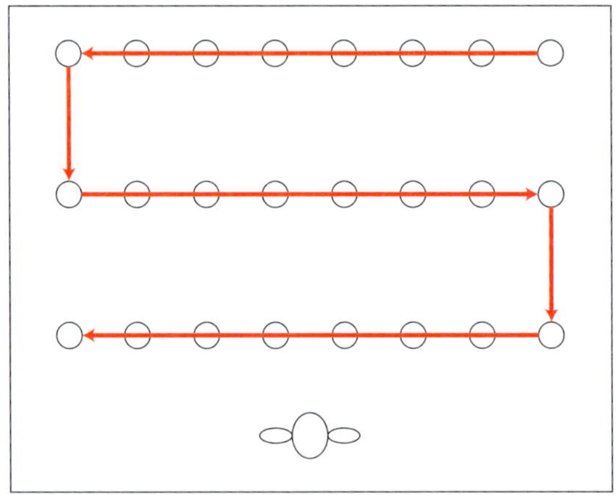

(1) 소규모 회의실이나 강의실에서 수십 명의 청중을 대상으로 하는 눈맞춤 개념도

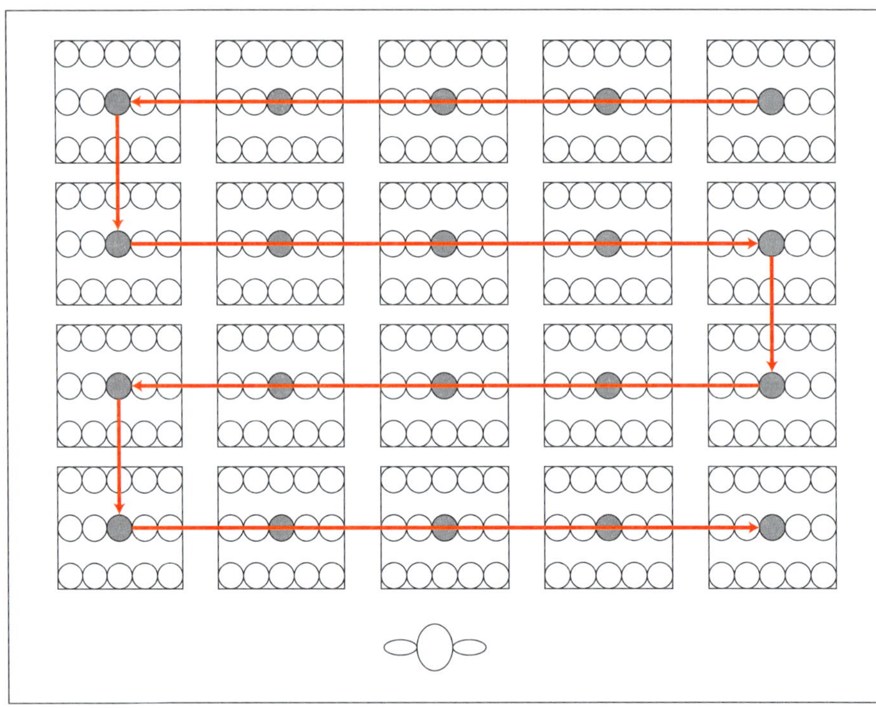

(2) 대규모 강당이나 홀에서 수백 명의 청중을 대상으로 하는 눈맞춤 개념도

그림 18.7 청중 전체와의 눈맞춤 개념도

에 상응하는 예의를 갖춰야 한다. 시선이 청중들 사이에서 그냥 아무렇게나 마구잡이식으로 이리저리 옮겨져서는 안 된다. 왜냐하면 시선 교환 자체가 대화이기 때문이다.

만약 발표자의 시선이 청중들 사이에서 그냥 마구잡이식으로 이리저리로 옮겨지면, 발표자가 불안과 초조로 자신감이 없는 것으로 느껴질 수 있을뿐더러 듣는 이에게 신뢰감을 주지 못할 수도 있다.

현장 이야기

최근 10여 년 동안 저자가 관찰해 온 바에 의하면, 연구원 대다수의 발표자들이 제일 꺼리거나 못하는 문제점 중 하나가 듣는 사람 개개인의 눈을 보면서 설명하거나 발표하는 것이었다.

또 다른 문제점은 듣는 사람 개개인과 눈을 보며 말하되 어떻게 할 것인지에 대한 방법을 잘 모른다는 것이었다.

이에 대한 답은 "적어도 한 문장을 한 사람에게 말하자!"이다. 그러니까 한 사람의 눈을 보며 말하는 동안 한 문장 이상을 말하자는 것이다.

7. 눈맞춤을 어느 한 사람에게만 집중하지 말자

핵심 포인트

어느 한 사람에게만 집중적으로 눈맞춤하지 말고 청중 개개인을 대상으로 옮겨 가며 눈맞춤을 하도록 하자.

프레젠테이션이 진행되는 도중 발표자 자신도 모르는 사이에 어느 청중 한 사람만 보면서 말하는 경우가 있다. 어느 한 사람만 너무 오랫동안 보게 되면 이 사람은 오히려 어색하게 생각할 수도 있다.

경우에 따라서는 "왜, 나만 보는 거야?!"라는 느낌과 함께 기분 나쁘게 생각할 수도 있는 것이다.

따라서 강연장 전체를 휘휘 둘러보면서 가능하면 많은 청중들과 개별적으로 시선을 교환하도록 하자.

현장 이야기

프레젠테이션의 궁극적인 목적은 발표자가 의도하는 바를 성취하는 것임은 재론의 여지가 없는 사실일 것이다.

따라서 눈맞춤의 집중 문제를 거론함에 있어 간과할 수 없는 것이 있다. 다름 아닌 시선 집중 문제이다.

프레젠테이션에 참석한 청중 중에는 의사결정의 열쇠를 쥐고 있는 핵심 인사나 중요 간부 등이 있을 수 있다. 사실 이런 경우가 허다하다. 이들에게는 전략적으로 대처해야 원하는 목적을 달성할 수 있다.

대부분의 경우 이런 의사결정권자들은 맨 앞줄 중앙에 앉는다. 일단은 그들에게는 보다 자주, 보다 강한 눈빛을 보내야 한다. 그러나 문제는 너무 지나치게 치중되지 않도록 주의해야 한다는 점이다. 왜냐하면 이런 경우 소외감을 느끼는 사람들이 있을 수 있기 때문이다.

8. 시선을 너무 빠르게 옮기지 말자

핵심 포인트

청중 개개인과 골고루 눈맞춤하되 너무 빠른 속도로 시선을 옮겨 다니지 않도록 하자.

청중과 골고루 눈맞춤을 하라고 해서 고개를 이쪽저쪽으로 돌려 가며 너무 빠른 속도로 시선 옮기기를 계속하면, 발표자가 초조감과 불안감으로 인하여 자신감이 없는 것으로 인식될 수 있기 때문에 주의하도록 하자.

발표자가 지속적으로 이리저리로 빠르게 시선을 옮기면 경망스럽다는 인상을 줄 수도 있으므로 약간은 무게를 잡고 자연스럽게 서서히 한 사람 한 사람과 시선을 교환하도록 하자.

현장 이야기

프레젠테이션에서 발표자가 고개를 이쪽저쪽으로 돌려 가며 너무 빠른 속도로 시선을 옮기는 경우는 흔치 않은 것으로 관찰되었다.

그러나 초보자들 중에서 너무 긴장하게 되면 자신도 모르는 사이에 이런 현상을 보이는 경우가 간혹 목격되었다. 주의를 하면 얼마든지 피할 수 있으므로 유념하기 바란다.

9. 시선과 얼굴의 방향을 일치시키자

핵심 포인트

발표 내용 중에서 어느 특정 부분을 특별히 강조해야 할 경우에는 스크린의 그 부분을 손으로 포인팅과 동시에 발표자도 그 부분을 향해 보면서 설명하도록 하자.

프레젠테이션 도중 스크린에 투영된 발표 자료 중 어느 부분을 특별히 강조해야 할 경우, 발표자는 먼저 몸을 스크린 쪽으로 향하게 하고, 곧이어서 그 부분을 손으로 가리킴과 동시에, 발표자도 그 부분을 보면서 설명하도록 하자.

이렇게 하면 청중은 본능적으로 발표자가 바라보는 쪽을 따라서 보기 마련이다.

현장 이야기

프레젠테이션 내용 중에는 특별히 강조해야 할 부분이 있다. 그래서 파워포인트 작업도 다른 부분보다 유별나게 많은 노력과 시간을 들여 작성하기 마련이다.

그러나 이런 경우 그냥 평범한 방식으로 설명해서는 소기의 목적을 달성할 수 없다. 또는 단순히 소리를 높여 고함을 지른다고 해결되지 않는다.

이에 대한 합리적인 방법이 바로 발표자의 몸과 얼굴을 스크린 쪽으로 향하게 하고, 그 부분을 손으로 가리킴과 동시에 발표자도 그 부분을 보면서 설명하는 것이다. 이런 때는 스크린을 필요한 만큼 오래 보는 것이 좋다.

얼굴 표정

1. 밝고 명랑한 미소의 얼굴 표정을 하자

프레젠테이션에서 청중은 의식적이든 무의식적이든 간에 발표자의 얼굴 표정과 행동을 면밀히 관찰하기 마련이다. 만약 발표자의 얼굴이 밝고 환한 미소와 더불어 자신감 넘치는 표정이면 청중은 자신도 모르는 사이에 발표 내용에 대해서 믿음이 가게 된다.

반면에 발표자의 얼굴이 초조와 불안한 상태에서 경직된 표정이면, 청중도 덩달아서 초조와 불안한 상태에 빠져서 발표 내용에 당장 믿음을 갖지 못한다.

핵심 포인트

프레젠테이션의 시작과 동시에 발표자는 밝고 명랑한 미소를 띤 얼굴 표정으로 청중 앞에 서야 한다. 발표자가 환하게 웃으며 자신감과 활력이 넘치는 얼굴 표정을 하면, 청중도 덩달아 기분이 좋아지면서 발표자의 말에 신뢰감을 느끼게 된다.

현장 이야기

현장에서 관찰해 온 바에 의하면, 프레젠테이션 발표자들 중에서 고위직에 종사하는 고급 간부들과 초·중급 간부들의 얼굴 표정 관리 방식은 서로 대조적인 양상을 보이는 것으로 관찰되었다.

고급 간부들 중 50~60%는 시종일관 무표정하거나 경직된 표정을 짓고, 20~30%는 미소는커녕 화난 얼굴 표정을 짓고, 겨우 10~20%만이 미소 띤 얼굴 표정을 하는 반면, 초·중급 간부들은 밝고 명랑한 미소의 얼굴 표정으로 시작하여 시종일관 자신감 넘치는 표정을 하는 것으로 관찰되었다.

고급 간부들의 이러한 현상은 주로 자기들보다 직급이나 사회적 신분이 낮은 사람들 앞에서 보이는 양상이고, 반면에 자기들보다 높은 사람들 앞에서는 정반대의 표정을 지으며, 경우에 따라서는 아첨과 구분이 되지 않을 정도이다.

앞서 거론한 경우, 고급 간부들의 이러한 양상은 과중한 업무에서 오는 강박관념 때문일까? 아니면 전근대적인 관료의식에서일까?

청중에게 밝고 명랑한 얼굴 표정을 지으면 품위가 떨어진다고 생각해서 그러는 것이라면, 어떻게 하는 것이 현명한 처방이 될까?

프레젠테이션에서 권위의식은 금기 중에서도 최상의 금기라는 사실을 명심하고 고치도록 하자.

2. 상황에 부합되는 얼굴 표정을 하자

프레젠테이션을 진행하는 도중에 말하는 내용에 따라 상황에 부합되는 얼굴 표정을 해야 청중에게 전하려는 메시지가 성공적으로 전달될 수 있는 것이다. 다음은 상황에 따라 눈썹, 눈, 입 등을 이용하여 얼굴 표정을 짓는 방법을 기술한다.

가. 눈을 이용한 표정

▶ 기쁘거나 놀라운 내용을 발표할 경우 : 발표자가 솔직하게 내용이 기쁘거나 놀랍다는 표정을 지어야 할 필요가 있을 때에는 눈을 크게 뜨도록 하자. 이렇게 함

으로써 청중의 마음이 발표자와 동화될 수 있도록 유도할 수 있다.

나. 눈썹을 치켜 올리는 표정

▶ 의심스러운 내용을 발표할 경우 : 발표자가 솔직하게 내용이 의심스럽다는 표정을 지어야 할 필요가 있을 때에는 눈썹을 추켜올리도록 하자. 눈썹을 추켜올리는 표정과 함께 말함으로써 청중의 마음이 발표자와 동화될 수 있도록 유도할 수 있다.

다. 미간을 찌푸리는 표정

▶ 마음에 들지 않는 내용을 말할 경우 : 발표자가 솔직하게 내용이 마음에 들지 않는다는 표정을 지어야 할 필요가 있을 때에는 미간을 찌푸리며 설명을 하도록 하자. 미간을 찌푸리는 표정과 함께 말함으로써 청중의 마음이 발표자와 동화될 수 있도록 유도할 수 있다.

또한 힘들고 어려운 과정을 통해 얻어진 결과나 내용 등을 말할 경우에도 미간을 찌푸리는 표정을 지으면 청중의 마음이 발표자와 동화될 수 있도록 유도할 수 있다.

라. 입을 이용한 표정

▶ 감탄스러운 내용을 말할 경우 : 발표자가 솔직하게 내용이 감탄스럽다는 표정을 지어야 할 필요가 있을 때에는 입을 크게 벌리는 표정을 짓도록 하자. 입을 크게 벌리는 표정을 지음으로써 청중의 마음이 발표자와 동화될 수 있도록 유도할 수 있다.

또한 발표하거나 설명하는 내용에 확신을 실어 말해야 할 경우에는, 순간적으로 입에 힘을 주면서 입을 굳게 다문 표정을 지으면 청중은 발표자의 말에서 신뢰감을 느낄 수 있게 된다.

제스처

이 책에서 다루는 제스처는, 선거나 군중시위 등의 대규모 집회에서 행해지는 웅변이나 연설에서 고성과 함께 두 주먹을 추켜올리는 등의 몸짓이 아니고, 프로젝터 등의 시청각 매체를 활용하여 프레젠테이션을 하는 과정에서 메시지의 정확한 전달을 위해 말의 보조 역할을 하는 손, 팔, 몸 등의 몸동작을 말한다.

따라서 웅변이나 연설 등에서 다루는 제스처와는 분명한 차별을 두고자 한다.

1. 제스처의 정의

프레젠테이션에서 제스처(gesture)는 청중의 눈을 통해 전달하는 보디랭귀지로서 발표자가 말만으로는 의사 전달이 충분치 못하거나 불분명할 때 손짓, 팔짓, 몸짓 등을 함으로써 의사를 전달하는 데 도움을 주는 역할을 한다.

또한 적절하고 자연스러운 제스처는 발표자의 정열과 자신감을 드러내 준다.

2. 제스처의 기능

핵심 포인트

발표자 자신의 뜻을 전달하는 데에는 무엇보다도 말이 중요하지만, 제스처를 함으로써 그 뜻을 더 잘 전달할 수 있다.
프레젠테이션에서 제스처는 언어와 함께 쓰이면서 언어보다 훨씬 미묘하고 다양한 의미를 전달해 준다. 따라서 발표자가 말로 다 전하기 힘든 속마음을 전할 때는 언어보다 제스처를 더욱 많이 사용하게 되는 것이다.

3. 제스처의 효과

핵심 포인트

제스처는 눈을 통해 전달하는 메시지이므로 말할 때 손짓, 팔짓, 몸짓 등을 보조로 활용하면 귀로 듣고 느끼는 감정에다 눈으로 보고 느끼는 감정이 추가됨으로써 청중으로 하여금 설득과 감명의 효과를 높이게 해 준다.
또한 발표자 자신에게는 발표하는 자세를 자연스럽게 해 주고 자신감이 생기게 해 주며 신바람이 나게 해 준다.

제스처의 효과를 요약하면 다음과 같다.

(1) 청중이 이해를 빠르게 한다.

(2) 발표자의 메시지를 분명하게 한다.

(3) 청중의 시선을 집중시키게 한다.

(4) 발표 내용이 싫증이 나지 않게 한다.

(5) 발표자가 발표 내용에 자신감을 가질 수 있다.

(6) 발표자의 확고한 신념을 보여 줄 수 있다.

(7) 청중의 기억에 남을 수 있게 한다.

4. 제스처의 기본 원칙

핵심 포인트

프레젠테이션에서 발표자가 취하는 제스처가 중요한 만큼 제스처를 취하는 방법에도 원칙이 있다. 이 원칙에 따라 제스처를 취해야 성공적인 제스처가 될 수 있다.
발표자는 말하는 내용과 상황에 적합한 제스처를 취하되 리듬을 타야 한다. 아무 때나, 뚜렷한 목적 없이, 아무렇게나 취해지는 제스처는 오히려 역효과를 유발시킬 수 있다.

다음의 원칙에 따라 제스처를 취해야 소기의 목적을 달성할 수 있다.

가. 제스처를 위한 손과 팔의 기본자세

▶ 손을 어디에 두어야 제스처를 취하기에 좋은가?

프레젠테이션을 시작할 때, 또는 진행 중에 매번 제스처가 끝날 때, 팔은 아래로 늘어뜨린 상태에서 손은 바지 옆 재봉선 위에 살며시 놓는다. 강연대에서 발표할 경우에는 강연대 위에 살며시 올려놓는다.

▶ 손의 기본적인 자세

프레젠테이션이 진행되는 동안 제스처를 하지 않을 때에는 손은 살며시 계란을 쥐는 듯한 자세를 취하는 것이 좋다.

[남성 발표자의 경우]

한 손 또는 두 손을 주머니에 넣거나 두 손을 배꼽 밑에서 맞잡는 공손한 듯한 자세를 취하지 않도록 하자. 또한 열중쉬어 자세도 금기시되는 자세이므로 피하도록 하자.

[여성 발표자의 경우]

[그림 18.8]에서 보는 바와 같이, 한 팔은 아래로 늘어뜨린 상태에서 다른 손으로 다른 팔의 윗부분을 잡고 있는 자세를 취하거나 팔짱을 낀 자세를 취하지 않도록 하자.

그림 18.8 한 팔은 아래로 늘어뜨린 상태에서 다른 손으로 다른 팔의 윗부분을 잡고 있는 자세

현장 이야기

프레젠테이션이 진행되는 동안, 대다수의 발표자들에게서 공통적으로 관찰되는 점들 중의 하나가 바로 잘못된 손의 자세이다. 불안하거나 초조하여 어찌할 바를 몰라 손톱을 뜯거나 볼펜, 레이저 포인터, 머리카락 등을 만지작거리는 행동을 한다. 이러한 사례는 프레젠테이션 경험이 일천하거나, 매사에 자신감이 없거나, 성격이 내성적인 발표자들에게서 자주 목격되는 것이다.

나. 내용에 꼭 맞는 제스처를 하자

제스처는 말하는 내용과 상황에 반드시 일치된 제스처가 되어야 그 효과가 만족스럽다. 비록 작은 동작의 제스처일지라도 하찮은 것이라고 생각하지 말고, 말하는 내용과 분위기에 완전히 일치된 제스처를 취할 수 있도록 해야 한다.

어떠한 경우나 상황에서도 말의 내용과 제스처의 의미가 서로 달라서는 안 된다는 사실을 명심하자.

제스처는 말의 내용을 보충하여 이해력을 높여 주거나 이해가 빨리 되도록 말의 내용을 순간적으로 보충할 수 있도록 구사되어야 한다.

따라서 각각의 발표 내용에 어떤 제스처를 취할 것인지에 대해서는 프레젠테이션의 기획 단계에서 철저하게 연구하도록 하자.

기본적으로 이 책에서 기술한 구체적인 제스처 방법을 익혀서 자기 것이 되도록 하되, 이 책에서 기술되지 않은 제스처에 대해서는 각자의 개성과 취향을 감안하여 창작하도록 하자.

다. 제스처는 꼭 필요할 때만 하자

프레젠테이션에서 제스처는 꼭 필요할 때 자연스러우면서도 어김없이 취해져야만 강한 인상과 더불어 확실한 효력이 있다.

사소하고 작은 손놀림도 제스처로 간주될 수 있으므로 불필요한 동작은 일체 삼가고, 상황과 분위기에 부합되는 제스처가 타이밍에 맞게 취해질 수 있도록 리허설 단계에서 철저히 준비하자.

또한 지나치거나 과도한 제스처의 남용은 청중들을 지루하거나 식상하게 만든다. 시도 때도 없이 손이나 팔을 반복적으로 움직여서 제스처 아닌 제스처를 하면, 정작 꼭 필요한 상황에서 취해지는 제스처는 그 효과가 급격히 추락될 수 있다.

라. 제스처는 자연스러워야 한다

제스처가 어떤 종류이든, 동작이 크든 작든 간에 제스처를 구사하는 기본원칙은 자연스러워야 한다는 것이다. 제스처가 자연스러워야 한다는 말의 의미는 꾸미거나 기계적으로 움직이는 것처럼 어색하지 않으면서 발표자 자신도 특별히 스스로 느끼지 못하는 사이에 이루어지는 것을 말한다.

제스처를 할 때 자연스럽지 못하면 그 프레젠테이션은 품위를 잃게 되며, 메시지가 정확하게 전해지지도 않을뿐더러 오히려 역효과를 유발시킬 수도 있다. 따라서 리허설 단계에서 조목조목 하나씩 자연스러워지도록 충분히 연습하자.

마. 제스처는 힘 있고 확실해야 한다

어떠한 종류의 크고 작은 동작으로 이루어지는 제스처라 하더라도 제스처의 동작은 확실하고 명확하게 이루어져야 한다. 제스처가 확실하고 명확한 것이 되기 위해서는 제스처를 취하는 손과 팔에는 물론 눈초리에도 힘이 들어가야 한다.

힘없이 취해진 제스처는 맥 빠진 것으로 여겨지기 마련이다. 제스처에 힘이 없으면 강조하려는 본연의 뜻이 불분명해지기 마련이고, 청중에게는 자신감이 없다는 인상을 주게 된다.

제스처를 구사하는 손가락들이 벌어진다거나 손가락에 힘이 주어지지 않는 경우에는 청중들도 덩달아서 힘이 빠지고 프레젠테이션이 지루해지면서 싫증을 느끼기까지 한다는 사실을 유념하기 바란다.

현장 이야기

말하는 내용에 따라서 제스처를 정교하게 표현해야 하고, 또 힘차게 표현해야 하므로 오른손잡이는 오른손을 사용해야 좋고, 왼손잡이는 왼손을 사용하는 편이 더 좋다.
예를 들면 오른손잡이가 스크린에 투영된 발표 자료의 윗부분을 가리킬 경우, 손가락들을 붙인 상태에서 오른손을 쭉 펴서 스크린의 윗부분을 가리킨다. 이때 곧게 편 손과 팔에는 힘을 주고, 시선은 손가락 끝과 일치되도록 한다.

바. 제스처는 복잡하지 않아야 한다

프레젠테이션에서 구사하는 제스처는 간단명료해야 한다. 요란스럽고 복잡한 제스처는 청중에게 짜증과 산만한 느낌을 주게 되어 프레젠테이션 전체가 흐트러질 가능성도 있다.

우리나라에서는 아직 일상생활은 물론 프레젠테이션에서 제스처에 익숙하지 않을 뿐만 아니라 달갑지 않게 생각하는 것이 일반적인 정서이다. 따라서 간단명료한 제스처를 취함으로써 청중들을 이해가 빠르고 쉽게 하고 발표자는 자신감을 갖도록 하자.

사. 제스처 동작은 말보다 약간 빨라야 한다

어느 상황에서 어떤 제스처를 취할 것인지도 중요하지만, 어느 시점에서 제스처를 시작할 것인지도 그 효과 측면을 고려할 때 중요하다. 제스처는 말보다 약간 먼저 시작하는 것이 효과적이다.

제스처를 시작하는 시점에 대해서 좀 더 자세히 알아보자.

(1) 말을 약간 먼저 시작하고 곧이어서 제스처를 할 것인가?

(2) 말과 제스처를 동시에 시작할 것인가?

(3) 제스처를 약간 먼저 시작하고 곧이어서 말을 할 것인가?

위의 세 가지 방법 중에서 어느 것이 효과적일까?

심리학적인 측면에서 검토된 바에 의하면 (3)번, 즉 제스처를 약간 먼저 시작하고 곧이어서 말을 하는 것이 효과적인 것으로 알려졌다.

구체적인 예를 가지고 이 문제를 짚어 보도록 하자.

예를 들어 스크린에 투영된 영국 지도에서 런던의 위치를 설명한다고 하자([그림 18.9] 참조).

"스크린의 영국 지도에서 오른쪽 아래를 보십시오. 여기가 런던입니다."라고 할 때, 손으로 가리키는 제스처와 설명하는 말 중에서 어느 것을 먼저 시작하는 것이 효과적일까?

이 경우 심리학에서는 제스처를 약간 먼저 시작하고 곧이어 말을 하는 경우가 가장 효과적인 것으로 밝혀졌다. 그 이유는 말하기 전에 발표자가 손으로 스크린의 오른쪽 아래를 가리키면, 청중의 시선도 무의식중에 발표자의 손을 따라가기 때문이다.

"스크린의 영국 지도에서 오른쪽 아래를 보십시오. 여기가 런던입니다."를 실전에서 행하는 것처럼 해 보자.

"스크린의 영국 지도에서"를 말한 다음 잠시 숨을 들이쉬는 사이에 손바닥을

그림 18.9 스크린에 투영된 영국 지도

편 채 팔에 힘을 주어 쭉 뻗어 스크린의 오른쪽 아래를 가리켜 동작을 완성시키고, "오른쪽 아래를 보십시오. 여기가 런던입니다."라고 말한다.

이와 같이 제스처를 말보다 약간 먼저 시작하는 것이 효과적이라는 말이다.

아. 눈은 제스처를 취하는 손을 봐야 한다

발표자가 제스처를 명확하게 취하는 방법은 제스처를 취하는 손끝이나 손가락 끝에 시선을 맞추는 것이다. 제아무리 작은 동작의 제스처라 하더라도 이 방법은 분명하게 적용되어야 한다. 제스처가 이렇게 완성되어야만 확실하고 명확한 것이 된다.

"손이 움직일 때 시선이 뒤따르지 않는 제스처는 죽은 제스처다."라는 말도 있다.

손 따로 시선 따로 취하는 제스처는 청중에게 순간적으로 혼란스러운 느낌만 초래할 뿐 아무런 효과가 없다.

프레젠테이션에서 강조하려는 내용을 청중의 뇌리에 확실하고 명확하게 새기는 방법은 제스처를 취하는 손끝이나 손가락 끝에 발표자의 시선을 일치시키는 것이다.

예를 들면 "이 시스템의 오차는 ±0.5㎛로서 아주 정밀합니다."라는 설명에서, "아주 정밀합니다."를 강조할 경우를 실전처럼 실행해 보자.

"이 시스템의 오차는 ±0.5㎛로서"를 말한 다음, 눈높이로 손을 들어 올린 후, 엄지손가락 끝과 집게손가락 끝을 맞붙인다. 이윽고 시선도 두 손가락 끝에 맞춘 다음, "아주 정밀합니다."라고 말하면 된다.

이렇게 하면 '아주 정밀하다'는 뜻이 제대로 강조될 수 있는 것이다.

왜냐하면 발표자의 시선이 손끝에 맞춰질 때 청중의 시선도 무의식적으로 발표자의 손가락 끝으로 따라가기 때문이다.

자. 습관성 제스처를 하지 말자

제스처 아닌 제스처를 습관적으로 하지 말자. 프레젠테이션을 할 때는 말하고자 하는 내용과 상황에 적합한 제스처를 취해야 하지만, 똑같은 제스처가 시도 때도 없이 반복되면 청중은 지루한 느낌을 가지게 된다. 왜냐하면 사람의 시선은 언제나 새롭고 참신한 것을 추구하기 때문이다.

혹시나 프레젠테이션을 할 때 습관적으로 의미 없는 손짓이나 몸짓을 한다면 캠코더로 리허설 장면을 녹화하여 확인한 후에 고치기 바란다.

경우에 따라서는 이러한 좋지 못한 습관이 있는지조차 본인이 느끼지 못할 수도 있으므로 반드시 녹화 장면을 검토하기 바란다.

> **현장 이야기**
>
> 저자의 지인 중 OO IT 벤처기업의 OOO 이사는 프레젠테이션에서 말할 때마다 습관적으로 오른손목을 축으로 오른손을 빙빙 돌리다가 말을 정지하는 순간 청중들에게 손바닥을 펴 보이는 동작을 한다.
>
> 그런데 웃기는 것은 손놀림의 속도가 말의 속도에 따라서 바뀐다는 사실이다. 더욱 문제시되는 점은 이러한 제스처는 그가 말하는 모든 내용에 한결같이 취해진다는 것이다.
>
> 이러한 그의 습관성 손놀림은 한두 번이 아니고 프레젠테이션 때마다 반복된다.
>
> 따라서 똑같은 동작의 제스처를 필요 이상으로 자주 그리고 반복적으로 하지 않도록 하자.
>
> 프레젠테이션에서 청중은 반복되는 습관적인 손짓이나 몸짓에는 쉽사리 싫증을 느끼고 지루해한다는 사실을 기억하기 바란다.

5. 제스처의 구체적인 방법

가. 방향을 가리키는 제스처

다섯 손가락을 붙인 상태에서 가볍게 주먹을 쥐고 있다가, 목표 방향을 향해 팔을 쭉 뻗으면서 손바닥도 쭉 펴서 목표 방향을 가리킨다. 이때 손끝은 목표를 향

그림 18.10 특정 방향을 가리키는 제스처

하게 하되 손바닥은 청중을 향해 편다.

여기서 손가락과 팔에는 힘을 주어야 하며, 손가락들 사이는 벌어지지 않도록 해야 한다. 또한 앞서 강조한 바와 같이 시선은 손끝에 맞춰져야 한다.

이때 유념할 사항은 오른손잡이는 오른손을 사용하는 것이 좋고, 왼손잡이는 왼손을 사용하는 것이 좋다.

나. 청중 또는 나를 가리키는 제스처

▸ 나를 가리키는 제스처

마치 국기에 대한 경례를 하는 것처럼 오른손 바닥을 쭉 펴서 가슴의 중앙(명치 끝) 위에 얹어 놓는다. 이때 왼팔은 아래로 쭉 뻗어 옆구리에 살짝 붙인다([그림 18.11] 참조). 왼손잡이는 왼손을 사용한다.

그림 18.11 나를 가리키는 제스처

이때 손가락과 팔에는 힘을 주어야 하며, 손가락들 사이는 벌어지지 않도록 해야 한다.

▶ 청중을 가리키는 제스처

청중을 향해 오른팔을 쭉 뻗으면서 손바닥을 위로 향하게 한 상태에서 펴 보인다. 왼손잡이는 왼손을 사용한다.

이 제스처는 [그림 18.12]의 (1)와 같이 한 손으로 해도 좋고, [그림 18.12]의 (1)과 같이 두 손을 사용해도 좋다.

이때 손가락과 팔에는 힘을 주어야 하며 손가락들 사이는 벌어지지 않도록 해야 한다.

(1) 한 손으로 가리키는 제스처

(2) 두 손으로 가리키는 제스처

그림 18.12 청중을 가리키는 제스처

현장 이야기

프레젠테이션 도중에 청중 중에서 특정인을 가리켜야 할 경우가 있다. 이런 경우 둘째손가락인 집게손가락으로 가리키지 않도록 각별한 주의를 해야 한다. 만약 집게손가락 하나로 가리키면, 가리킴을 당한 사람은 바로 기분이 나빠질 수도 있다.

다. 수를 세는 제스처

프레젠테이션에서 수를 셀 경우, 손을 쭉 펴서 귀 높이로 올린 다음, 먼저 엄지손가락을 꼽은 다음 "하나", 집게손가락을 꼽은 다음 "둘", 가운뎃손가락을 꼽은 다음 "셋" 한다. 이때 주의해야 할 사항은 오른손잡이는 오른손으로, 왼손잡이는 왼손으로 수를 세야 한다는 점이다.

여기서 유념해야 할 사항이 있다면, 1) 수를 세는 팔과 손가락에는 힘이 들어가야 하며, 2) 시선은 손가락 끝으로 맞춰져야 한다.

예를 들어 '세 개'를 강조하고자 할 경우, [그림 18.13]과 같이 집게손가락, 가운뎃손가락, 약손가락 세 개를 동시에 쭉 펴 보인 다음, 손가락 끝을 보면서, "세 개입니다."라고 말하면 확실하게 세 개가 강조된다.

라. 거부 또는 반대를 표현하는 제스처

거부의 뜻을 표현할 경우, [그림 18.14]와 같이 두 손을 펴서 귀 높이로 올린 다음, 청중 쪽으로 강하게 내미는 동작이다. 한 손에 마이크가 쥐어진 경우에는 다른 한 손만 사용해도 된다.

이때 유념해야 할 사항은 앞으로 쭉 내민 팔과 손바닥에는 힘을 주어야 하며 시선은 손등에 맞춰야 한다는 점이다.

반대의 표현은 한 손바닥을 펴서 좌우로 흔들어 주면 된다.

그림 18.13 세 개를 표현하는 제스처

그림 18.14 거부의 뜻을 표현하는 제스처

마. 요청하는 표현의 제스처

발표자가 청중에게 무엇을 부탁하거나 요청하는 내용을 제스처로 표현할 경우, 다섯 손가락을 붙인 상태에서 두 주먹을 가볍게 쥐고 가슴에 붙인 다음, 두 팔을 앞으로 뻗으며 두 손바닥이 하늘로 향하도록 펴서 청중 앞으로 내민다.

또한 오른손잡이는 오른손 하나를 사용해도 좋고, 왼손잡이는 왼손 하나를 사용해도 좋다. 이때도 손가락과 팔에는 힘을 주어야 하며 손가락들 사이는 벌어지지 않도록 해야 한다.

예를 들면 "여러분, 저희가 개발한 이 시스템에 관심을 가져 주십시오."라는 설명에서, "관심을 가져 주십시오."라는 대목을 청중에게 요청할 경우를 실전처럼 실행해 보자.

"여러분, 저희가 개발한 이 시스템에"를 말한 다음, 다섯 손가락을 붙인 상태에서 두 주먹을 가볍게 쥐고 가슴에 붙인 다음, "관심을 가져 주십시오."라고 말하면서 양팔을 앞으로 뻗으며 두 손바닥이 하늘로 향하도록 펴서 청중 앞으로 내민다.

바. 구분이나 비교를 표현하는 제스처

구분하거나 비교하는 내용을 제스처로 표현할 경우, 다섯 손가락을 붙인 상태에서 먼저 오른팔을 앞으로 쭉 뻗으며 오른손을 펴 보인 다음, 왼팔을 앞으로 쭉 뻗으며 왼손을 펴 보인다.

이때도 손가락과 팔에는 힘을 주어야 하며, 손가락들 사이는 벌어지지 않도록 해야 한다.

예를 들면 "여러분, 어느 시스템을 선택하시겠습니까? A시스템입니까? 아니면 B시스템입니까?"라는 설명을 실전처럼 실행해 보자.

먼저 "여러분, 어느 시스템을 선택하시겠습니까?"라고 말한 다음, 오른팔을 앞으로 쭉 뻗으며 오른손을 펴 보인 후, "A시스템입니까?"라고 말하고, 잠시 후 "아니면"이라고 말한 다음, 왼팔을 앞으로 쭉 뻗으며 왼손을 펴 보인 후 "B시스템입니까?"라고 말하면서 두 시스템을 비교시킨다.

사. 결합을 표현하는 제스처

두 가지 사항을 결합시키는 내용을 제스처로 표현할 경우, 먼저 오른팔을 쭉 뻗어 가슴 높이까지 올린 다음, 왼팔을 쭉 뻗어 가슴 높이까지 올린 후, 두 손을 맞잡는다.

여기서 두 손을 맞잡기 직전의 상태는 다섯 손가락을 붙인 후 두 손바닥을 마주 보게 하는 것이며, '앞으로 나란히' 자세를 취하는 상태이다.

이때도 손가락과 팔에는 힘을 주어야 하며 손가락들 사이는 벌어지지 않도록 해야 한다.

예를 들면 "A시스템은 속도가 빠릅니다. 반면에 B시스템은 정밀합니다. 만약 이 둘을 결합시키면 아주 이상적인 시스템이 될 수 있습니다."라는 설명을 실전처럼 실행해 보자.

먼저 오른팔을 쭉 뻗어 가슴 높이까지 올린 다음, "A시스템은 속도가 빠릅니다."라고 말하고, 왼팔을 쭉 뻗어 가슴 높이까지 올린 후, "반면에 B시스템은 정밀합니다."라고 말한다. 이윽고 두 손을 맞잡은 다음, "만약 이 둘을 결합시키면 아주 이상적인 시스템이 될 수 있습니다."라고 말한다.

아. 미세하거나 정밀하다는 표현의 제스처

아주 미세한 양을 표현하거나 아주 정밀하다는 내용을 제스처로 표현할 경우, 오른손을 눈높이로 들어 올려 엄지손가락 끝과 집게손가락 끝을 맞붙여 꼬집는 듯한 동작을 취한다. 왼손잡이는 왼손을 사용한다.

이때도 팔과 맞붙인 손가락 끝에 힘을 주어야 하며 시선은 손가락 끝에 맞춰져야 한다.

예를 들면 "이 시스템의 오차는 ±0.5㎛로서 아주 정밀합니다."라는 설명에서, "아주 정밀합니다."를 강조할 경우를 실전처럼 실행해 보자.

"이 시스템의 오차는 ±0.5㎛로서"를 말한 다음, 눈높이로 손을 들어 올린 후, 엄지손가락 끝과 집게손가락 끝을 맞붙인다. 이윽고 시선도 두 손가락 끝에 맞춘 다음, "아주 정밀합니다."라고 말하면 된다.

자. 넓거나 좁다는 표현을 하는 제스처

아주 넓거나 아주 좁다는 내용을 제스처로 표현할 경우이다.

▸ 아주 넓다는 표현을 할 경우

두 팔을 앞으로 쭉 내밀어 손바닥을 맞닿게 한 다음, 두 팔을 양 옆으로 벌리는 동작을 취한다. 이윽고 양 옆으로 벌려진 손을 한 번씩 봐야 한다. 여기서 손가락들 사이는 최대로 벌려서 쭉 펴야 한다. 마치 부챗살이 펼쳐진 모양을 해야 한다.

▸ 아주 좁다는 표현을 할 경우

두 팔을 양 옆으로 벌린 다음, 두 팔을 앞으로 모으되 두 손바닥 사이의 간격이 약 10cm가 되는 순간에 멈춘다. 눈은 두 손바닥 사이를 응시한다. 여기서 손가락들은 붙인 상태에서 쭉 펴야 한다. 이때도 팔과 손가락에는 힘을 주어야 한다.

차. 크거나 작다는 표현을 하는 제스처

크기가 아주 크거나 아주 작다는 내용, 즉 대소를 제스처로 표현할 경우이다.

▸ 아주 크다는 표현을 할 경우

두 팔을 앞으로 쭉 내밀어, 오른손을 위로 왼손을 아래로 한 상태에서 오른손바닥은 아래를 향하게 하고, 왼손바닥은 위로 향하게 하여 서로 맞닿게 한 다음, 두 손을 상하로 최대로 벌리는 동작을 취한다. 이때 손가락들은 붙인 상태에서 쭉 펴야 한다.

▸ 아주 작다는 표현을 할 경우

위에서 아주 크다는 표현을 한 상태의 동작에서와 같이 두 팔을 상하로 벌린 다음, 두 팔을 모으되 두 손바닥 사이의 간격이 약 10cm가 되는 순간에 멈춘다. 눈은 두 손바닥 사이를 응시한다. 여기서 손가락들은 붙인 상태에서 쭉 펴야 한다. 이때도 팔과 손가락에는 힘을 주어야 한다.

카. 많거나 적다는 표현을 하는 제스처

양이 아주 많거나 아주 적다는 내용, 즉 다소를 제스처로 표현할 경우이다.

▸ 아주 많다는 표현을 할 경우

두 팔을 앞으로 쭉 내밀어 손바닥을 맞닿게 한 다음, 두 팔을 활처럼 구부린 상태에서 양 옆으로 벌리는 동작을 취한다. 이후에 양 옆으로 벌려진 손을 한 번씩 차례로 본다.

여기서 손가락들 사이는 최대로 벌리며 쭉 펴되 안으로 구부린 모양을 취해야 한다. 마치 무거운 쌀가마를 두 팔로 안는 동작을 취한다.

▸ 아주 적다는 표현을 할 경우

두 팔을 양 옆으로 벌린 다음, 두 팔을 앞으로 모으되 두 손바닥 사이의 간격이

약 10cm가 되는 순간에 멈춘다. 이때 손가락들은 안으로 구부린 모양을 취해야 한다. 마치 작은 풍선을 두 손으로 잡는 동작을 취한다. 눈은 두 손바닥 사이를 응시한다. 이때도 팔과 손가락에는 힘을 주어야 한다.

| 제**19**장 |

상호작용

제3부

제19장
상호작용

프레젠테이션에서 상호작용의 사전적 의미는 다음과 같다. 상호작용은 발표자와 청중 상호 간 행동에 의해 행동이나 반응을 바꾸는 둘 사이의 사회적인 행동의 동적인 변화 과정을 의미한다.

프레젠테이션에서 성공하려면 발표자와 청중 사이에 교감이 이루어져 공감대가 형성되어야 하고, 호흡이 자연스럽게 맞아떨어져야 한다.

프레젠테이션에서 발표자가 제아무리 말을 유창하게 잘한다고 해서 반드시 프레젠테이션에 성공하는 것은 아니다. 왜냐하면 프레젠테이션은 발표자 혼자서 말만 잘한다고 성공하는 것이 아니기 때문이다. 발표자가 제아무리 말을 잘해도 청중이 능동적으로 청취하지 않고 마음이 딴 곳에 쏠리거나 떠나 버린 상태에서 이루어진 프레젠테이션은 실패다.

프레젠테이션에서 발표자가 청중의 반응을 외면한 채 일방적으로 자기 말만 계속한다면 이는 원맨쇼가 되고 만다. 이렇게 되면 청중이 무엇을 알았는지, 무엇을 이해하지 못했는지, 어떤 내용에 감동받았는지, 어떤 내용에 실망했는지 등을 알 수 없게 된다.

상호작용하기

1. 유인물을 미리 배포하지 말자

핵심 포인트

프레젠테이션을 시작하기 전에 미리 유인물을 나눠 주지 않도록 하자. 만약 청중이 유인물을 원한다면 프레젠테이션이 끝난 후에 배포하자.
만약 발표 내용이 담긴 유인물을 미리 청중에게 배포하면, 청중은 발표자에게 집중하지 않고 유인물에 시선을 고정하기 마련이다. 눈은 유인물에 둔 채 귀로는 발표 내용을 듣게 되면 신경이 분산되어 집중력이 떨어진다. 이는 발표자의 영향력을 감소시키는 원인이 되고 만다.

청중은 유인물을 미리 살펴보고 아직 발표되지 않은 부분을 미리 본 후에 발표자가 그것에 대해 언급하기도 전에 끼어들어서 질문을 할 수도 있다.

결국 미리 배포된 유인물 때문에 발표의 흐름에 방해를 받게 되고 리듬이 깨지는 상황이 연출되고 마는 것이다.

그러나 논문발표, 학술세미나, 취업면접 전공발표, 과제 선정발표, 과제 결과 평가 등의 경우 주최 측이 유인물을 미리 제출하라고 요청한 경우에는 어쩔 수 없이 미리 제공한다.

현장 이야기

저자는 KAIST와 대덕연구개발특구의 과학기술연합대학원(UST)에서 '디지털 컬러 프로세싱' 과목을 강의할 때 실제로 유인물을 미리 배포하지 않고 강의했다. 학생과 교수 사이에 눈맞춤을 통한 교감이 이루어져 공감대가 형성된 상태에서 수강이 진행될 수 있도록 하기 위함이었다. 물론 첫 강의 때 유인물을 사전 배포하지 않는 이유를 설명했다.

학생들도 그 취지를 이해하고 진지한 자세로 강의에 적극적으로 따라 주었다. 이는 매 강의마다 성공적이었다. 학생들은 어렵고 생소한 강의 내용을 소화하는 데 아무 어려움이 없었다. 그 결과는 시험 답안지에서 발견되었다.

2. 청중의 반응을 파악하자

핵심 포인트

발표자가 말하는 내용에 대하여, 이해를 잘하는지 못하는지 또는 긍정적인지 부정적인지 등 청중의 반응을 프레젠테이션 도중에 수시로 관찰하여 파악하자.

발표자는 청중의 표정이나 태도 등의 반응을 파악하여 발표자가 말하는 내용에 대해 이해하지 못하거나 부정적인 반응을 나타내면 프레젠테이션의 방법이나 흐름을 바꾸어야 하기 때문이다.

프레젠테이션은 발표자와 청중 사이에 형성되는 교감과 공감대의 강도와 크기에 따라 그 성공 여부가 결정지어진다. 청중의 반응을 시기적절하고 정확하게 파악하면 프레젠테이션을 성공적으로 마칠 수 있음을 명심하자.

졸거나 자거나, 미간을 찌푸리거나, 고개를 갸웃거리거나, 다른 곳을 보고 있거나, 팔짱을 끼고 있는 등의 사람은 없는지를 수시로 살펴보자. 딴청 부리는 사람이 많으면 발표자의 구두 발표 방법에 문제점이 있음을 의미한다.

다음은 청중의 반응이 뜻하는 내용이다.

- 눈을 감는다: 지루함
- 미간을 찌푸린다: 부정적, 흥미 없음
- 고개를 갸우뚱한다: 의문
- 창밖을 본다: 흥미 없음, 지루함
- 옆을 자주 본다: 흥미 없음, 지루함
- 팔짱을 낀다: 숙고, 지루함, 비호의적임
- 손으로 턱을 받친다: 지루함, 판단유보
- 볼펜 등으로 장난한다: 의문, 지루함
- 고개를 끄덕인다: 긍정적, 호의적
- 발표자를 주시한다: 흥미, 긍정적
- 발표자의 말에 고개를 끄덕인다: 긍정적, 흥미

3. 청중의 반응에 따른 대응 방법

핵심 포인트

청중이 부정적이거나 지루해하거나 이해를 못하는 등의 좋지 않은 반응을 보이면, 발표자는 지체 없이 즉각 대응해야 한다.
청중 중에서 한두 사람이 지루해하는 반응을 보이면, 다른 사람들에게도 곧장 전염되어 따라 하기 마련이다. 그래서 말하는 도중에도 청중과의 지속적인 눈맞춤을 통해서 한 사람 한 사람의 표정이나 행동을 관찰하여 부정적인 반응이 파악되면 즉각 대응해야 한다.

다음과 같은 청중의 반응이 파악되면, 다음의 대응 방법 중에서 적어도 하나를 행동으로 옮겨 대응하도록 하자.

▶ 청중이 부정적인 반응을 보일 경우

- 제스처를 더 많이 한다.
- 화제를 바꾼다.
- 눈맞춤을 강화한다.
- 발표내용과 관련된 질문 등을 통해 청중을 적극적으로 참여시킨다.

▶ 청중이 지루한 표정을 지을 경우

- 유머나 자신의 경험담 등의 내용을 말한다.
- 내용을 약간 바꾸어 주의를 환기시킨다.
- 기지개나 박수 치기 등으로 기분전환을 시도한다.

▶ 졸고 있을 경우

- 졸고 있는 사람 바로 옆 사람에게 질문한다.
- 졸고 있는 사람 옆에 서서 발표를 진행한다.
- 전체에게 색다른 질문을 던진다.

▶ 내용을 이해하지 못하는 듯한 표정을 지을 경우

- 말하는 속도를 늦춘다.
- 말을 또박또박 끊어서 한다.
- 쉬운 예를 들어 설명을 반복한다.
- 제스처를 강화한다.

청중의 반응은 경우와 상황에 따라서 매우 다양하기 때문에 이 책에서는 청중의 반응 하나하나에 대해 일일이 대응 방법을 제시하지 않았다.

현장 이야기

저자가 세미나, 초청강연, 학부 · 대학원 강의 등의 프레젠테이션을 진행하는 과정에서 간혹 발생되는 다음의 상황에 대한 대응 방법을 소개한다.

청중이 지루해하거나 졸고 있는 등의 좋지 않은 반응을 보일 경우

맨 먼저 스크린 바로 옆의 현 발표 위치에서 청중 앞으로 서서히 이동하면서 말을 계속한다.
다음에는 문제의 청중 바로 옆이나 근처로 자리를 옮겨서 말을 이어 가되 말의 속도를 늦춤과 동시에 또박또박 말한다.
그래도 별다른 변화가 없으면 제스처를 강하게 구사하면서 목소리를 약간 높이되 중요 대목의 단어나 문장을 1회에 한하여 반복한다.
그래도 약효가 없다고 판단되면 문제의 청중 바로 옆 사람에게 질문을 던진다.
이렇게 하면 웬만큼 강심장이 아니면 대부분의 사람들은 자세를 고치며 발표자의 말에 귀를 기울이면서 적극적인 자세로 돌아온다.

질의응답하기

프레젠테이션에서 중요한 필수 요소 중 하나는 질의응답이다.

발표자의 설명이나 주장하는 내용들이 제아무리 훌륭하게 잘 표현되었다 하더라도 모든 사람들이 한결같이 완벽하게 이해할 수는 없는 것이다.

또한 어떤 내용에 대해서는 서로 다른 의견이나 주장이 제기될 수도 있는 것이다. 이러한 이유로 프레젠테이션에는 질의응답이 반드시 수반되는 것이며, 그 효과는 막대하다.

프레젠테이션을 제아무리 완벽에 가깝게 해냈더라도 질의응답을 서투르게 진행하면 발표자와 발표 내용에 대한 청중의 인식은 기대 이하의 실망스러운 것이 될 수도 있다. 반면에 질의응답을 효과적으로 진행하면 청중은 발표자와 프레젠테이션의 내용을 긍정적으로 수용하게 된다.

1. 발표자가 청중에게 질문하기

가. 질문의 효과

핵심 포인트

청중에게 질문함으로써 다음과 같은 효과를 기대할 수 있다.

- 청중의 주의를 프레젠테이션의 내용에 집중시킬 수 있다.
- 청중이 흥미를 갖게 하여 참여시킬 수 있다.
- 청중의 이해도를 파악하여 이해의 폭을 넓힐 수 있다.
- 청중이 가지고 있는 생각이나 정보를 파악할 수 있다.

청중에게 질문함으로써 다음과 같은 효과를 기대할 수 있다.

첫째, 청중의 주의를 프레젠테이션의 내용에 집중시킬 수 있다.

발표자가 일방적으로 발표하는 식으로 말만 계속하면 청중 중에는 주의가 산만해지다가 종래에는 프레젠테이션 내용 자체에 흥미를 잃는 사람이 있을 수도 있다. 그러나 질문을 함으로써 청중의 주의를 프레젠테이션에 집중시킬 수 있는 것이다.

둘째, 청중이 흥미를 갖게 하여 참여시킬 수 있다.

발표자가 일방적으로 발표하는 식으로 말만 계속하면 청중 중에는 프레젠테이션 내용에 흥미를 잃는 사람이 있을 수도 있다. 그러나 질문을 함으로써 청중이 재미를 느껴 프레젠테이션에 동참시킬 수 있는 것이다.

셋째, 청중의 이해도를 파악하여 이해의 폭을 넓힐 수 있다.

발표자가 일방적으로 발표하는 식으로 말만 계속하면 청중 중에는 프레젠테이션 내용을 이해하지 못하는 사람이 있을 수도 있다. 그러나 발표자가 질문을 함으로써 청중이 발표 내용을 얼마나 이해했는지 파악할 수 있으며, 이를 바탕으로 이해의 폭을 넓혀 줄 수 있는 것이다.

넷째, 청중이 가지고 있는 생각이나 정보를 파악할 수 있다.

발표자가 일방적으로 발표하는 식으로 말만 계속하면 발표 내용에 대해 청중이 어떤 생각이나 정보를 가지고 있는지 파악하지 못하고 그냥 지나칠 수 있다. 그러나 발표자가 질문을 함으로써 청중이 발표 내용에 대해 어떤 생각이나 정보를 가지고 있는지 파악할 수 있는 것이다.

나. 질문 방식

핵심 포인트

발표자가 청중에게 질문할 때 자기중심적으로 아무렇게나 질문을 해서는 질문 본연의 효과를 기대할 수 없다. 자칫 역효과를 유발시킬 수도 있다. 질문도 계획적이고 합리적으로 이루어져야만 효과를 기대할 수 있다는 말이다.

질문은 적절한 시점에서 적절한 형태로 제기해야 그 효과를 발휘할 수 있으며, 모든 질문은 의도적이어야 하고 이를 위해서 발표자는 질문하는 의도에 맞는 질문을 준비해야 한다.

청중에게 질문하는 목적에 따라 다음의 세 가지 방법이 있다.

첫째, 분위기를 환기시키고자 할 때(환기 목적)

이 경우의 질문은 일부 또는 몇몇 사람들이 졸거나 다른 곳을 쳐다보는 등 프레젠테이션에 흥미를 잃고 지루한 반응을 보일 경우에 분위기를 환기시킬 목적으로 제기하는 질문 방법이다.

◆ 특정인에게 질문한다.

조는 등 집중력이 떨어진 사람 또는 그 사람 바로 옆 사람에게 질문하여 전체가 긴장하여 분위기가 바뀌도록 한다. 이때의 질문은 이미 설명한 내용 중에서 선택하되 쉽고 재미있는 내용이어야 한다.

◆ 전체에게 질문한다.

프레젠테이션 내용 자체가 어려워 대다수의 청중이 어렵다는 반응을 보이거나, 식후 등 취약한 시간에 프레젠테이션이 개최되어 많은 사람들이 졸거나 지루해하는 반응을 보일 경우 전체에게 질문을 한다. 이때의 질문은 대답이 어려우면 오히려 역효과가 될 수 있으므로 쉽고 재미있으면서 간단한 내용이어야 한다.

둘째, 발표나 설명 내용을 강조하고자 할 때(강조 목적)

내용 자체가 중요하여 설명 후에 질문하는 것보다 설명 직전에 2~3인에게 질문한다. 이때 질문은 2~3명을 대상으로 질문하되 굳이 정답이 아니어도 무방하다.

일단 답변을 들은 후, 발표자가 질문한 내용을 설명할 때에는 발표자의 위치에서 한두 걸음 앞으로 나오면서 목소리와 말의 속도도 조절하고 눈초리에 힘을 주는 등의 변화를 주면서 설명하는 것이 효과적이다.

셋째, 발표나 설명한 내용을 청중이 이해했는지 확인하고자 할 때(확인 목적)

프레젠테이션 내용 전반에 걸쳐서 청중이 제대로 듣고 이해했는지를 확인하고자 할 때 질문한다. 이때의 질문은 프레젠테이션을 마칠 무렵에 2~3명을 대상으로 핵심이 되는 내용을 몇 가지 질문한다.

청중에게 질문할 때 각별한 주의를 요하는 사항은 다음과 같다.

- 적절한 시점에 질문한다.
- 공격적인 질문은 하지 않는다.
- 일문일답을 원칙으로 한다.
- 똑같은 질문을 반복하지 않는다.
- 특정인에게만 질문을 집중하지 않는다.
- 질문받은 사람이 궁지에 몰리지 않도록 빠져나갈 구멍을 마련하면서 질문한다.
- 실망스럽거나 기대에 벗어난 답변을 하더라도 긍정적으로 대응한다.

현장 이야기

옛 성현이나 학자들은 훌륭한 질문자들로 알려졌다. 공자, 맹자, 노자, 소크라테스 등 옛 성현들에 관한 기록을 살펴보면, 그들은 제자와의 문답(問答)을 통해서 제자들을 가르쳤음을 알 수 있다.

이와 같은 사실에서 알 수 있듯이, 문답은 청중의 사고를 촉진시키고 호기심을 유도하며 적극적으로 프레젠테이션에 참여하도록 이끌어 낼 수 있는 것이다.

저자도 세미나, 초청강연, 학부 · 대학원 강의 등의 프레젠테이션을 진행하는 과정에서 문답을 통한 프레젠테이션을 즐기는 편이다. 왜냐하면 저자가 다루는 분야인 '디지털 컬러 프로세싱' 분야는 우리나라는 물론 세계적으로도 경쟁이 치열하되 생소한 분야인 데다가, 디스플레이, 카메라, 컬러프린터 등에 적용하는 첨단 산업 분야여서 어렵게 느끼는 사람들이 많기 때문이다.

2. 청중의 질문 받기(청중의 질문 받고 대답하기)

청중의 질문에 대한 명쾌한 답변은 '프레젠테이션의 꽃'이라고 한다.

짧게는 몇 날 며칠 길게는 수개월 동안 공들여 준비한 파워포인트 슬라이드 자료보다 청중의 질문에 명쾌하고 속 시원한 답변을 하는 것이 수백 배의 효과가 있다.

핵심 아이디어, 핵심 내용에 대하여 바로 현장에서 청중의 질문에 대하여 발표자가 명쾌하고 속 시원한 답변을 하는 것은 청중과 발표자 사이에 긍정적인 공감대를 형성할 수 있는 가장 좋은 지름길이다.

가. 질의응답의 시점

핵심 포인트

프레젠테이션의 진행 과정에서 무엇보다도 중요한 것 중의 하나는 질의응답의 시점이다. 아무 생각이나 계획 없이 무턱대고 질문을 받고 답변을 하면, 경우에 따라서는 프레젠테이션을 망칠 수도 있다.

따라서 프레젠테이션을 성공적으로 이끌어 가기 위해서는 질문을 언제 받을 것인지를 프레젠테이션의 시작 단계에서 청중에게 분명하게 말해야 한다.

실제로 이루어지는 프레젠테이션에서는 사회자가 청중에게 언제 질문을 받을 것인지를 미리 안내하기도 한다. 그러나 경험이 부족한 발표자들은 당황한 나머지 질문받는 시점을 미리 말하지 않는 경우가 비일비재하다. 프레젠테이션의 효과적인 진행을 위해서는 미리 질문받는 시점을 말하도록 하자.

▸ 프레젠테이션 도중에 수시로 질문받기

프레젠테이션이 소그룹을 대상으로 하고 비형식적인 것이라면 프레젠테이션 도중에 질문을 받아도 좋다.

이 경우 언제 어떤 방식으로 질문해 달라고 미리 말해야 한다. 청중이 질문하고자 할 때는 반드시 손을 들고 질문하도록 하자.

만약 그렇지 않고 불쑥 질문하면 진행에 방해가 될 수 있다. 그러나 질문자들이 손을 들면 발표자는 하던 말을 마저 마친 후 그들 중 한 명을 지명하여 질문을 받음으로써 방해받지 않고 원만한 진행을 할 수 있다.

장점

이 경우는 청중에게 유리할 수 있다. 제품이나 개발품 등의 시연 시 그 자리에서 즉시 질문하지 않으면 기회를 놓쳐 버리거나 나중에 확인이 힘든 경우에 효과적인 방법이다.

이 경우는 발표자에게도 유리할 수 있다. 청중의 관심이나 의문 등이 어디에 있는지를 살피면서 진행할 수 있고, 청중의 수준이 어느 정도인지를 질문 내용으로 감지할 수 있다. 이를 통해서 설명 내용의 수위를 적절하게 조절할 수 있는 장점이 있다.

단점

프레젠테이션 도중에 그것도 수시로 질문을 받으면 발표자와 청중이 모두 집중력이 떨어지고 정신이 산만해지며, 발표자가 말하는 내용을 이해하기가 더 어려워질 수 있으며, 발표자의 리듬도 흐트러지게 된다.

도중에 질문을 허락할 경우 첫째, 발표자가 준비한 프레젠테이션의 흐름에 차질이 올 수 있다. 둘째, 질문 내용이 발표나 설명 내용보다 앞선 것일 수가 있다. 셋째, 질문자만이 관심 있는 내용일 수가 있다.

▸ 단락을 짓고 질문받기

프레젠테이션 진행 도중에 발표나 설명 내용의 묶음 단위로 단락을 지으면서 질문을 받고 답변하는 방법이다.

여기서 내용의 묶음 단위란 개념이나 원리가 하나의 단락으로 뭉뚱그려진 형태를 말한다.

예를 들면 프레젠테이션 진행 도중에 어느 내용의 단락에 대한 설명을 끝내면서 청중에게 다음과 같이 말한다.

"지금까지 설명한 내용에 대하여 질문 있으시면 질문하시기 바랍니다."라고 말하고 질문을 받고 답변한다.

장점

프레젠테이션 진행 도중에 청중의 질문 내용의 확인을 통해 청중이 어떤 관심이나 의문 등을 가지고 있는지 파악할 수 있어 프레젠테이션의 진행을 상황에 부합되도록 조정할 수 있다. 또한 발표자가 의도하는 흐름대로 프레젠테이션을 진행할 수 있는 장점이 있다.

단점

프레젠테이션 진행 도중에 이루어지는 질의응답이다 보니 진행에 지장이 초래될 수 있는 단점이 있다.
이 방법의 치명적인 문제점은 시간 관리이다. 대부분의 프레젠테이션이 한정된 시간 내에 이루어져야 하기 때문에 발표자로서는 상당한 부담을 가질 수 있다. 자칫 시간에 쫓기는 심리 상태에서 답변을 하다 보면 말의 속도가 빨라지고 서두르는 나머지 답변 내용이 부실하여 청중의 불만으로 연결될 수 있다.

▶ 프레젠테이션을 마친 후에 질문받기

프레젠테이션이 대그룹을 대상으로 하고 형식적인 것이라면 프레젠테이션을 마친 후에 질문을 받는 것이 진행상 좋다. 청중에게는 프레젠테이션의 진행 도중에 질문할 사항이 생기면 메모해 두도록 시작 단계에서 미리 부탁하는 것이 좋다.

장점

프레젠테이션을 마친 후에 질문을 받고 답변을 하면, 도중에 방해받지 않으므로 발표자가 의도하는 대로 진행할 수 있어서 발표자에게는 효과적이다. 질문자의 방해가 없기 때문에 준비한 프레젠테이션의 흐름에 차질이 없다.
이 방법의 장점은 발표자가 준비한 내용에 따라 흐름을 타면서 진행할 수 있다는 점과 시간 관리가 용이하다는 점이다.

단점

청중의 수준이 어느 정도인지를 알기 어렵기 때문에 발표자가 설명 내용의 수위와 프레젠테이션의 흐름을 적절하게 조절할 수 없는 단점이 있다.

만약 청중의 관심이나 의문 등이 어디에 있는지를 파악하려면 진행 도중에 발표자가 청중에게 질문하여 답변을 듣고 순간적으로 분석해야 한다.

나. 질문의 종류

핵심 포인트

질의응답을 효과적으로 진행하면 프레젠테이션도 성공적으로 마무리할 수 있다. 따라서 질의응답을 소홀하게 생각하고 아무런 대비책이나 준비 없이 임하면 예상치 못한 결과에 직면할 수 있다.

경우에 따라서는 발표자를 민망하거나 당황하게 만들 수 있는 질문이 나올 수도 있고 또는 발표자를 지지하는 질문이 나올 수도 있다. 그러나 전자의 경우에 대해서는 사전에 철저한 대비책이나 준비가 없으면 아주 곤란한 상황에 처해질 수도 있음을 명심해야 한다.

질문의 성질에 따라 위기의 순간이 있을 수도 있는 반면 발표자의 지적 역량과 능력을 과시할 수 있는 기회가 될 수도 있으니 준비를 철저히 하도록 하자.

간혹 프레젠테이션의 주제와 전혀 상관없는 질문이거나, 발표자가 예측하지 못한 질문이거나, 발표자가 알지 못한 내용의 질문이거나 또는 발표자를 당황하게 만들 목적의 질문도 튀어나올 수 있다.

따라서 질문자들이 손을 들고 질문을 하면 곧장 답변하지 말고 어떤 부류의 질문인지 또는 질문의 이면에 무엇이 도사리고 있는지를 순간적으로 판단한 후에 답변하도록 하자.

질문에도 여러 가지 유형이 있음을 기억하고, 이에 대한 대비책이나 준비를 철저히 하도록 하자. 다음은 질문의 종류이다.

- 발표자로부터 추가적인 정보를 얻어 내려는 질문
- 발표자의 생각과 의견을 확인하려는 질문
- 발표나 설명된 내용 중에서 분명치 않은 사항을 명확히 하려는 질문
- 발표자나 다른 청중에게 자신의 의견을 피력하려는 질문
- 발표자나 다른 청중에게 자신의 존재를 부각시켜 보려는 뜻에서(즉 잘난 체하려는 뜻에서) 하는 질문

다. 답변 방법

프레젠테이션에서 발표자가 합리적인 위치에서 효과적인 목소리와 보디랭귀지 등을 활용하여 메시지를 명확하게 전하는 것도 중요하지만, 이에 못지않게 중요한 것은 청중의 질문에 응답하는 테크닉이다.

또한 발표자가 질문의 종류 등을 잘 파악하는 것도 중요하지만, 질문을 받는 순간부터 답변하는 순간까지 발표자 스스로 또는 질문자와의 상호작용에서 반드시 실행해야 할 중요한 사항은 한둘이 아니다.

다음에는 12가지 답변 방법의 중요 내용들을 기술하니 낱낱이 이해하여 숙지한 후에 연습을 통해서 몸에 배도록 노력하자.

다음의 12가지 답변 방법은 진행상의 순서와 중요성을 동시에 고려하여 기술하였다.

핵심 포인트

ㄱ. 호칭에 주의하자.
ㄴ. 질문을 경청하고 칭찬하자.
ㄷ. 질문자를 친절하게 대하자.
ㄹ. 질문자는 물론 청중과 눈맞춤을 하자.
ㅁ. 질문의 진의를 파악하자.
ㅂ. 질문을 반복 · 확인하여 청중과 공유시키자.
ㅅ. 질문자를 기분 나쁘게 자극하지 말자.
ㅇ. 어렵거나 모르거나 곤란한 질문에 대한 답변 요령을 익히자.
ㅈ. 반대 의견에는 차분하고 이성적으로 대처하자.
ㅊ. 일부 몇몇 질문자들만이 좌지우지하는 것은 막자.
ㅋ. 결론부터 간결하고 단계적으로 답변하자.
ㅌ. 답변은 프레젠테이션 내용과 연계되도록 하자.

ㄱ. 호칭에 주의하자.

발표자가 질문자의 신체적인 특징이나 외모의 특성을 가지고 질문자를 부르지 않도록 각별한 주의를 기울이자. 만약 그렇게 호명된 질문자는 순간 기분이 나빠짐은 물론 당황할 수도 있다.

예를 들면 얼굴 피부색이 유난히 검은 사람이 질문했다고 하자. 이때 발표자가 "저기 뒤에서 세 번째 줄에 앉은 얼굴 까만 분, 일어나서 질문하세요."라고 말한다면 질문자는 어떤 반응을 보일까? 그렇지 않아도 얼굴 피부색이 검어서 고민인데 이런 식으로 호칭되면 기분이 좋을 리가 있겠는가?

이에 대한 대응방법은 질문자의 신체적인 특징이나 외모의 특성에 대해서 언급하지 말고 질문자에게 눈맞춤을 한 상태에서 질문자를 향해 팔과 손바닥을 동시에 쭉 펴 가리키면서 부르는 것이 합리적인 방법이다.

예를 들면 질문자에게 눈맞춤을 한 상태에서 질문자를 향해 팔과 손바닥을 동시에 쭉 펴 가리키면서, "저기 앉아 계시는 분, 일어나셔서 질문하십시오."

ㄴ. 질문을 경청하고 칭찬하자.

프레젠테이션의 마무리 단계인 질의응답을 성공적으로 진행하려면 질문자의 질문을 진지한 자세로 경청하자. 질문에 진정으로 귀를 기울이면 분명 더욱더 훌륭한 답변을 할 수 있을 것이다.

이때의 바람직한 자세와 동작은 질문자에게 시선을 집중하면서 진지한 자세로 질문을 경청하는 것이며, 질문을 잘 듣고 있다는 신호로 계속 고개를 끄덕거려 주는 것이다. 이때 서양 사람들은 "으~응"과 같은 콧소리를 계속한다.

또한 어색하거나 우습게 질문하는 경우엔 미소를 짓는 것도 여유가 있어서 좋다.

질문자가 질문하고 있는데 도중에 말을 가로막고 답변해서는 안 된다. 예상했던 질문인 경우에는 곧장 답변하고 싶은 충동이 일어나겠지만 참아야 한다. 질문 도중에 답변하면 질문자는 '김새는 느낌'을 가질 수 있고, 나아가서는 질문의 의미를 이해나 하고 답변하는 것인지를 의심하면서 발표자에 대해서 불신감을 가질 수 있다.

또한 발표자는 질문을 들으면서 노트북을 만지작거리거나 자료를 뒤적이는 등 딴짓을 하면서 질문자를 보지 않는 것은 질문자를 무시하는 것으로 간주될 수 있으므로 각별히 주의하기 바란다.

현장 이야기

일상의 대화에서도 남의 말을 경청하는 것은 중요시된다. 프레젠테이션에서는 더욱 그렇다. 일반인들로부터 호감을 사고 존경받는 사람들의 공통점은 남의 말을 경청하는 것이다. 그러나 직장에서 지위가 좀 높은 인사들 중에는 남의 말을 경청하기는커녕 매몰차게 무시해 버리는 사람도 있다. 그게 품위유지의 일환인지는 모른다.

저자가 대덕연구개발특구에서 한동안 상사로 모셨던 X 박사님은 간부회의의 프레젠테이션에서 부하 직원이 제아무리 좋은 정책이나 아이디어를 발표해도,

"야, 임마, 그따위 것을 아이디어라고 지껄이냐?"

"야, 임마, 여기서 그것 모르는 놈 어디 있어?"

"임마, 나도 그 정도는 알고 있어! 너는 임마, 나를 가르치려고 드냐?"

문제는 남의 말을 무시하면 자기의 지위나 신분이 올라가는 것으로 착각하는 데 있다. 이런 부류의 사람들은 우리 사회의 속물에 해당되는 쓰레기 같은 사람들로서 등 뒤에서 호된 지탄을 받기 마련이다. X 박사님도 그랬다.

반면에 또 다른 상사이셨던 S 박사님은 대조적이었다.

"그것 참 기발한 아이디언데! 응, 그래 아주 좋아, 정말 좋아!"

"그렇지! 바로 그거야! 아주 좋았어!"

S 박사님은 우리나라 IT분야의 대부로서 이 분야에 종사하는 사람이면 누구나 할 것 없이 존경하고 사랑한다. 지금도 그렇다.

질문이 아니고 새롭거나 재미있는 의견이나 아이디어를 제시한 경우, 발표자는 그러한 제시에 대해 감사하거나 칭찬하는 이유를 구체적으로 언급하면서 미소 짓는 표정과 함께 진심으로 반기는 것이 좋다.

예를 들면 "방금 질문하신 분께서 새로운 아이디어를 제시해 주셨습니다. 이 아이디어는 지금까지 이 분야에서는 처음 접하는 것 같습니다."

질문자들은 일반적으로 다른 사람들보다 발표 내용에 관심이 더 높다고 한다. 이런 사람이 큰 맘 먹고 질문했다는 것은 대단한 일이 아닐 수 없으므로 당연히 칭찬을 받을 만하지 않은가? 답변의 잘잘못에 따라 그 질문자는 발표자 편이 될 수 있다는 사실을 명심하고 정중하게 예우를 하도록 하자.

또한 이미 설명한 내용이 잘 이해되지 않거나, 설명한 내용에 상반되거나 또는 질문 내용 자체를 잘 모르는 경우에도 일단 질문 자체를 감사히 여기며 반기도록 하자.

예를 들면 "아주 예리한 질문을 해 주셨습니다. 질문하신 내용은 제가 이미 설명을 드렸는데 제 설명이 이해하는 데 어려움이 있으신 모양이군요. 그럼 다시 설명드리기에 앞서 질문의 요점을 말씀드리고 다시 핵심 내용을 설명드리겠습니다."

또는 설명한 내용에 상반된 질문인 경우, "먼저 예리한 질문에 감사드립니다. 방금 질문하신 내용의 요점은 …이며, 이 내용은 제가 설명드린 내용과 … 관점에서 상반되는 내용입니다."라고 언급한다.

ㄷ. 질문자를 친절하게 대하자.

"프레젠테이션에서 청중은 왕이다."라는 말이 있다. 꼭 이 말을 염두에 둔 의미에서만이 아니고, 어떠한 종류의 질문이 제기되더라도 질문자가 당황하거나 언짢아하지 않도록 친절하게 대하자.

질문자와 대부분의 청중은 한마음을 지닌 것으로 생각하기 때문에 질문자를 정중하고 친절하게 대함으로써 청중들로부터 긍정적인 마인드를 가질 수 있게 하자.

여러 사람들 앞이나 청중 앞에서 말하는 것 자체가 익숙하지 않거나 내성적인 성격의 질문자는 질문을 하는 동안 떨리고 주눅이 들어서 말을 조리 있게 못하는 경우가 있다. 이런 경우 발표자는 아량을 보이는 뜻에서 정중하고 친절하게 대하면 다른 청중들도 공감을 하기 마련이다.

질문자들 중에는 약간은 비정상적인 성격을 가진 사람도 있을 수 있다. 예를 들면 자기만 잘났다고 하거나, 성격 자체가 괴팍스러워서 매사를 왜곡하여 말하는 등의 사람들이 있을 수 있다.

이런 질문자들의 질문에도 당황하는 표정을 보이지 말고 여유 있는 웃음을 보이면서 친절하게 최선을 다하는 모습을 보이도록 하자. 이렇게 하면 다른 청중들이 발표자를 다시 한 번 우러러 보기 마련이다.

ㄹ. 질문자는 물론 청중과 눈맞춤을 하자.

질의응답에서도 눈맞춤이 이루어져야 한다. 처음에는 발표자의 몸을 질문자 쪽으로 향한 다음, 질문자와 눈맞춤을 하면서 경청하며 고개를 끄덕끄덕하면서 "네" "네"를 연발하면서 맞장구를 치다가 서서히 청중과 눈맞춤을 하자.

이런 경우 서양 사회에서는 질문자와 눈맞춤을 하며 고개를 끄덕끄덕하며 듣는 것은 물론이고 "으~흥" "으~흥"을 연발한다.

질문자가 질문하는 동안 발표자가 해서는 안 되는 행동은 노트북이나 발표 자료를 만지작거리거나 멍한 표정으로 창문 밖을 응시하는 행동 등이다.

ㅁ. 질문의 진의를 파악하자.

질문이 나오면 즉시 답변하지 말고 질문의 의도가 무엇인지를 곰곰이 생각해 본 다음에 답변하는 것이 좋다. 질문 즉시 답변을 하면 경우에 따라서는 질문의 내용과 동떨어진 답변을 할 수 있다. 즉 동문서답이 될 수 있다는 말이다.

또는 경우에 따라서는 질문자가 발표자를 의도적으로 골탕 먹일 생각으로 말을 비비 꽈서 질문할 수 있으므로, 당황하거나 성급하게 행동하지 말고 내용을 차분하게 검토하는 것이 답변을 하는 데 전략적으로 좋다.

질문을 유형별로 분류해 보면 다음과 같다.

- 설명 내용이 이해되지 않아서 하는 질문

- 설명 내용을 확인하기 위한 질문
- 설명 내용에 오류가 있어서 제기되는 질문
- 단순히 의견을 피력하기 위한 질문
- 질문자가 잘난 체하기 위한 질문
- 괜히 트집을 잡기 위한 질문

ㅂ. 질문을 반복 · 확인하여 청중과 공유시키자.

질문에 답변하기 직전에 발표자는 질문 내용을 다시 한 번 분명한 목소리로 쉽게 풀어서 요점을 반복해 주는 것이 좋다.

왜냐하면 질문하는 사람이 청중 앞에서 말하는 것에 익숙하지 않아 제대로 표현을 못하여 청중이 무슨 내용인지 이해할 수 없거나, 질문자의 목소리가 너무 작아서 청중 전체에게 들리지 않을 수 있는 경우가 있기 때문이다.

또한 질문 내용을 발표자가 반복해 줌으로써 질문을 정확하게 이해하였는지 확인할 수 있을 뿐만 아니라, 질문자와 청중을 만족시킬 수 있는 답변을 생각할 수 있는 시간을 벌 수가 있기 때문이다.

질문 내용을 쉽게 풀어서 반복함으로써 청중 전체가 질문의 요지를 명확하게 이해할 수 있고, 동시에 청중 전체와 질문 내용을 공유할 수 있는 것이다.

그러나 프레젠테이션에 익숙하지 않은 발표자들이 가장 자주 범하는 실수는 질문을 받자마자 반복을 하지 않고 곧장 답변하는 것이다. 이런 경우에 야기될 수 있는 문제점은 발표자의 답변이 질문 내용에 부합되지 않는 것이다. 결국 동문서답이 될 수 있음이다.

다음의 간단한 예를 통해 반복하는 방법을 알아보자.

"먼저 질문해 주셔서 감사합니다. 질문하신 내용을 요약하겠습니다. 질문하신 내용은 …가 맞습니까?"

“먼저 의견을 제시해 주셔서 감사합니다. 제시하신 의견의 내용은 …입니까?”

“먼저 관심을 가져 주셔서 감사합니다. 제가 이해한 바에 의하면, …는 …라고 말씀하셨는데 맞습니까? 그럼 이 둘 사이의 관계를 간단하게 설명하겠습니다.”

ㅅ. 질문자를 기분 나쁘게 자극하지 말자.

질문자의 의사표현이 서투르거나, 조리가 없거나, 횡설수설하는 등 질문의 요지를 분명하게 말하지 못하는 경우 또는 질문 내용이 발표자의 설명 내용에 상반되거나 괜히 트집을 잡는 경우라 하더라도 질문자에게 기분 나쁜 표정으로 함부로 말하지 않도록 하자.

질문자들의 유형은 크게 다음과 같이 대별할 수 있다. 발표 분야의 경륜이 일천하여 발표 내용을 잘 이해하지 못하는 경우, 청중 앞에서 말하는 기회가 별로 없어서 본인의 생각을 제대로 표현하지 못하는 경우, 성격이 내성적이어서 여러 사람 앞에 서면 주눅이 들어 목소리가 모기 소리 같은 경우인데 이들은 발표자가 즉시 판단하여 질문 자체를 도와야 한다.

다음 예는 질문자의 질문에 대해서 발표자가 말해서는 절대로 안 되는 경우이다.

“지금 무슨 말씀을 하시는 건지 도무지 잘 못 알아듣겠네요!”

“지금 그것도 질문이라고 하시는 거예요?”

“그런 것도 몰라서 질문이라고 하시는 겁니까? 그건 유치한 질문이지요!”

“네, 무슨 말인지 알았는데요, 어디서 그런 것을 봤습니까? 아님 누가 그런 헛소리를 합디까?”

질문자들 중에는 매사에 부정적이거나 공격적인 사람이 있다. 아무리 발표자가 좋은 내용을 친절하고 자상하게 설명하여도 꼭 트집을 잡거나 반대를 하는 사람들이 있다. 이런 성격을 소유한 질문자들이 근본을 뒤집어엎는 식의 질문을 해 오더라도 발표자는 똑같은 식으로 공격하지 말고 참고 견뎌야 한다.

그러나 질문자의 오만방자한 질문에 발표자가 기분이 나빠서 흥분한 나머지 질문자와 똑같이 질문자에게 반격한다면, 청중은 오히려 질문자의 편이 되어 발표자를 나쁘게 생각할 수 있을 것이다. "가재는 게 편."이라는 말이 있듯이 말이다.

ㅇ. 어렵거나 모르거나 곤란한 질문에 대한 답변 요령을 익히자.

질문 중에는 발표자가 잘 알고 있는 쉬운 내용이 있는가 하면 그렇지 않고 어려운 내용이 있기 마련이다. 질문이 어렵다고 해서 발표자가 노골적으로 '어려운 질문' 이라는 표현을 쓰면서까지 속내를 드러낼 필요는 없다.

발표자가 질문이 어렵다는 사실을 정직하게 인정한다고 해서 청중이 좋아할 이유는 없다. 오히려 발표자의 전문지식에 문제가 있다고 속단할 수 있는 위험과 손해가 수반된다는 사실을 감안하여 불필요한 말을 넋두리처럼 흘릴 필요는 없다.

다음 예는 발표자가 언급해서는 안 되는 경우이다.

"아이쿠, 저는 질문하신 내용을 잘 모르겠네요."

"그 질문 내용은 저한테는 어려운 질문입니다."

그러나 질문 내용을 전혀 모를 경우에는 즉석에서 어림짐작으로 답변하지 말고, 질문에 대한 적절한 답변이 준비되지 못한 사실을 시인하고 나중에 꼭 답변하겠다고 약속하는 것도 하나의 방법이다. 그래서 다음에 이메일 등을 통해서 답변 내용을 송부하겠다고 말하는 편이 좋다.

일단 긍정적으로 답변의 서두를 꺼내되 다음과 같이 말하는 것이 좋다.

"좋은 질문을 해 주셨습니다. 그러나 질문 내용에 대한 답변이 준비되지 못하여 죄송하지만 답변 내용을 마련하여 나중에 꼭 이메일로 보내 드리겠습니다."

회사의 중요한 정보나 기밀 사항 등 답변이 곤란한 질문인 경우에는 대외비에 해당하는 내용이기 때문에 이 자리에서 답변이 불가능하다는 사실을 분명히 밝히는 것이 현명한 방법이다.

예를 들면 다음과 같이 말하는 것이 좋다.

"죄송합니다. 이는 저희 회사의 기밀사항이어서 말씀드릴 수 없습니다."

ㅈ. 반대 의견에는 차분하고 이성적으로 대처하자.

프레젠테이션에서는 반대 의견이 얼마든지 제기될 수 있다. 만약 제기된 반대 의견이 합당한 것이라면, 질문자와 심한 논쟁으로 번지는 것을 피하기 위해서는 제기된 반대 의견을 인정해 줘야 한다. 동시에 발표자는 음성을 낮추어 차분한 목소리로 흥분된 자신의 감정을 누그러뜨려야 한다.

만약 질문자의 반대 의견에 타당성이 있을 경우에는 발표자는 이를 수용하겠다는 입장을 즉시 말해야 한다.

예를 들어 "좋은 의견을 주셔서 감사합니다. 아주 기발한 방법이군요."라고 말하는 것이 좋다.

또한 질문자의 의견이 잘못된 것이라면, 잘못된 것이라고 즉시 직격탄을 날리는 것보다는 무엇이 잘못된 것인지를 논리적으로 설명하여 이해할 수 있도록 노력해야 한다. 그래야 질문자가 수긍하게 될 것이다.

예를 들어 "의견을 주셔서 감사합니다. 그러나 그 방법을 저도 실험해 봤습니다만 그 방법은 …방법보다 계산 시간이 훨씬 많이 소요되었습니다."라고 말하는 것이 좋다.

ㅊ. 일부 몇몇 질문자들만이 좌지우지하는 것은 막자.

질의응답을 진행하는 동안 청중 중에는 잘난 체하거나 자신을 부각시키기 위해서 별로 중요하지도 않은 질문이나 언급을 반복하는 사람들이 있다. 이런 사람들은 그냥 방치하지 말고 적당한 선에서 제지하는 것이 좋다.

한두 사람이 주도적으로 계속 질문을 해댐으로써 질의응답을 좌지우지하는 경우가 있다. 발표자가 질문에 답변하자마자 다른 사람이 질문할까 봐 즉시 또 손을 들지도 않고 염치없이 또 질문하는 사람들이 있다.

한두 사람이 질문을 독차지하지 않도록 하기 위해서는 질의응답 시작 단계에서 '질문할 때는 반드시 손을 들어야 한다.'는 것과 발표자는 손을 든 사람들 중에서 한 사람을 지명하여 질문의 기회를 줘야 한다.

위와 같이 함으로써 일부 몇몇 질문자들만이 질의응답을 주도하는 것을 막을 수 있다. 이렇게 하면 주어진 시간 내에 가능한 한 많은 사람들에게 질문의 기회가 돌아가도록 할 수 있다.

ㅋ. 결론부터 간결하고 단계적으로 답변하자.

질문이 끝난 즉시 답변하지 말고 약간의 시간을 갖고 답변 내용을 구상하는 것이 좋다. 여기서 말하는 약간의 시간이란 짧은 순간이나마 마음의 여유를 갖는 것을 말한다.

예를 들면 "질문에 감사드립니다.", "좋은 논평 해 주셔서 감사합니다."와 같이 말하며, 답변을 구상하도록 하자.

이어서 결론부터 분명하게 언급한 다음 이를 뒷받침할 수 있는 자료나 사례 또는 증거 등을 제시하면서 단계적이고 합리적인 논리로 답변하도록 하자.

ㅌ. 답변은 프레젠테이션 내용과 연계되도록 하자.

답변의 내용은 이미 설명한 프레젠테이션의 내용에 부합되도록 해야 한다. 답변의 내용이 프레젠테이션의 내용에 포함되어 있음에도 불구하고 전혀 관련이 없는 내용으로 답변하면 프레젠테이션 전체에 대한 신뢰감이 떨어질 수 있다.

현장 이야기

대덕연구개발특구에서 개최되는 프레젠테이션에서 주로 고위직 간부들이나 박사들은 간혹 질문에 답변하면서 필요 이상으로 불필요한 설명을 하는 것을 자주 볼 수 있다.

그들의 답변을 한참 동안 듣다 보면, 무슨 말을 하는 것인지, 골자가 무엇인지 혼동이 될 때가 비일비재했다.

제아무리 프레젠테이션 분야에 대한 전문지식이 풍부하다 하더라도 답변이 엉뚱하고 지루하게 전개된다면 청중은 불만을 갖기 마련이다.

| 제20장 |

준비 및 리허설

제20장
준비 및 리허설

프레젠테이션에서 준비와 리허설은 구분되는 것이 좋다. 청중 앞에서 이루어지는 실전 프레젠테이션에 대비한다는 점에서는 한 덩어리로 간주될 수 있겠으나 이 둘은 별도로 구분하여 대비하는 것이 합리적이다.

준비에는 리허설을 포함하여 프레젠테이션 이전에 필요한 것들과 프레젠테이션 당일에 필요한 것들이 포함된다.

리허설은 파워포인트로 만든 슬라이드를 스크린에 투영하여 구두로 설명하는 것을 실제와 똑같이 실행하면서 문제점을 점검하고, 이를 보완함으로써 실제 프레젠테이션을 성공으로 이끌기 위한 것이다.

핵심 포인트

프레젠테이션의 성공은 준비와 리허설에 달렸다고 해도 과언이 아니다. 철저한 준비와 리허설로 무장하여 실전인 프레젠테이션에 임하면 비록 초보 수준의 발표자라 할지라도 성공을 거둘 수 있을 것이다.

준비

핵심 포인트

준비 단계에서는 프레젠테이션 당일에 필요한 것과 리허설을 포함하여 프레젠테이션 이전에 필요한 것들을 빠짐없이 준비해야 한다.
프레젠테이션 당일 어느 것 하나라도 준비되지 않고 누락되면 낭패를 보기 마련이다.

준비 단계에서 제일 우선적으로 착수해야 하는 일은 체크리스트를 작성하는 일이다. 체크리스트는 다음과 같은 종류가 있다.

첫째, 파워포인트 슬라이드 내용을 점검하는 데 필요한 체크리스트
둘째, 리허설 단계에서 점검에 필요한 체크리스트
셋째, 프레젠테이션 당일에 필요한 체크리스트

이러한 체크리스트 없이 대충 적당하게 리허설을 하고 실전에 임하면, 여기저기서 허점과 실수가 튀어나오기 마련이다. 준비 단계에서 귀찮다는 생각에 아무런 준비 없이 안이하게 임하면 프레젠테이션을 망칠 수도 있으므로 체크리스트를 빠뜨리지 않도록 하자.

1. 파워포인트 슬라이드 내용 점검용 체크리스트

핵심 포인트

파워포인트로 작성된 슬라이드의 초안은 빔 프로젝터로 스크린에 투영한 상태에서 점검할 수 있는 체크리스트를 작성하자. 체크리스트 없이 점검하면 중구난방식이 되어 바람직한 발표 자료를 기대하기 어렵다.

대부분의 프레젠테이션의 작성 · 준비 · 리허설 · 실전 과정을 살펴보면, 파워포인트를 이용하여 슬라이드를 작성하는 단계에 대부분의 시간과 집중적인 노력을 기울이는 반면, 완성된 슬라이드의 초안을 점검하여 수정 · 보완하는 데는 체계적인 방법에 의한 노력이나 관심을 거의 기울이지 않고 있는 실정이다.

완벽한 발표 자료를 완성하기 위하여 작성된 슬라이드의 초안을 점검하는 체크리스트는 다음과 같다.

표 20.1 슬라이드 초안 점검용 체크리스트

점검 내용	주요 점검 사항	
	O/X	조치 사항
1) 슬라이드 한 장에 몇 줄이 있나?	(　　줄)	줄 수가 10줄이 초과될 경우 줄의 수를 축소
2) 내용이 간결하게 작성되었나?		
3) 프레젠테이션 내용의 흐름과 구성은 문제가 없나?		
4) 필요한 내용이 누락되지는 않았나?		
5) 불필요한 내용은 없나?		
6) 내용에 오류는 없나?		
7) 내용이나 문장이 이해하기 어렵게 작성되었나?		

표 20.1 슬라이드 초안 점검용 체크리스트(계속)

점검 내용	주요 점검 사항	
	O/X	조치 사항
8) 바탕색의 종류는 몇 종류인가?	(　종류)	
9) 글자 색의 종류는 몇 종류인가?	(　종류)	색이 네 종류를 초과할 경우 색 종류의 축소
10) 디자인에 통일감이 있나?		
11) 레이아웃에 통일감이 있나?		
12) 도형과 그림의 크기가 너무 작지 않나?(발표장의 스크린과 맨 뒷좌석과의 거리와 비슷한 위치에서 관찰)		
13) 글자의 크기가 너무 작지 않나?(발표장의 스크린과 맨 뒷좌석과의 거리와 비슷한 위치에서 관찰)		
14) 바탕색이 심하게 옅어지거나 다른 색으로 바뀌지 않았나?(발표장의 스크린과 맨 뒷좌석과의 거리와 비슷한 위치에서 관찰)		
15) 슬라이드 한 장에 너무 많은 내용이 포함되어 있지 않았나?		
16) 오자나 탈자가 있는가?		
17) 약어를 풀이 없이 사용하였나?		
18) 전문용어를 주석 없이 사용하였나?		
19) 사내용어를 주석 없이 사용하였나?		
20) 질문에 대비한 설명용 참고 자료는 준비되었나?		

[표 20.1]의 체크리스트와 같이, 슬라이드 내용 점검 항목으로 적합한 항목의 수는 20개이다. 점검 항목의 수는 발표자가 소속한 직장이나 학교의 형편에 따라 추가되거나 조정될 수 있다.

파워포인트로 슬라이드를 작성하는 것은, 이 책 범위에 포함되지 않기 때문에 슬라이드 내용을 점검하는 체크리스트에 관한 내용은 더 이상 자세하게 다루지 않겠다.

2. 리허설 점검용 체크리스트

핵심 포인트

파워포인트로 작성된 슬라이드의 초안을 빔 프로젝터로 스크린에 투영하고 실전과 동일한 상태에서 리허설을 할 때 점검할 수 있는 체크리스트를 작성하자. 이러한 체크리스트 없이 이루어지는 리허설은 주먹구구가 되기 싶다.

대부분의 프레젠테이션의 리허설 장면을 보면, 체크리스트도 없이 대충 적당하게 리허설하는 것을 볼 수 있다. 이러한 현상은 리허설에서 무엇을 점검하여 어떻게 개선할 것인지에 대한 객관적인 잣대가 마련되어 있지 않았기 때문일 것이다.

이러한 관점에서 리허설의 점검을 위한 객관적인 잣대에 해당하는 체크리스트는 다음과 같다.

표 20.2 리허설 점검용 체크리스트

점검 내용	주요 점검 사항	
	O/×	조치 사항
1) 실내조명을 적절하게 조정했나?		
2) 오프닝 멘트는 적절했나?		
3) 질의응답 방법에 대한 안내를 적절하게 했나?		
4) 슬라이드의 바탕색은 실내 환경을 감안했나?		
5) 텍스트의 폰트는 적절한 것으로 선택했나?		
6) 텍스트의 폰트 크기는 적절했나? (제목과 본문의 크기가 모두 적절할 경우: O)		
7) 텍스트의 컬러들은 콘트라스트를 고려해서 사용했나?		

표 20.2 리허설 점검용 체크리스트(계속)

점검 내용	주요 점검 사항	
	O/×	조치 사항
8) 레이아웃 컨트롤(layout control) 마크를 효과적으로 활용했나?		
9) 페이지와 시간 체크 기능을 활용했나?		
10) 슬라이드에 애니메이션 기능을 효과적으로 적용했나?		
11) 슬라이드에 빈 공간을 충분히(약 25% 이상) 두었나?		
12) 스크린의 어느 쪽에 섰나?(스크린을 향했을 때, 오른손잡이는 오른쪽, 왼손잡이는 왼쪽)		
13) 스크린에 근접한 거리에 섰나?		
14) 자기소개를 충분하게 말했나?		
15) 시작하는 말에 불필요한 내용은 없었나? (예: 말 재주가 없어서, 준비한 것이 없어서 등)		
16) 리모컨을 효과적으로 사용했나? (잠시 호주머니에 넣는 등)		
17) 지시봉이나 포인터는 적절하게 사용했나?		
18) 특정 위치를 가리킬 때, 손가락들을 붙인 상태에서 팔을 쭉 폈나?		
19) 필요할 때, 스크린의 발표 자료의 특정 부분을 가리켰나?		
20) 말하기가 일상 대화처럼 자연스러웠나?(너무 빠르거나 느리지는 않았나?)		
21) 목소리가 너무 작지 않았나?		
22) 쉬운 말을 사용했나?(약어, 전문용어를 남발했나?)		
23) 음성이나 억양에 변화를 주었나?		
24) 목소리에 자신감이 있었나?		
25) 습관적으로 의미 없는 말을 반복했나? (예: '음~', '에~', '예컨대~' 등)		

표 20.2 리허설 점검용 체크리스트(계속)

점검 내용	주요 점검 사항	
	O/X	조치 사항
26) 자연스런 차려 자세를 취했나?		
27) 읍소하는 자세를 취했나?		
28) 한 손 또는 두 손을 호주머니에 넣었나?		
29) 뒷짐을 지는 자세를 취했나?		
30) 필요에 따라 위치를 효과적으로 이동하였나?		
31) 손으로 끊임없이 무엇을 비비거나 만지작거렸나?		
32) 스크린만 보면서 발표하였나?		
33) [청중 : 스크린]의 시선배분은 [80 : 20]이었나?		
34) 청중 전체와 골고루 눈맞춤하였나?		
35) 시선과 얼굴의 방향을 일치시켰나?		
36) 밝고 명랑한 미소의 얼굴 표정이었나?		
37) 발표 내용에 따른 상황에 부합되는 얼굴 표정을 했나?		
38) 필요할 때 적절한 제스처를 했나?		
39) 청중의 반응에 따라 목소리의 크고 작음/속도에 변화를 주었나?		
40) 질문에 답변을 제대로 했나?(질문을 반복·확인했나?)		
41) 청중의 집중력을 확보하기 위한 전략이 있었나?		
42) 확신, 열정, 진정성이 있었나?		
43) 발표시간을 엄수했나?		
44) 슬라이드 한 장에서 설명한 시간은 적정했나?		
45) 종료 단계에서 클로징 멘트는 적절했나?		

[표 20.2]의 체크리스트와 같이, 리허설 점검용 체크리스트 항목의 수는 30개이다. 점검 항목의 수는 프레젠테이션의 성격과 발표자가 소속한 직장이나 학교의 형편에 따라 추가되거나 조정될 수 있다. 여기서 프레젠테이션의 성격이란 논문 발표, 입사 발표, 학위논문 발표, 평가 발표 등을 말한다.

3. 프레젠테이션 당일 지참물 목록

핵심 포인트

프레젠테이션 당일에 프레젠테이션 장소에 가지고 갈 지참물과 준비 내용을 점검할 수 있는 체크리스트를 작성하는 것이 바람직하다. 이 체크리스트는 비교적 마음의 여유가 있는 준비 단계에서 충분한 시간적 여유를 갖고 작성하는 것이 좋다.

대부분의 경우, 프레젠테이션 당일 프레젠테이션 장소에 가지고 갈 지참물과 준비 내용을 점검할 수 있는 체크리스트 없이 대충 적당하게 준비한 상태에서 프레젠테이션 장소에 도착한다. 이러다 보면 중요한 지참물을 빠뜨린 채 프레젠테이션 장소에 도착하는 경우가 생길 수 있다.

프레젠테이션 당일, 프레젠테이션 장소에 가지고 가야 할 지참물과 준비 내용을 점검할 수 있는 체크리스트는 다음과 같다.

표 20.3 프레젠테이션 당일 지참물과 준비 내용 점검용 체크리스트

점검 내용	주요 점검 사항	
	O/X	조치 사항
1) 노트북에 저장된 프레젠테이션 파일은 정상적으로 작동하는가?		
2) 노트북은 충분히 충전되었나?		
3) 노트북은 지참하였나?		
4) 비상시 대비 프레젠테이션 파일을 저장한 이동 저장장치(USB메모리)는 지참하였나?		
5) 리모컨은 지참하였나?		
6) 질문에 대비한 설명용 참고 자료를 준비되었나?		
7) 프레젠테이션 자료를 프린트한 자료는 지참하였나?		
8) 지참물을 가지고 갈 담당자들은 지정하였나?		
9) 프레젠테이션 장소의 약도는 지참하였나?		
10) 프레젠테이션 장소까지 가는 데 소요되는 시간은 파악되었나?		
11) 사회자에게 발표자 자신을 소개할 소개문은 지참하였나?		

[표 20.3]의 체크리스트와 같이, 프레젠테이션 당일 지참물과 준비 내용 점검용 체크리스트 항목의 수는 11개이다. 점검 항목의 수는 발표자가 소속한 직장이나 학교의 형편에 따라 추가되거나 조정될 수 있다.

리허설

리허설은 이 책의 제7장부터 제19장까지의 주요 내용을 정독하여 숙지한 후 파워포인트로 만든 슬라이드의 내용을 완전히 익힌 다음에 시행하는 것이 바람직하다.

일단 위의 순서를 거친 다음, [표 20.2]의 '리허설 점검용 체크리스트' 의 점검 내용을 낱낱이 훑어보고, 다시 한 번 익힌 다음에 리허설에 들어가는 것이 좋다.

파워포인트로 만든 슬라이드를 스크린에 투영하여 실전과 똑같이 서서 설명하면서, 다른 사람으로 하여금 위에서 작성한 리허설 점검용 체크리스트를 활용하여 문제점을 점검하도록 하고, 문제점이 발견되면 해당 사항을 즉시 보완하여 개선 여부를 다음 리허설에서 확인하도록 하자.

리허설에서 가장 중요한 사항은 실전과 다름없는 리허설이어야 한다는 점이다.

그러나 리허설 자체를 중요시하지 않고, 발표 자료가 아직 완성되지 않았다는 등의 핑계로 리허설을 피하려는가 하면, 막상 리허설을 해도 그 자세가 신중하지 않고 마지못해 하는 것처럼 보이는 것을 자주 보게 되는데, 이는 실패의 실마리를 제공하는 것이다.

리허설을 대충 적당히 할 바에는 아예 하지 않는 것이 좋다. 실전과 똑같은 리허설과 체크리스트를 활용한 철저한 점검만이 프레젠테이션을 성공으로 이끌 수 있음을 명심하자.

핵심 포인트

실전과 똑같은 리허설을 하면서 [표 20.2]의 체크리스트의 항목별로 엄정한 체크를 하자. 리허설을 완료한 후 체크리스트에 기록된 결과를 검토하여 무엇이 문제인지를 분명하게 파악하자. 파악된 내용에 대해서는 냉정한 반성과 시정을 하자. 반성과 시정에 대한 점검은 다음 리허설에서 집중적으로 하도록 하자.

리허설은 캠코더로 녹화한 후, 녹화된 영상과 체크리스트의 점검 항목을 일일이 비교하면서 분석하여, 무엇이 잘못되었는지를 파악하여 바로잡는 것이 가장 좋은 방법이다. 그래야만 성공이 보장될 수 있다.

참고문헌

김경태, *그는 어떻게 청중을 설득하는가? 스티브 잡스의 프레젠테이션1*, 멘토르, 2009.09.

김경태, *그는 어떻게 청중을 설득하는가? 스티브 잡스의 프레젠테이션2*, 멘토르, 2009.09.

나은영, *사회심리학적 관점에서 본 인간 커뮤니케이션과 미디어*, 한나래, 2010.08.

노희선, *이공계를 위한 발표의 기술*, 토마토북, 2006.07.

박진희, *성공을 코칭하라*, 건강다이제스트사, 2007.09.

심재우, *KISS 프레젠테이션*, 비즈니스북스, 2009.11.

오미영, 정이숙, *커뮤니케이션 핵심 이론*, 커뮤니케이션북스, 2010.03.

윈글리쉬닷컴 언어공학연구소, 오토에버시스템즈, *떨리고 두려운 프레젠테이션 탈출! Global Presentation Skills*, 윈글리쉬닷컴, 2008.03.

하영목, 최은석, *설들력과 리더십을 2배로 높여주는 프레젠테이션의 정석*, 팜파스, 2009.10.

한정선, *프리젠테이션 오 프리젠테이션*, 김영사, 1999.11.

Anholt, R. R. H., *Dazzle'em with style: The art of oral scientific presentation*, W. H. Freeman and Company, 1994.

Bandler, R., McKenna, P., *Get the Life You Want*, Health Communications, August 2008.

Baxter, B., *Activities for Oral Communication and Presentations*, Teacher Created Resources, 2004.

Bullard, L., *Ace Your Oral or Multimedia Presentation (Ace It! Information Literacy Series)*, Enslow Publishers, 2009.

Cialdini, R. B., *Influence: the psychology of persuasion*, Collins, 2007.

DeVito, J. A., *Essentials of Human Communication Value Pack (includes What Every Student Should Know About Preparing Effective Oral Presentations & Interviewing Guidebook)*, Allyn & Bacon, 2007.

Emden, J. V. and Becker, L., *Presentation skills for students*, Palgrave Macmillan, 2004.

Fingerhut, A. and Lacaine, F., *Oral Presentation in Medicine*, Springer, 2002.

Furnham, A., *Body language at work*, Institute of Personnel and Development, 1999.

Gurak, L. J. and Dragga, S., *Oral Presentations for Technical Communication: (Part of the Allyn & Bacon Series in Technical Communication)*, Allyn & Bacon, 2000.

Hisatsune, K., *Jitsen shigotoryoku o takameru zukai no gijutsu*, Diamond Inc., 2004.

Kehoe, J., *Mind Power into the 21st Century: Techniques to Harness the Astounding Powers of Thought*, Zoetic Books, June 2008.

Kelly, P. J., *The 7-slide solution: telling your business story in 7 slides or less*, Silvermine Press, 2005.

Kops, G. J., *Ten Minute Guide to Business Presentations*, Alpa Books,

September 2000.

Kosslyn, S. M., *Clear and to the Point: How to Use 8 Psychological to Produce Brilliant PowerPoint Presentations*, Oxford University Press, 2007.

Kushner, M. L., *Presentation For Dummies*, Wiley Publishing Inc., 2004.

Lambert, D., *Body language*, Harper Collins, 1999.

Lyle, J., *Understanding body language*, Chancellor Press, 1993.

Mandel, S., *Effective Presentation Skills*, Crisp Publications, 2000.

Nagayama, Y, Yamazaki, A., *Settoku Dekiru Business Presentation 2000 No Tessoku*, Nikkei Business Publication, Inc., 2003.

Neill, S. and Caswell, C., *Body language for competent teachers*, Routledge, 1993.

Pease, A., *Body language: how to read others' thoughts by their gestures*, Sheldon, 1997.

Pellegrini, A. D. and Yawkey, T. D., *The Development of oral and written language in social contexts*, Ablex Pub. Corp., 1984.

Rawlins, K., *Presentation and communication skills: a handbook for practitioners*, Macmillan Magazines, 1993.

Rayel, M. G., *Successful Preparation for the Psychiatry Oral Exam: How to Effectively Organize Your Interview, Oral Presentation, and Video Exam*, Soar Dime, 2002.

Remocker, A. J. and Sherwood, E. T., *Action speaks louder: a handbook of structured group techniques*, Churchill Livingstone, 1999.

Reynolds, G., *Presentation Zen*, New Riders, 2008.

Sabbagh, S., *Oral Presentation Skills and Non Verbal Communication Techniques: Investigating Classroom Techniques in UAE Schools*, VDM Verlag Dr. Müler, 2010.

Stevenson, D., *Never be boring again: make your business presentations capture attention, inspire action, and produce results*, Cornelia Press, 2004.

Stott, R., Bryan, C. and Young, T., *Speaking Your Mind: Oral Presentation and Seminar Skills (Speak-Write Series)*, Longman, 2000.

Stott, R., Young, T. and Bryan, C., *Speaking your mind: oral presentation and seminar skills*, Longman, 2001.

Taniguchi, M., *Creative Knowledge: The Best Law of Presentation*, Toyo Keizai Shinpo-sha, 2002.

Wiskup, M., *Presentation S.O.S.: from perspiration to persuasion in 9 easy steps*, Brick Tower Press, 2009.

찾아보기

| ㅂ |

| ㅅ |

| ㅍ |

| ㅎ |

| 기타 |

저자 소개

조맹섭(曺孟燮)

고려대학교 정경대학 통계학과 졸업

영국 록버러대학교((Loughborough University) 이학박사(Computer Science 전공)

e프레젠테이션전략연구원 원장

Inno Edu Center 고문

한국전자통신연구원(ETRI) 전문위원

한국전자통신연구원(ETRI) 컴퓨터 · 소프트웨어기술연구소 감성공학연구부 부장

한국과학기술연구원(KIST) 부설 시스템공학연구소 기술정책연구실 실장

한국과학기술원(KAIST) 시스템공학센터 통계분석연구실 실장

한국과학기술연구원(KIST) 전산개발부 연구원

고려대학교 정보통신대학원 겸임교수

고려대학교 컴퓨터과학기술대학원 겸임교수

한국과학기술원(KAIST) 정보통신공학과 겸임교수

한국과학기술원(KAIST) 전기 및 전자공학 전공 대학원 겸임교수

한국과학기술연합대학원대학교 교수

한국소프트웨어감정평가학회 회장

한국색채학회 부회장

한국멀티미디어기술사협회 이사

한국감성과학회 이사

ETRI Journal 편집위원

한국정보처리학회 논문지 편집위원

한국정보과학회 논문지 편집위원

KBS TV 영상색채 개선사업 [크로마 21] 자문위원
소프트웨어산업육성종합기획단 기술개발반장
한국신발연구소 이사
한국신발연구소설립추진위원회 위원

상훈
동탑산업훈장 수상 (1997)

저서 및 역서
『파워 오럴 프레젠테이션』(공저), 시그마프레스, 2010.
『디지털 컬러의 기본 원리』, 도서출판국제, 2006.
『디지털 컬러 프로세싱』(공역), 도서출판국제, 2006.
『색채학원론』, Roy S. Berns 저, 시그마프레스, 2003.
『Colour Image Science』(공저), John Wiley and Sons, 2002.
『컬러리스트 이론편』(공저), 도서출판국제, 2002.

조윤지(曺潤智)

경희대학교 컴퓨터공학과 졸업(학사)
한국과학기술원(KAIST) 대학원 정보통신공학과 중퇴
영국 리즈대학교(University of Leeds) 대학원 졸업(석사)
영국 리즈대학교(University of Leeds) 대학원 박사과정 재학